浙江省普通高校新形态教材项目
“互联网 +”新形态立体化教学资源特色教材

U0812756

国际贸易实务项目化教程

主　编　俞健萍　谢徐娟

副主编　谷　筝　张延良
李晓雯　周佳艺

中国轻工业出版社

图书在版编目（CIP）数据

国际贸易实务项目化教程 / 俞健萍，谢徐娟主编
. —北京：中国轻工业出版社，2024.11
浙江省普通高校新形态教材项目 “互联网+”新形
态立体化教学资源特色教材
ISBN 978-7-5184-4982-8

Ⅰ.①国… Ⅱ.①俞… ②谢… Ⅲ.①国际贸易—贸
易实务—高等职业教育—教材 Ⅳ.①F740.4

中国国家版本馆CIP数据核字（2024）第102826号

责任编辑：李金慧
文字编辑：刘 晶 责任终审：高惠京 设计制作：锋尚设计
策划编辑：张文佳 责任校对：朱 慧 朱燕春 责任监印：张 可

出版发行：中国轻工业出版社（北京鲁谷东街5号，邮编：100040）
印 刷：三河市万龙印装有限公司
经 销：各地新华书店
版 次：2024年11月第1版第1次印刷
开 本：787 × 1092 1/16 印张：15.75
字 数：370千字
书 号：ISBN 978-7-5184-4982-8 定价：49.80元
邮购电话：010-85119873
发行电话：010-85119832 010-85119912
网 址：http://www.chlip.com.cn
Email：club@chlip.com.cn

231552J2X101ZBW

前言

本书为适应21世纪职业技术教育，以就业为导向，以培养具备外贸业务知识和技能的应用型人才为目标，结合当前国际贸易业务发展的实际需要，以项目化教学作为教改突破方向而编写。

对于国际贸易人才培养而言，需要全面、系统、先进的国际贸易知识。本书以国际贸易进出口流程为主线，注重理论与实践相结合。同时，紧紧围绕着理论“够用”，实践“好用”的中心，把原有的知识点进行重新安排，采用任务驱动型教学模式突出实践环节，加强教师与学生的互动。本书内容实用，案例丰富，并增加了知识链接、思政园地、知识演练等模块；通过对本书的学习，读者可掌握外贸业务员必备的基本理论和操作技能。

本书共分10个项目，每个项目根据内容配备了微课资源，以利于读者更好地掌握所学知识。

本书由嘉兴南洋职业技术学院俞健萍和浙江经济职业技术学院谢徐娟担任主编。具体编写分工为：俞健萍编写项目1和项目3，谢徐娟编写项目4，谷筝编写项目2和项目8，张延良编写项目5和项目10，李晓雯编写项目7和项目9，周佳艺编写项目6。俞健萍和谷筝负责全书的统稿，俞健萍和谢徐娟审核定稿。

本书在编写过程中，得到了多家公司的大力支持和帮助，他们提供了大量的实务素材和意见，同时也参考了大量的书籍和文献，在此一并深表感谢！

由于编者水平所限，时间仓促，书中难免存在不妥之处，敬请广大专家与读者批评指正或提出宝贵意见，以使本书日臻完善。

编者

目 录

01 项目 交易前准备

【学习目标】......001
【思维导图】......001
【工作任务引入】......001
任务1 国际贸易概述......002
1.1 国际贸易的含义及特点......002
1.2 国际贸易的分类......003
任务2 国际贸易业务的基本流程......008
2.1 出口贸易的基本业务流程......008
2.2 进口贸易的基本业务流程......009
任务3 国际市场调研与客户获取......009
3.1 国际市场调研......009
3.2 寻找贸易伙伴......012
【总结】......013
【知识演练】......013

02 项目 交易磋商与合同签订

【学习目标】......015
【思维导图】......015
【工作任务引入】......015
任务1 交易磋商......016
1.1 交易磋商的形式和内容......016
1.2 交易磋商的基本程序......016
任务2 签订贸易合同......022

2.1 书面合同 022
2.2 合同成立与生效 023
【总结】......025
【知识演练】......026

03 项目 商品的标的

【学习目标】......028
【思维导图】......028
【工作任务引入】......028
任务1 商品的品名和品质 029
1.1 商品品名和品质的含义 029
1.2 品名条款和品质条款 035
任务2 商品的数量 038
2.1 计量单位和计量方法 039
2.2 数量条款 041
任务3 商品的包装 044
3.1 商品包装的种类和标志 044
3.2 包装条款 050
【总结】......051
【知识演练】......051

04 项目 贸易术语与商品价格

【学习目标】......055
【思维导图】......055
【工作任务引入】......055
任务1 贸易术语概述 056
1.1 贸易术语的产生和发展 056
1.2《2020年国际贸易术语解释通则》......057
任务2 六种主要的贸易术语 060
2.1 FOB、CFR和CIF 060

2.2 FCA、CPT和CIP 065
2.3 其他五种贸易术语......068
2.4 贸易术语的选用......070
任务3 商品的价格......072
3.1 作价方法......072
3.2 价格的核算与换算......073
【总结】......077
【知识演练】......077

05 项目 国际货物运输

【学习目标】......080
【思维导图】......080
【工作任务引入】......081
任务1 国际货物运输方式......081
1.1 海洋运输......081
1.2 其他运输方式......085
1.3 国际多式联运......089
1.4 集装箱运输......091
任务2 装运条款......093
2.1 装运时间和地点......093
2.2 分批装运和转运......095
2.3 装运通知......096
2.4 装卸条款......097
任务3 运输单据......099
3.1 海运提单......099
3.2 其他主要运输单据......105
任务4 海运实务操作......108
4.1 托运订舱流程......108
4.2 计算运费......111
4.3 填写订舱委托书......114
【总结】......116
【知识演练】......116

06 项目 国际货物运输保险

【学习目标】……119
【思维导图】……119
【工作任务引入】……120
任务1 海上货物运输保险承保范围……120
1.1 风险……120
1.2 损失……121
1.3 费用……123
任务2 海上货物运输保险……124
2.1 保险险别……124
2.2 保险条款……126
任务3 其他运输方式下的货物保险……129
3.1 陆上运输货物保险……129
3.2 航空运输货物保险……130
3.3 邮包保险……130
任务4 保险实务操作……131
4.1 确定保险险别……131
4.2 确定保险金额和保费……132
4.3 取得保险单据……134
4.4 保险索赔……136
4.5 买卖合同中的保险条款……138
【总结】……138
【知识演练】……139

07 项目 国际贸易支付

【学习目标】……142
【思维导图】……142
【工作任务引入】……143
任务1 支付工具……143
1.1 汇票……143

1.2 本票……146
1.3 支票……147
1.4 支票和本票、汇票的异同……148
任务2 汇付……149
2.1 汇付的含义……149
2.2 汇付的当事人……150
2.3 汇付的种类……151
2.4 汇付在国际贸易中的应用……154
任务3 托收……155
3.1 托收的含义……155
3.2 托收的当事人……156
3.3 托收的种类……157
3.4 托收项下的风险及其防范……160
任务4 信用证……162
4.1 信用证的含义……162
4.2 信用证的当事人……162
4.3 信用证的形式及内容……163
4.4 信用证的流程……166
4.5 信用证的特点……166
4.6 信用证的类型……167
任务5 支付方式的选用……171
【总结】……172
【知识演练】……172

08 项目 国际贸易合同履行

【学习目标】……175
【思维导图】……175
【工作任务引入】……175
任务1 出口合同履行……176
1.1 备货与报检……176
1.2 催证、审证和改证……178
1.3 托运、报关、投保和装船……184
1.4 制单结汇和出口退税……186

任务2 进口合同履行 187
2.1 开立信用证 188
2.2 安排运输和办理保险 188
2.3 审单和付款 190
2.4 进口报关和验货 191
【总结】......192
【知识演练】......192

09 项目 国际贸易善后

【学习目标】......195
【思维导图】......195
【工作任务引入】......195
任务1 争议与索赔 196
1.1 争议 196
1.2 索赔和理赔 196
1.3 索赔条款 197
任务2 不可抗力 200
2.1 不可抗力概述 200
2.2 不可抗力的范围 200
2.3 不可抗力的必要条件 201
2.4 不可抗力的处理 201
2.5 不可抗力条款 202
2.6 援引不可抗力条款的注意事项 203
任务3 仲裁 205
3.1 仲裁概述 205
3.2 仲裁协议 206
3.3 仲裁条款 206
【总结】......208
【知识演练】......208

项目10 国际贸易方式

【学习目标】......212
【思维导图】......212
【工作任务引入】......213
任务1 传统国际贸易......213
1.1 经销与代理......213
1.2 招标与投标......216
1.3 寄售与拍卖......219
1.4 对销贸易......223
任务2 国际贸易新业态新模式......228
2.1 跨境电子商务......228
2.2 加工贸易保税维修......229
2.3 市场采购贸易方式......232
2.4 外贸综合服务企业......234
【总结】......235
【知识演练】......235

参考文献......240

01 项目 交易前准备

学习目标

知识目标

- 掌握国际贸易的含义和分类。
- 熟悉进出口业务流程。
- 了解国际市场调研内容。
- 掌握寻找客户的途径。

技能目标

- 能根据国际贸易的基本概念认清贸易资料与数据的本质。
- 能区分进出口业务流程。
- 能够寻找客户。

素质目标

- 培养家国情怀，坚持中国特色社会主义道路自信、理论自信、制度自信、文化自信。

思维导图

- 交易前准备
  - 国际贸易概述
    - 国际贸易的含义及特点
    - 国际贸易的分类
  - 国际贸易业务的基本流程
    - 出口贸易的基本业务流程
    - 进口贸易的基本业务流程
  - 国际市场调研与客户获取
    - 国际市场调研
    - 寻找贸易伙伴

工作任务引入

嘉兴森创时装有限公司是一家专业生产真丝、化纤混纺类中、高档时装的中外合资企业，产品远销欧美及世界各地。最近，公司招聘了刚毕业的大学生小章做外贸业务员。作为一名刚入职场的业务员，要更好地开展外贸业务工作，需要做哪些交易前的准备呢？

任务1 国际贸易概述

1.1 国际贸易的含义及特点

国际贸易概述

1.1.1 国际贸易的含义

国际贸易（international trade）是指世界各国（地区）之间商品（goods）、服务（services）和生产要素交换的活动，它是世界各国（地区）在国际分工基础上相互联系的主要形式，反映了世界各个国家（地区）在经济上的相互依赖关系。这种交换活动，如果从一个国家（地区）的角度看，称为该国（地区）的对外贸易（foreign trade）；从世界范围来看，世界各国（地区）对外贸易的总和构成国际贸易，也称世界贸易（world trade）或全球贸易（global trade）。

对外贸易（foreign trade）特指国际贸易活动中的一国（地区）同其他国家（地区）所进行的货物、服务和生产要素等的交换活动。这是立足于一个国家（地区）的角度去看待它与其他国家或地区的贸易活动。对外贸易有时也称为国外贸易（external trade），因其包括出口贸易和进口贸易两部分，也可称为进出口贸易。某些海岛国家（如英国、日本等）或某些海岛地区的对外贸易则称为海外贸易（oversea trade）。

1.1.2 国际贸易的特点

国际贸易与国内贸易都是商品、服务和生产要素的交换活动，交换过程与货物流向大致相同，经营目的也都是获得经济利益及利润，但是国际贸易又有如下几个特点。

（1）困难大

由于世界各国的语言、风俗习惯、宗教信仰、法律与贸易法规等各不相同，世界市场贸易障碍多，交易技术复杂，交易接洽不方便，贸易对手的资信调查与市场调查不容易进行。

（2）复杂

国际贸易在内容、程序等各方面都要比国内贸易复杂得多，货币、商业习惯、海关制度以及国际汇兑、货物运输与保险等，也要比国内贸易复杂。

（3）风险多

在进行国际贸易时可能会发生的风险更多，这些风险包括信用风险、商业风险、汇兑风险、运输风险、价格风险以及政治风险等。

案例思考

《区域全面经济伙伴关系协定》对15个成员国全面生效

《区域全面经济伙伴关系协定》（Regional Comprehensive Economic Partnership，RCEP）

2012年由东盟发起，历时八年，2020年11月15日，中国、日本、韩国、澳大利亚、新西兰和东盟10国共15个亚太国家正式签署了RCEP。2022年1月1日，RCEP正式生效，RCEP共有20个章节，涵盖货物贸易、服务贸易、投资和自然人临时移动四方面的市场开放，核心在于增强货物贸易、服务贸易、投资以及人员流动方面的市场开放，尤其在关税上取得重大突破，给予“渐进式”零关税政策。

2023年6月2日，RCEP对15个成员国全面生效，标志着全球人口最多、经贸规模最大、最具发展潜力的自由贸易区进入全面实施的新阶段。RCEP加速区域经济一体化进程，推动经贸合作和投资增长，为地区经济持续复苏和发展提供源源不断的动力。

❓请问：RCEP全面生效后会对国际贸易带来哪些影响。

1.2 国际贸易的分类

1.2.1 按商品流向分类

以商品流向为标准，可以将国际贸易划分为出口贸易、进口贸易和过境贸易。

（1）出口贸易

出口贸易（export trade）是指一国将本国所生产或加工的商品输往国外市场进行销售的商品交换活动，也称输出贸易。

（2）进口贸易

进口贸易（import trade）是指一国在国外市场购买外国生产或加工的商品，将其输入本国市场进行销售的商品交换活动，也称输入贸易。

（3）过境贸易

过境贸易（transit trade）是指甲国向乙国运送商品，由于地理位置的原因，例如，内陆国与不相邻国家之间的贸易，因而必须通过第三国，对第三国来说，虽然没有直接参与此项交易，但商品要进出该国的国境或关境，并要经过海关统计，从而构成了该国进出口贸易的组成部分。不过如果这类贸易是通过航空运输飞越第三国领空的话，第三国海关不会把它列入过境贸易。

1.2.2 按商品形态分类

以商品形态为标准，可以将国际贸易划分为货物贸易和服务贸易。

（1）货物贸易

货物贸易（merchandise trade；commodity trade）又称有形（商品）贸易（tangible goods trade），其用于交换的商品主要是以实物形态表现的各种实物性商品。《国际贸易标准分类》（Standard International Trade Classification，SITC）所列的商品都是有形商品，有形商品的进出口必须办理通关手续，因而反映在海关统计中，构成一国或地区国际收支经常项目的重要内容。

知识链接

国际贸易所买卖的商品种类繁多，为了便于统计及分析，联合国编制了《国际贸易标准分类》，现已被世界上绝大多数国家采用。根据这个标准，国际贸易有形商品分为10大类：0类为食品及活动物；1类为饮料及烟类；2类为非食用原料（燃料除外）；3类为矿物燃料、润滑油及有关原料；4类为动植物油、脂及蜡；5类为化学成品及有关产品；6类为按原料分类的制成品；7类为机械及运输设备；8类为杂项制品；9类为未分类的商品。

（2）服务贸易

服务贸易（service trade）是指国家或地区间各种类型服务的交换活动，是无形贸易（invisible trade）的重要组成部分。服务贸易作为一个独立概念提出来并被普遍接受是在20世纪70年代。在过去的发展中，服务贸易快速增长，为世界各国经济发展提供了广阔的空间，成为衡量一个国家整体水平的重要指标。

“乌拉圭回合①”达成的《服务贸易总协定》（General Agreement on Trade in Services，GATS）将服务贸易界定为四类。

①过境交付（cross-border supply）。指在一成员境内向任何其他成员境内提供服务。例如，在英国的律师为在美国的客户提供法律咨询服务。

②境外消费（consumption abroad）。指在一成员境内向任何其他成员的服务消费者提供服务。例如，中国消费者到其他国家旅游、求学等。

③商业存在（commercial present）。指一成员的服务提供者在任何其他成员境内通过商业存在提供服务。例如，国外的银行或保险公司到中国开设分行或分公司，提供金融、保险服务。

④自然人流动（movement of personnel）。指一成员的服务提供者在任何其他成员境内通过自然人提供服务。例如，某外国律师作为外国的驻华代表到中国境内为消费者提供服务。

1.2.3 按有无第三方参与来分类

以有无第三方参与为标准，可以将国际贸易划分为直接贸易、间接贸易和转口贸易。

（1）直接贸易

直接贸易（direct trade）是指商品不通过第三国，直接从生产国输入消费国的贸易。就生产国而言是直接出口，就消费国而言是直接进口。

① “乌拉圭回合”指在乌拉圭举行的全面改革贸易多边贸易体制的谈判。

（2）间接贸易

间接贸易（indirect trade）是直接贸易的对称，是指生产国与消费国不直接发生交易关系，而是通过第三国进行商品买卖的行为。生产国是间接出口，消费国是间接进口。

（3）转口贸易

转口贸易（entrepot trade）又称中转贸易（intermediary trade），是指在国际贸易中进出口货物的买卖，不是在生产国与消费国之间直接进行，而是通过第三国转手进行的贸易。这种贸易对中转国（即第三国）来说就是转口贸易。交易的货物可以由出口国运往第三国，在第三国不经过加工（改换包装、分类、挑选、整理等不作为加工论）再销往消费国；也可以不通过第三国而直接由生产国运往消费国，但生产国与消费国之间并不发生交易关系，而是由中转国分别同生产国和消费国进行交易。从事转口贸易的大多是拥有便利运输条件的国家（地区）或其港口城市。发生转口贸易时，对商品的生产方和消费方而言就是间接贸易。

1.2.4 按统计标准分类

以国境和关境为标准，可以将国际贸易划分为总贸易和专门贸易。

（1）总贸易

总贸易（general trade）指以进出国境为标准，凡是进入国境的商品一律列为总进口，离开国境的商品一律列为总出口，总出口加上总进口就是一国的总贸易额。

（2）专门贸易

专门贸易（special trade）指以进出关境为标准，凡是运入关境的商品一律列为专门进口，运出关境的商品一律列为专门出口，专门出口加上专门进口就是一国的专门贸易额。

在国际贸易统计中，总贸易体系与专门贸易体系是两种不同的统计方法。总贸易体系是指以一国的国境作为统计界限，即以货物通过国境作为统计进出口的标准。专门贸易体系是指以关境作为统计界限，即以货物通过海关结关作为统计进出口的标准。总贸易体系和专门贸易体系说明的是不同的问题。前者说明一国在国际货物流通中所处的地位和所起的作用；后者说明一国作为生产者和消费者在国际货物贸易中具有的意义。

由于各国在编制统计时采用的方法不同，所以联合国发表对外贸易额的资料，一般均注明是按照何种贸易体系编制的。目前采用总贸易体系的有90个国家和地区，包括日本、英国、加拿大、美国、澳大利亚等；采用专门贸易体系的有83个国家和地区，包括德国、意大利、法国等。我国采用的是总贸易体系。

哪个国家采用何种贸易体系，一般的判断是：大国、岛国、陆上邻国较少的国家采用总贸易体系；而关境大于国境（如欧盟成员国）的国家和地区一般采用专门贸易体系。

知识链接

关境和国境的区别

关境也称“税境”“海关境域”“关税境域”“关税领域”，指一国海关法规可以全面实施的领域。一般而言，一国的关境与其国境（包括领陆、领水、领空的范围）是一致的，关境即国境。但是，也有一些国家和地区的关境与国境不一致。在设有自由贸易区、自由贸易港、保税区的国家，这些自由贸易港、自由贸易区及保税区不属于该国的关境范围之内，这部分地区被称为“关境以外的本国领土”。此时，关境小于国境。相反，在缔结关税同盟的国家之间，相互不征收进出境货物的关税，关境包括几个缔约国的领土，这一地区被称为“关境以内的外国领土”，关境大于国境。有关关境的法律条文一般在各国的海关法中予以载明。

一般情况下，关境与国境的关系分为三种：①关境等于国境。②关境大于国境。如结成关税同盟的国家，其成员国之间货物进出国境不征收关税，只对来自和运往非同盟成员国的货物在进出共同关境时征收关税，此时应认为每个成员国的关境大于国境，如欧盟。③关境小于国境。如在设有保税区、自由贸易港和自由贸易区的国家。

1.2.5 按贸易方式分类

一国海关在对货物贸易进行统计时，往往还会将商品按贸易方式进行分类。中国海关是以海关的监管方式为基础对货物的贸易方式进行分组，其中贸易额较高、占比较大的有以下几项。

贸易方式

（1）一般贸易

一般贸易（general trade）是指中国境内有进出口经营权的企业单边进口或单边出口的贸易，按一般贸易交易方式进出口的货物即为一般贸易货物。

（2）补偿贸易

补偿贸易（compensation trade）是指由境外厂商提供或者利用境外出口信贷进口生产技术或设备，由本国进行生产，以返销其产品方式分期偿还外方技术、设备价款或贷款本息的交易形式。此外也可以使用本国企业（包括企业联合体）生产的其他产品返销对方，进行间接补偿。

（3）来料加工装配贸易

来料加工装配贸易（processing and assembling trade with supplied materials）是指由外商提供全部或部分原材料、辅料、零部件、元器件、配套件和包装物料，必要时提供设备，由本国按对方的要求进行加工装配，而后将成品交对方销售的贸易方式。本国收取工缴费，若对方提供设备，则本国用工缴费偿还设备价款。

（4）进料加工贸易

进料加工贸易（processing with imported materials）是指本国企业用外汇购买进口的原料、材料、辅料、元器件、零部件、配套件和包装物料，加工出成品或半成品后再外销出口的交易形式。

思享汇

鸦片战争以前，为了打击和限制猖獗的海上走私以及海盗行为，抵御西方殖民者的侵略活动，清政府实行海禁政策，限定广州一口通商，外商来华开展贸易活动须通过清政府特许的公行商人，活动限于指定范围，进口货征收高税额，出口货限制品种和数量。

问题 同学们分成正、反两方，就清政府的海禁政策利大于弊还是弊大于利展开辩论。

分析提示 正面影响：从一定程度上打击和限制了猖獗的海上走私以及海盗行为，对沿海地区的稳定起到了积极作用。对西方殖民者的侵略活动起到了一定的自卫作用。负面影响：这一政策的长期推行，限制了中外文明的交流，约束了中国的对外贸易和工商业的发展，致使中国与世界隔绝，使得中国和世界脱轨，慢慢地落后于世界。

思政园地

深圳启动跨境电商阳光化出口申报试点工作，透明化合规化推动产业健康发展

2023年4月26日，以“合规筑基，行稳致远”为主题的深圳市跨境电商阳光化政策产品发布会暨阳光化出口申报试点启动仪式在前海举行，160余家企业参加。43家企业现场签署阳光化合规发展倡议书，深国际、平安银行、前海九米分别发布仓储物流服务、综合金融服务、外贸综合服务平台等阳光化产品。

活动由深圳市商务局和深圳市前海深港现代服务业合作区管理局联合主办，旨在通过“关、税、汇、贷”的透明化、合规化，推动解决广大跨境电商企业存在的数据归集、出口退税、收结汇和信用融资等痛点、堵点，释放阳光化发展带来的改革红利，推动跨境电商产业高质量发展。

资料来源：深圳启动跨境电商阳光化出口申报试点工作. 百家号[EB/OL].（2023-04-27）[2024-09-12] https://baijiahao.baidu.com/s?id=1764259069154926729&wfr=spider&for=pc.

任务 2 国际贸易业务的基本流程

2.1 出口贸易的基本业务流程

认识外贸业务员

在国际货物买卖活动中，出口贸易业务基本流程大致包括以下几个主要环节，如图1-1所示。

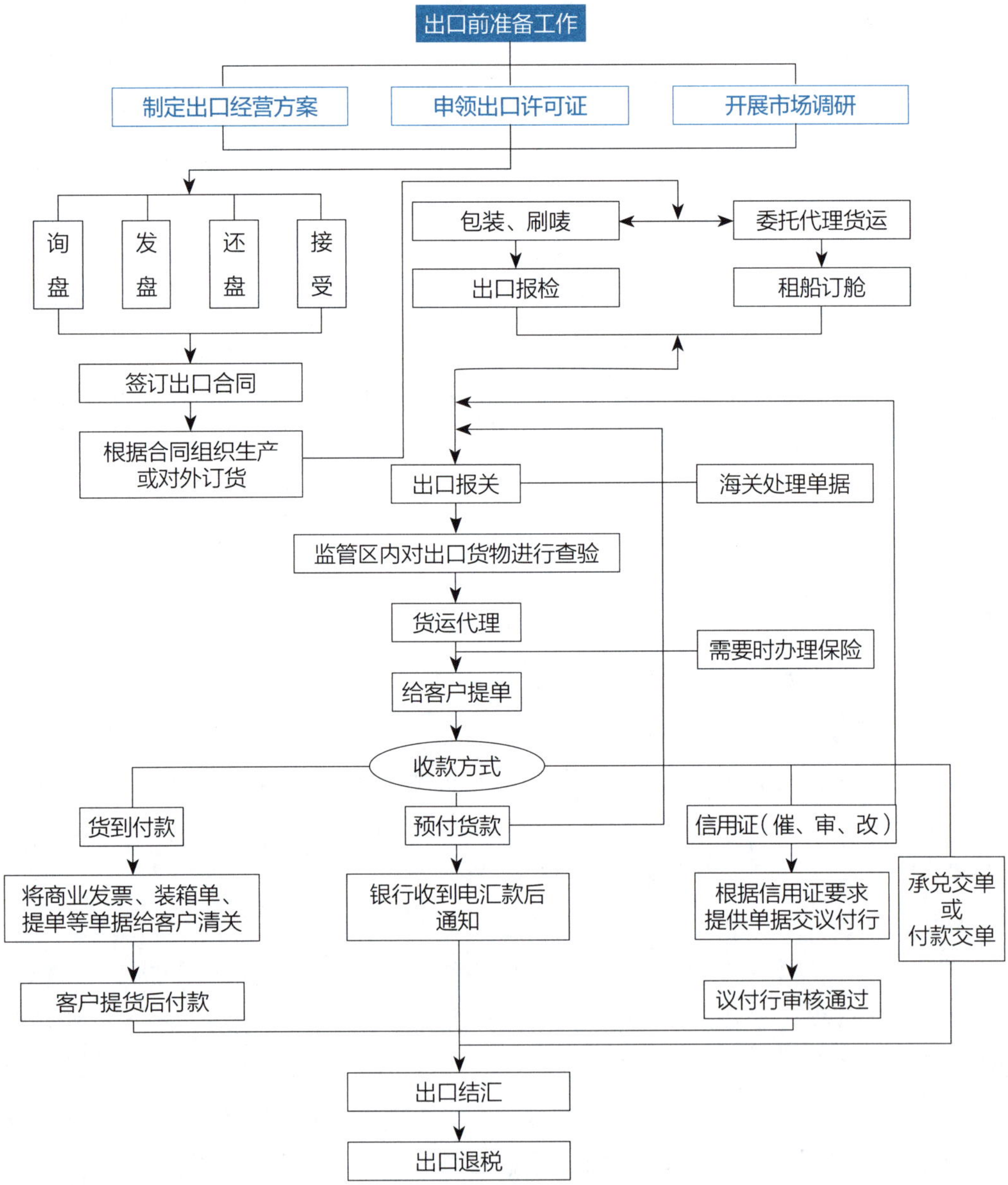

图1-1 出口贸易业务基本流程

2.2　进口贸易的基本业务流程

在国际货物买卖活动中，与出口贸易程序相对应，进口贸易的一般程序大致包括以下几个主要环节，如图1-2所示。

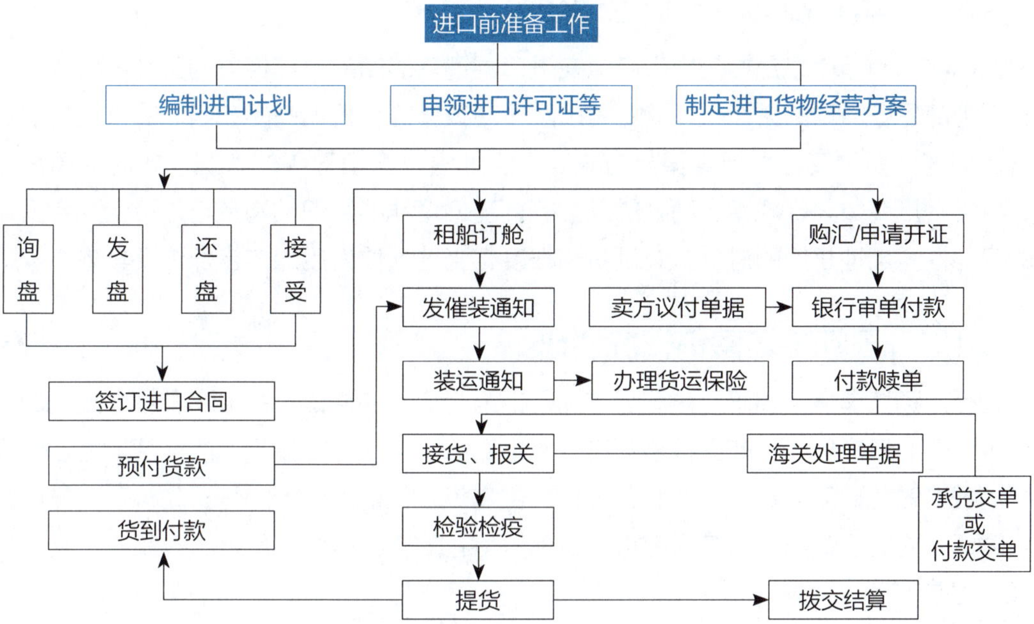

图1-2　进口贸易业务基本流程

任务 3　国际市场调研与客户获取

3.1　国际市场调研

签约前准备

国际市场调研是指运用科学的调研方法与手段，系统地搜集、记录、整理、分析有关国际市场的各种基本状况及其影响因素，以帮助企业制定有效的市场营销决策，实现企业经营目标。就出口商的立场而言，是以科学的方法和有效的措施对商品自生产者转移到消费者全过程中的所有相关信息进行调研，主要包括国际市场环境调研、国际市场商品信息调研和国际市场营销情况调研等。

3.1.1　国际市场环境调研

企业进行国际贸易，首先需要了解国际贸易市场环境，做到知己知彼。企业对国际市场环境调研的主要内容为：国外经济环境，包括一国的经济结构、经济发展水平、经济发展前景、就业、收入分配等；国外政治和法律环境，包括政府制定的重要经济政策，政府对贸易实行的鼓励、限制措施，特别是有关外贸方面的法律法规，如关税、配额、国内税收、外汇限制、卫生检疫、安全条例等；国外文化环境，包括使用的语言、教育水平、宗教、风俗习惯、价值观念等，国外人口、交通、地理等情况。

3.1.2 国际市场商品信息调研

国际市场商品信息是指与出口商拟在进口国销售的商品直接相关的各种信息，一般包括：拟销商品在当地的生产量、消费量以及厂商数量等；拟销商品在当地的进出口状况，如进出口量、贸易商、贸易渠道与方式等；当地潜在竞争对手的状况，如商品质量、规格、价格，厂商数量、规模、两者的差异等；当地企业的组织结构及与外资企业合资、合作的可能性；当地常用的付款方式及资信程度；当地习惯使用的广告媒体及其效果等。

3.1.3 国际市场营销情况调研

国际市场营销情况调研是对国际市场营销组合情况的调研，除上述已经提到的商品及价格外，一般还应包括：商品销售渠道，包括销售网络设立、批零商的经营能力、经营利润、消费者对他们的印象、售后服务等；广告宣传，包括消费者的购买动机、广告内容、广告时间、方式、效果等；竞争分析，包括竞争者的产品质量、价格、政策、广告、分配路线、占有率等。

出口商进行市场调研，获取资讯，一方面可以通过自己亲自观察、询问、登记取得；另一方面可以利用他人已获得的第一手资料，经过整理分析后做出决策，这种方式获得的资讯，成本低、效率高，是大多数出口商所选用的。出口商获取他人资料的渠道，除了被调查国家或国际组织发布的信息外，在中国国内的专业性机构也经常发布各种调查报告、评估报告及进出口贸易信息。因此，出口商从这些渠道中可获得相关资讯。

案例思考

欧盟开启征收“碳关税”过渡期

2023年8月，欧盟委员会通过并公布了欧盟碳边境调节机制过渡期实施细则。该细则从2023年10月1日起生效，一直持续到2025年年底。按照计划，过渡期结束后，欧盟将成为世界上第一个开始征收“碳关税”的经济体。

公布细则

2019年，欧盟委员会发布《欧洲绿色协议》，首次提出建立欧盟“碳边境调节机制”。“碳边境调节机制”是指由于某些产品在生产时会释放二氧化碳等温室气体，这些产品进入欧盟关境时，需要向欧盟额外支付一笔款项，其数额与产品制造时释放的温室气体数量相关。

2023年5月，欧盟对外公布《建立碳边境调节机制》的正式法令，对于其征收范围、排放量计算、申报要求、各方权责、履约规则和程序等进行了最终明确，并于公布之日的次日生效。

欧盟委员会此次公布的过渡期实施细则，就是根据上述法令内容，详细说明欧盟碳边境调节机制产品进口商涉及的义务，计算这些进口产品在生产过程中释放温室气体数量的过渡性方法。

细则规定，在过渡阶段，贸易商只需提交每年进口产品隐含的碳排放数据报告，而无须缴纳费用。与此同时，帮助进口商计算和报告排放量的信息技术工具、培训材料以及教程也正在开发中，将于过渡期间为企业提供支持。

按照计划，欧盟碳边境调节机制过渡期至2025年年底，将于2026年正式起征“碳关税”，并在2034年之前全面实施。

双重考量

分析认为，欧盟持续推进建立碳边境调节机制，既源于其推动全球共同应对气候变化的雄心，又出于其希望提高本地区产品竞争力的利益考量。

欧盟委员会执行副主席弗兰斯·蒂默曼斯表示：“碳边境调节机制的唯一目的是防止碳泄漏。”碳泄漏主要分为两种情况：一是产业外流，即欧盟的碳密集型生产企业为利用外部更宽松的气候政策而迁移到其他国家和地区；二是碳倾销，即高碳进口产品挤占低碳欧盟产品的市场份额。因此，碳泄漏发生就意味着原本在欧盟内部产生的碳排放没有“消失”，而是被转移到了其他地区。对此，欧盟委员会表示，碳泄漏破坏了欧盟气候行动的初心。欧盟希望通过建立碳边境调节机制，促使其贸易伙伴达到与之同样水平的气候雄心，共同应对全球气候问题。

不过，中国社会科学院欧洲研究所欧洲经济研究室副研究员杨成玉在接受采访时表示，欧盟推动建立碳边境调节机制，也有其对自身经贸利益的考量。

“欧盟的气候雄心，促使它在产品生产过程中充分执行绿色低碳的高标准，但也导致其生产成本上升，价格竞争力不足。”杨成玉说，“欧盟建立碳边境调节机制、征收‘碳关税’，就是迫使外国企业同样承担节能减排的成本，从而调整自己的比较优势，提升产品的国际竞争力，扩大国际市场份额。”

逐步推广

“欧盟建立碳边境调节机制带来的影响主要有两方面。”杨成玉指出，“在应对气候变化方面，欧盟率先征收‘碳关税’，倒逼出口欧盟市场的企业在生产环节减少温室气体排放，希望在应对全球气候问题上发挥引领作用。在国际贸易方面，欧盟此举实质上是给外国企业设置了合规成本，造成绿色贸易壁垒，不利于国际贸易的自由流动。”

非洲气候基金会和伦敦经济学院公布的一项研究表明，碳边境调节机制的经济影响是深远的，每年将给非洲国家造成250亿美元的损失。美国也对碳边境调节机制表达过担忧，强调该机制必须符合世界贸易组织的规则，并且不能构成变相的贸易壁垒。

“长期来看，欧盟可能发挥其‘布鲁塞尔效应’，使碳边境调节机制和世界贸易组织的多边规则兼容。”杨成玉表示，欧盟一贯善于在自身大市场内部设置单边经贸规则，要求其贸易伙伴执行它的规则，使之逐步向多边规则拓展，直至推广到全球范围。未来，欧盟的碳边境调节机制可能会被其他国家的经贸政策效仿，“碳关税”或将成为世界贸易新规则。

案例来源：史珺涵. 欧盟开启征收“碳关税”过渡期［N/OL］. 人民日报海外版，2023-08-26（06）［2024-9-10］. http://paper.people.com.cn/rmrbhwb/html/2023-08/26/content_26013322.htm.

请问：碳关税对中国出口贸易的影响有哪些？

3.2 寻找贸易伙伴

3.2.1 线下渠道

传统线下找客户的路径主要是参加国内外各类交易会或博览会。如中国进出口商品交易会，简称广交会，作为国内甚至世界知名的展览会，会吸引全世界采购商来此。每年举办两届，即春交会（每年4月中下旬举行）和秋交会（每年10月中下旬举行），有“中国第一展”之称。除了找客户，这个渠道不失为一个打广告、建立品牌以及探听同行实力和新产品的平台。优点是人流大，有意向潜在客户聚集；缺点是费用高，客户针对性不集中，需要更多筛选。企业可以参加国内国外知名展会、行业展会、行业论坛，也可以自行组织交流会。

3.2.2 线上渠道

企业可以充分利用网络资源开发客户，各国、各地区均有大量的网络平台为世界范围内的贸易行为提供便利，如跨境电子商务平台、网络黄页、行业网站、网络展览会、搜索引擎等，企业也可以自己建设公司网站（中英文），寻找境内外客户。

找到潜在客户后，需考虑如何与客户建立业务联系并尽可能与其保持稳定的业务关系。在正式与潜在客户签订贸易合同之前，应克服急于求成的心态，对潜在客户的各方面情况做深入、细致的调查，避免产生不必要的贸易纠纷，避免上当受骗，给自己或公司带来无法挽回的经济损失。

课堂讨论

除了上述讲到的线下和线上渠道，还可以有哪些渠道？

思享汇

利用B2B网站或搜索引擎寻找美国市场上经营牛仔休闲服或建筑、陶瓷产品的客户。

知识链接

中国进出口商品交易会

中国进出口商品交易会，又称广交会，创办于1957年春，每年春秋两季在广州举办。广交会由商务部和广东省人民政府联合主办，中国对外贸易中心承办，是中国目前历史最长、规模最大、商品最全、采购商最多且来源最广、成交效果最好、信誉最佳的综合性国际贸易盛会，被誉为中国第一展，中国外贸的晴雨表、风向标。

广交会是中国对外开放的窗口、缩影、标志，是国际贸易合作的重要平台。创办以来，广交会历经风雨、从未间断，已成功举办136届，与全球229个国家和地区建立了贸易关系，累计出口成交约1.5万亿美元，累计到会和线上观展境外采购商超1000万人，有力地促进了中国与世界各国各地区的贸易交流和友好往来。

总结

本章主要介绍了国际贸易的含义、特点、分类和进出口贸易的基本业务流程，以及国际市场调研与客户获取的方法。

知识演练

一、单项选择题

1. 总贸易以进出国境为标准，凡进入（　　）的商品一律列为总进口。

A. 国境　　B. 关境　　C. 边境　　D. 保税区

2. （　　）不是无形商品。

A. 劳务　　B. 技术　　C. 衣服　　D. 咨询

3. 社会生产的发展和（　　）是国际贸易产生和发展的基础。

A. 国际分工　　B. 自然条件

C. 人口、劳动规模　　D. 市场规模

4. （　　）是指在一成员境内向任何其他成员境内提供服务。

A. 过境交付　　B. 境外消费　　C. 商业存在　　D. 自然人流动

5. 货物生产国与消费国通过第三国进行的贸易，对第三国而言是（　　）。

A. 过境贸易　　B. 转口贸易　　C. 直接贸易　　D. 多边贸易

二、多项选择题

1. 国际贸易的特点有（　　）。

A. 困难大　　B. 复杂　　C. 风险多　　D. 竞争弱

2. 以商品流向为标准，可将国际贸易分为（ ）。

A. 出口贸易 B. 进口贸易 C. 过境贸易 D. 空运贸易

3. 一国货物和服务的进出口构成一国国际收支经常项目的主要部分，国际货物贸易与国际服务贸易的最大区别是，货物出口可以（ ）。

A. 不经过海关 B. 运输 C. 反复转让 D. 直运

4. 以货物的贸易方式为标准，国际贸易可分为（ ）。

A. 一般贸易 B. 补偿贸易 C. 进料加工贸易 D. 过境贸易

5. GATS将服务贸易分为（ ）。

A. 过境交付 B. 境外消费 C. 商业存在 D. 自然人流动

三、判断题

1. 依照商品形态，对外贸易可分为有形贸易和无形贸易。（ ）

2. 国际贸易值是以货币表示的，而国际贸易量是以数量表示的。（ ）

3. 国际市场调研是指运用科学的调研方法与手段，系统地搜集、记录、整理、分析有关国际市场的各种基本状况及其影响因素，以帮助企业制定有效的市场营销决策，实现企业经营目标。（ ）

4. 以贸易是否有第三国（地区）参加为标准，国际贸易分为直接贸易、间接贸易和转口贸易。（ ）

5. 设有保税区、自由港和自由贸易区的国家一般关境大于国境。（ ）

02 项目
交易磋商与合同签订

学习目标

知识目标

- 了解交易磋商的环节。
- 掌握交易磋商的必经环节及内容。
- 掌握合同的形式和内容。

技能目标

- 能书写询盘函、发盘函、换盘函和接受函。
- 能制作、审核、修改和签订外销合同。

素质目标

- 加强国贸从业人员的职业道德与法律素养。
- 增强诚信守法意识。

思维导图

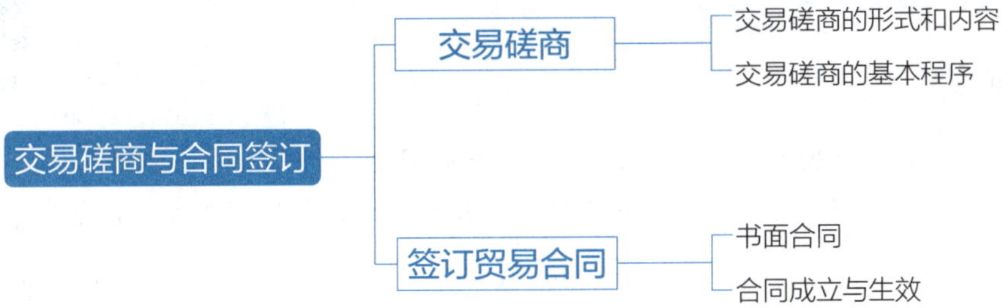

工作任务引入

小章在师傅的带领下，先后熟悉了公司产品，了解了出口市场，并在自己的努力下，寻找到了一家潜在客户：美国ABC国际贸易公司（ABC INTERNATIONAL TRADING CO.）。小章面临的任务是考虑如何与ABC 国际贸易公司进一步沟通，以及该谈些什么内容。

任务1 交易磋商

在国际贸易业务中，进出口交易磋商是交易双方当事人按照一定的程序对各项交易条件表示意见的过程。进出口交易磋商是国际货物买卖的基础，是完成整个交易程序中不可缺少的重要组成部分。

1.1 交易磋商的形式和内容

交易磋商有两种形式，一种是口头磋商，一种是书面磋商。口头磋商包括面对面的谈判、电话磋商等形式。书面磋商包括双方交换信函、电报、传真及电子邮件等。无论是口头还是书面的方式，进出口交易的一般程序分为询盘、发盘、还盘和接受四个环节。

交易磋商的内容总的来说，包括进出口合同的所有条款，即合同的标的（货物的品名、品质、数量、包装）、价格与支付条款、交货条件（运输、保险）、预防与解决争议的条款（检验、索赔、不可抗力和仲裁）等。也可以将这些内容概括为两个部分，一是主要贸易条件，涉及每笔业务中至关重要的、具有变动性和独特性的内容，如产品名称、品质、规格、数量、价格、包装、支付方式、运输条件等。这些主要贸易条件随着双方的磋商而不断变化，最终形成双方都接受的结果。二是一般贸易条件，指出口商为出售或进口商为购买货物而进行的每笔交易都适用的一套共性的交易条件，如索赔条款、争议处理、商品检验、不可抗力，等等。一般贸易条件相对固定，可以提高磋商的效率，降低磋商成本。

1.2 交易磋商的基本程序

询盘、发盘

1.2.1 询盘

询盘（inquiry或者enquiry），也称询价，是指在进出口交易中，交易的一方为出售或购买某种商品向对方询问买卖该项商品的各种交易条件的表示，其内容可以涉及商品的价格、数量、品质、包装、交货和装运等交易的各个方面。询盘多由买方向供应商发出，也被称为邀请发盘，在法律上称为“要约邀请”。

例如

拟购大豆，请报CIF伦敦最低价及最早装运期。

Please quote us your lowest prices of CIF London for soybean at the earlist delivery.

询盘也可由卖方发出，也被称为邀请递盘。

例如

①可以提供大豆100公吨[①]，请递盘。

Can supply soybean 100 metric tons, please bid.

②可供以下产品，7月份装运。如果有兴趣请电告。

We can supply the following goods with shipment in July. Please fax us if you are interested.

课堂讨论

询盘是不是每笔交易的必经程序？对买卖双方有没有法律效力？

思政园地

识别虚假询盘，定位有效客户

询盘是买卖双方进行交易的试探性一步，在实际外贸业务操作中，掌握分析询盘函的技巧，识别出客户真正的需求能够有效帮助商家剔除虚假询盘，精准定位有价值的交易伙伴。

1. 初步判定询盘函基本信息是否真实可靠

外贸业务员可以通过检验询盘函中的公司基本信息、产品名称规格、附件信息、邮件后缀和发送邮件的时间是否符合时差标准等信息，初步筛除信息虚假或产品不对口的无效询盘函。

2. 进一步分析客户询盘需求是否有效可行

在确认询盘的真实性后，外贸业务员需要仔细分析询盘内容，提炼出客户需求。根据客户需求的不同，询盘函大致可以分为以下几类。

（1）目标明确型。如客户咨询的产品名称具体、数量精确、交易条款清晰，提问专业且简明扼要，则可认为客户询盘的目标明确，是需要重点获取的对象。对这样的客户，外贸业务员需要尽快响应，提供有竞争力的报价，展示公司优势。如客户在收到报价后并不回复，可以主动询问客户顾虑的地方，并持续跟踪客户的需求。

（2）需求模糊型。该类客户一般会通过B2B平台广告进行“广撒网，多捞鱼”式的询盘，要求的产品不明确，更多的是索要价目表或者产品目录等。对这样的客户，外贸业务员可以选择化被动为主动，通过询问对方具体需要的产品类别，缩小推荐范围；也可以附上公司具有竞争力的品类，但同时要注意有所保留，以防对方窃取信息。

（3）索要样品型。如客户在邮件中对产品的规格型号、质量要求等并不十分关注，而强烈要求寄送样品供他们选择，则需要仔细分辨。对这样的客户，外贸业务员可以在综合考虑寄样成本和客户公司信息后再进行决策。

---

① 公吨为国际贸易中的常用单位，详细会在后边讲解。

1.2.2 发盘

(1)发盘的含义

发盘(offer),也称为报盘、报价、发价,法律上称之为"要约",是买方或卖方向对方提出各项交易条件,并愿意按照这些条件达成交易、成立合同的肯定意思表示。

在实际业务中,发盘可以是应对方询盘的要求发出,也可以是在没有询盘的情况下,直接向对方发出。一般是由卖方发出的,但也可以由买方发出,业务称其为"递盘"(bid)。

发盘语言要简洁,各项主要交易条件要交代清楚,包括商品名称、质量、数量、价格、支付方式、包装、交货期及发盘有效期等。

例如

We have received your fax of May 17th, inquiring for dress, and take pleasure to offer as follows...

我方已收到贵方5月17日发来的关于询问连衣裙的传真,我方现报盘如下……

发盘对发盘人具有法律效力,一经受盘人有效接受,合同即告成立,当事人双方就产生了具有法律约束力的合同,受到合同的约束。

(2)发盘的构成要件

根据《联合国国际货物销售合同公约》(以下简称《公约》)解释,构成一项发盘必须具备以下四个要件。

①有特定的受盘人。发盘必须指定特定的受盘人,要指明个人姓名或企业名称。比如,卖方刊登商品广告,就只能视为邀请发盘,而不构成发盘。

②表明订约意旨。发盘必须明确表示有订约的意思表示,也就是说,发盘人向受盘人表示,在得到受盘人有效接受时,将按照发盘的内容订立合同。

课堂讨论

发盘中有保留条件,如仅供参考、以我方最后确认为准或有权先售等加注时,是否构成发盘?

③发盘内容必须十分确定。发盘的内容必须具有确定性,其内容要符合完整的、明确的、终局的三个要求,不能有模棱两可,含糊不清的语句,也不能有限制性条款。比如说"参考价""大约""以我方确认为准"等。

④发盘送达受盘人。无论是口头的还是书面的,发盘必须送达受盘人时生效。

(3)发盘阶段应注意的问题

①发盘的有效期。发盘的有效期是指受盘人可以对发盘表示接受的时间限制。如"发盘限5月10日复到有效"或"发盘有效期至5月10日"。规定发盘有效期,一方面是对发盘人的一种限制,在发盘有效期内,发盘人受此约束,并且不得任意撤销发盘。如果受盘人在有效期内将接受通知送达发盘人,发盘人将承担按发盘条件订立合同的责任;另一方

面也是对发盘人的一种保障，一旦超过有效期，发盘人不再受此约束。

发盘是否规定有效期并非构成发盘不可缺少的条件。但是为了避免纠纷，最好发盘时明确规定发盘有效期。

②发盘的生效时间、撤回和撤销。《公约》第15条对发盘生效时间做了明确规定："发盘在送达受盘人时生效。"发盘的撤回是指发盘在被送达受盘人之前，即发盘未生效前，取消该发盘。

发盘撤回的条件：撤回通知比发盘先到达受盘人或撤回通知与发盘同时到达受盘人。

发盘的撤销是指在发盘已生效后，在受盘人未做出接受之前，发盘人以一定方式解除发盘。

在下列情况下，发盘不能再撤销：

发盘中注明了有效期，或以其他方式表示发盘是不可撤销的；

受盘人有理由依赖该发盘是不可撤销的，并且已本着对该发盘的依赖行事。

案例思考

我方某对外工程承包公司于5月3日以电传请意大利某供应商发盘出售一批钢材。我方在电传中声明：要求这一发盘是为了计算一项承造一幢大楼的标价和确定是否参加投标之用；我方必须于5月15日向招标人送交投标书，而开标日期为5月31日。意大利供应商于5月5日用电传就上述钢材向我方发盘。我方据以计算标价，并于5月15日向招标人递交投标书。5月20日意大利供应商因钢材市价上涨，发来电传通知撤销他5月5日的发盘。我方当即复电表示不同意撤盘。于是，双方为能否撤销发盘发生争执。及至5月31日招标人开标，我方中标，随即电传通知意大利供应商我方接受该商5月5日的发盘。但意大利供应商坚持该发盘已于5月20日撤销，合同不能成立，而我方则认为合同已经成立。对此，双方争执不下，遂协议提交仲裁。

❓请问：如果你为仲裁员，将如何裁决？说明理由。

1.2.3　还盘

还盘（counter-offer），又称还价，在法律上称为反要约，是指受盘人对发盘中交易条件不完全同意而提出修改或变更的意思表示。还盘实质上是受盘人对发盘的拒绝，也是受盘人以发盘人的地位做出的新发盘。经还盘，原发盘即失去效力，原发盘人不再受此约束。

还盘、接受

课堂讨论

一笔进出口贸易是否一定需要经过还盘才能达成？还盘是交易磋商的必经程序吗？

1.2.4 接受

（1）接受的含义

接受（acceptance），法律上又称承诺，指的是交易的一方同意对方在发盘中提出的各项交易条件，并按照这些条件与对方订立合同的一种肯定的意思表示。

（2）构成有效接受的条件

①接受必须由指定的受盘人做出。

②接受必须是在发盘的有效期内做出，并送达发盘人。如果超过有效期接受的，称为逾期接受，这在法律上构成一项新的发盘，原发盘人可以拒绝。

知识链接

迟到的接受

逾期接受也称为“迟到的接受”，是指接受通知到达发盘人的时间已超过了发盘所规定的有效期，或发盘未规定有效期而超过合理时间才送达发盘人。《联合国国际货物销售合同公约》及各国法律均认为逾期接受无效，只能视作一项新的发盘。

《联合国国际货物销售合同公约》对逾期接受做了灵活处理，规定在下列两种情况下逾期接受仍具有效力。

①如果发盘人毫不延迟地用口头或书面方式通知受盘人，确认该项逾期接受有效，合同仍可于接受通知送达发盘人时订立。

②如果载有逾期接受的信件或其他书面文件表明，在传递正常的情况下，应是能够及时送达发盘人的，则此项逾期接受仍视为有效，除非发盘人毫不延迟地用口头或书面方式通知受盘人，认为发盘因逾期接受而失效。

因此，一项逾期接受是否有效，关键在于发盘人的态度。

③接受的内容必须与发盘内容完全相符。按照法律原则，接受是无条件、无保留地同意发盘中的交易条件。在实际业务中，受盘人虽然使用了“接受”的字样，但补充了一些变更条件，这就构成了有条件的接受。判断有条件的接受是否有效，要看这些变更属于实质性变更还是非实质性变更。实质性变更包括：商品的价格、品质、数量、交易方式、交付时间和地点、索赔条款、争议解决方式等。如出现实质性变更，则原发盘失效，该变更构成一项新的发盘。非实质性变更包括：商品的包装条件、单据份数、新增或删减单据等。如出现非实质性变更，除非发盘人提出异议，否则仍旧视为接受。

知识链接

有条件的接受

《联合国国际货物销售合同公约》第18条第2款规定，若受盘人表示接受时，对发盘内容提出某些非实质性添加、限制或变更，只要发盘人不以口头或书面形式反对，则仍构成接受。此时，合同条件以发盘条件和接受中提出的更改为准。

因此，我方应仔细阅读对方的发盘函，对其中所提出的添加、限制或变更条件进行判定，若出现我方不能接受的变更情况，需要立即向对方进行说明、提出异议并要求修改，以防日后出现争议。

案例思考

我国某出口企业于2024年2月1日向美国供应商发盘出口某农产品，在发盘中表示包装为尼龙袋包装。在发盘有效期内，美国供应商复电称“接受你方的邮件，请用黄麻布袋包装。”我方收到上述回复后立即着手备货，数日后该农产品国际价格暴跌，美国供应商来电表示：“我方对包装进行了修改，由于你方未回复确认，故合同不成立。”而我方出口企业坚持合同已经成立。

❓ 请问：此合同是否已经成立？请说明理由。

④接受必须表现出来。沉默或不行动都不构成接受。接受必须由受盘人以一定的方式表示出来，可以是口头或书面行动，也可以用发货或付款的行为来表示。

思享汇

如果你是外贸业务员张伟，在广交会遇到了对你公司产品感兴趣的客户，请尝试两人一组进行角色扮演，编写剧本，要求体现交易磋商的环节，并尝试达成交易意向。

任务2 签订贸易合同

2.1 书面合同

经过交易磋商，一方的发盘或还盘被对方有效地接受后，交易即告成立，买卖双方就构成了合同关系。磋商过程中双方的往来电函就是合同的书面证明，具有法律约束力。但在实际业务中，买卖双方为了更好地明确双方的责任及义务，买卖双方习惯在接受后，再签订一份书面合同。

书面合同的签订

签订进出口合同的意义主要在于：

①是合同成立的依据；

②是合同生效的条件；

③是合同履行的依据；

④是确定进出口双方责任义务的依据；

⑤是进口方申请开立信用证的依据；

⑥是出口方办理货物检验的依据；

⑦是双方处理索赔以及诉讼或仲裁的依据。

在进出口贸易中，对于书面合同的形式没有特定的限制，主要有合同、确认书、协议和备忘录等形式。在我国进出口业务中，使用最多的是合同和确认书这两种形式。

书面合同的内容一般由3个部分组成。

①约首。约首是合同的首部，包括合同的名称、合同编号、订约日期、订约地点、买卖双方的名称和地址，以及序言等内容。序言主要是写明双方订立合同的意愿、执行合同的意愿和保证等内容，对双方都有约束力。双方的名称要求用全称，地址要详细。

②本文。这是合同的主体部分，规定了双方的权利和义务，具体列明合同的各项交易条款，如商品名称、品质规格、数量包装、单价和总值、交货期限、支付条款、保险、检验、索赔、不可抗力和仲裁条款等。为避免签订合同后交易双方发生争执，应把这些条款规定得准确详细而且严密。

③约尾。约尾是合同的结尾部分，列明合同使用的文字、合同的份数、订约的时间、地点及生效的时间、附件及其效力、双方签字等，这也是合同不可缺少的重要组成部分。合同的订约地点往往要涉及合同依据法的问题，因此要慎重对待。合同一经签订就成为约束交易双方的法律文件，外贸业务人员在缮制和签订书面合同的过程中更要审慎认真，保证合同内容符合国家政策，合同条款完整，各项条款相互配合，协调一致。

2.2 合同成立与生效

根据《公约》的规定，合同成立的时间为接受生效的时间。在实际业务中，合同成立的时间以合同文本上的签订日期或者以对方确认合同的日期为准。

知识链接

根据我国《民法典：合同编》规定，当事人采用合同书形式订立合同的，自双方当事人签字或者盖章时合同成立，签字或者盖章不在同一时间的，最后签字或盖章时合同成立。

合同的生效与合同的成立不同。合同是否成立要看接受是否生效，而合同是否生效要看合同是否具有法律上的效力。如果没有满足以下合同生效的要件，那么即使交易双方达成一致，成立了合同，该合同也未必有效。合同生效的要件主要有以下几点。

（1）当事人应具有相应的行为能力

在国际贸易中，签订合同的当事人主要为自然人或法人。自然人应是成年人且必须有固定住所；神志不清、未成年人等订立合同须受到限制。法人应在其法定经营范围内缔约合同，或者授权代理人签订合同。

（2）当事人的意思表示必须一致

合同生效的前提是双方意思一致，各国法律都要求这种意思表示的一致必须是建立在自愿和真实的基础之上的，任何一方不得将自己的意志强加给对方，不得采用胁迫、欺诈等手段。如果当事人意思表示不真实，可以依法申请撤销合同或者主张合同无效。

课堂讨论

只要双方都自愿达成一致，合同就一定有效吗？

思政园地

柿饼案与合同“意思自治”原则

广西L食品有限公司与美国H公司于2022年2月达成供货协议，为H公司提供柿饼。合同规定的主要条款为：“货物由纸箱包装，柿饼应无涩、无霉、无虫。”柿饼质量由L公司负责。在准备好货物后，H公司对柿饼进行了检验，检验合格后装入集装箱，报检报关。但货物到达洛杉矶港口后，遭到美国食品药品监督管理局（FDA）的查验，发现柿饼中含有啶虫脒和多菌灵，不符合美国国家标准，FDA要求重新装船出口或予以销毁。H公司按要求重新装船后向L公司提出索赔，但L公司认为柿饼质量已经通过了H公司的检验，符合合同的规定，拒绝了H公司的要求。H公司遂向法院提出诉讼。

法院认为，该案件争论焦点在于柿饼的质量标准问题，广西L食品有限公司认为柿饼的质量已经在合同中做出了规定，即“柿饼应无涩、无霉、无虫”，这是双方意思自治的体现。而美国H公司则认为柿饼的质量应符合美国FDA标准。法院认为根据《进出口食品安全管理办法》第三十八条的规定：“出口食品生产企业应保证其出口食品符合进口国家（地区）的标准或者合同要求。”至此，L公司败诉。

从本案例可以看出，出口方错误理解了“意思自治”原则的真实意思，“意思自治”原则是指任何人都可以通过签订合同，自主决定合同的内容、效力、条件以及合同是否受制于一项选定的法律。但“意思自治”原则的使用是受到买卖双方国家强制性规则制约的，如果合同违反了这些强制性规则，必然会导致当事人法律选择的无效。而在本案例中，美国FDA对柿饼质量进行检验的行为就是美国的强制性规则，买卖双方不能通过“意思自治”原则在合同中将这一强制性规则进行排除。

资料来源：钱华生. 从一则案例来评析外贸合同的“意思自治”原则[J]. 北方经贸，2022（10）：62-64.

（3）合同必须有对价或约因

对价（consideration）是指当事人为了取得合同利益所付出的代价。约因（cause）是指当事人签订合同所追求的直接目的。按照英美法和法国法的规定，合同只有在有对价或约因时，才是法律上有效的合同。

（4）合同的标的、内容和形式必须是合法的

合同的标的即交易双方买卖的客体。合同的标的和内容的合法性是合同产生法律效力的前提。对世界上的大多数国家而言，外贸合同的形式符合法律规定即可，我国《民法典：合同编》第四百六十九条规定：“当事人订立合同，可以采用书面形式、口头形式或者其他形式。书面形式是合同书、信件、电报、电传、传真等可以有形地表现所载内容的形式。我国法律规定涉外合同必须是书面形式。”

思享汇

在签订外贸合同的过程中，双方往往在追求自身利益的同时也要进行一些让步，通过下面这个游戏，请同学们一起感受一场“求同存异的谈判”。

活动准备

（1）两人一组，可在不受干扰的情况下多组同时进行。

（2）双方只能通过谈话形式交换信息，不允许交换阅读对方纸条。

（3）谈判时间控制在10分钟左右，以意向达成时间长短确定各小组排名。

（4）提前做适当背景介绍，避免触及核心信息点。

A先生（一名学生扮演）

你了解到有一批恐怖分子掌握了一种核爆炸技术，并且他们欲利用“9·11”周年之际，再次对美国的A城实施恐怖袭击，引爆这种核弹，其威力足以炸平A城，并使该城100年内无法种植，无法建筑，并会引起不确定的核辐射，伤亡人数将大于500万。

你是一位核弹专家。你掌握一项全球专有技术，可以利用一种元素“Z”来预防这种核物质的爆炸。但是这种元素只能由一种生长在极地的“冷果”的果仁提炼而成，至少需要1千克的冷果，才能提炼到足够多的Z元素。根据现有资料，全球只有1千克冷果，并且正在由“YC”公司以拍卖的形式进行销售，起拍价格为300万美元。

此时，你听说有一位B先生要和你竞买这1千克冷果。但是你只有300万美元的经费，而且，为了保护A城不受恐怖分子的袭击，你必须参加这次竞买。于是，你决定约见B先生，和他协商。

B先生（一名学生扮演）

B城在2周前，有一种传染病突然在3~6岁的儿童中流行，目前已经造成28名儿童死于这种传染病，疑似病例已有294例，并且每天都在增加死亡人数和疑似病例人数。情况十分危急。

你是一位资深医生。你发现了一种Q物质可以治疗这种传染病。但是Q物质，只能通过一种生长在极地的“冷果”果皮提炼而成。要治疗和预防这种传染病，你至少需要1kg冷果。根据现有资料，全球只有1kg冷果，并且正在由“YC”公司以拍卖的形式，进行销售，起拍价格为300万美元。

此时，你听说有一位A先生要和你竞买这1kg冷果。但是你只有300万美元的经费，而且为了挽救B城数以万计的儿童不受此传染病的危害，你必须去参加这次竞买。于是，你决定约见A先生，和他协商。

活动提示：请双方保持足够耐心本着求同存异的原则耐心沟通，寻找不冲突的需求，尽力促成交易。

总结

在国际贸易中，交易磋商是指买卖双方通过信件、邮件、洽谈、电话等书面或口头的形式，就交易的各项条件进行谈判。交易磋商的基本程序有四个环节：询盘、发盘、还盘和接受，其中发盘和接受是不可缺少的环节。在接受时需要注意是否有实质性条件的变更。

发盘一旦被接受，合同即宣告成立，但合同的成立与生效不同，还需要满足四个基本要件。我国法律规定，外贸合同必须以书面形式订立，在合同订立后，企业需要对合同进行审核，以防日后产生争议。

知识演练

一、不定项选择题

1. 美国A厂商向我方公司来电“拟购特级红枣1000吨，请电告最低价格及最快交货期”，此来电属交易磋商的（　　）环节。

A. 发盘　　B. 询盘　　C. 还盘　　D. 接受

2. 英国某公司向我方公司来电“接受你方5日发盘请降价2%”，此来电属交易磋商的（　　）环节。

A. 发盘　　B. 询盘　　C. 还盘　　D. 接受

3. 根据《公约》的规定，合同成立的时间是（　　）。

A. 接受生效的时间　　B. 交易双方签订书面合同的时间

C. 在合同获得国家批准时　　D. 当发盘送达受盘人时

4. 某发盘于某月9日以电报形式送达受盘人，但在此前的8日，发盘人以一传真告知受盘人，发盘无效，此行为属于（　　）。

A. 发盘的撤回　　B. 发盘的修改　　C. 一项新发盘　　D. 发盘的撤销

5. 下列条件中，（　　）不是构成发盘的必备条件。

A. 向一个或一个以上的特定人提出　　B. 主要交易条件必须完整齐全

C. 发盘的内容必须十分确定　　D. 表明订立合同的意思

6. 一方在报纸杂志或广播电视中所做的内容明确完整的商业广告属于（　　）。

A. 邀请发盘　　B. 询盘　　C. 发盘　　D. 还盘

7. 我公司星期一对外发盘，限星期五复到有效，客户于星期二回电还盘并邀我方电复，此时，国际市场价格上涨，我方未予答复。客户又于星期四来电表示接受我方星期一的发盘，则（　　）。

A. 接受有效　　B. 接受无效

C. 如我方未提出异议，则合同成立　　D. 属于有条件的接受

8. 我方5月10日向国外某客商发盘，限5月15日复到有效，5月13日接到对方复电称“你10日电接受，以获得进口许可证为准”。该接受（　　）。

A. 相当于还盘

B. 在我方缄默的情况下视为有效接受

C. 属于有效接受

D. 属于一份非实质性变更发盘条件的接受

二、判断题

1. 在交易磋商过程中，发盘是由卖方做出的行为，接受是由买方做出的行为。（　　）

2. 根据《公约》规定，构成一项有效发盘，必须明确规定买卖货物的品质、数量、包装、价格、交付和货款的支付六项主要交易条件，缺一不可。（　　）

3. 一项有效的发盘，一旦被受盘人无条件地全部接受，合同即告成立。（ ）

4. 根据《公约》的规定，接受必须用声明或行动表示出来，沉默或不行动不等于接受。（ ）

5. 还盘一经做出，原发盘即失效。（ ）

6. 若发盘未规定有效期，则受盘人可以在任何时间内表示接受。（ ）

7. 根据《公约》，规定了有效期的发盘一旦到达受盘人，在有效期限内发盘人不得撤销该发盘。（ ）

三、案例分析题

1. 2024年5月3日，我方向英商发盘“可供特级红枣1000公吨，每公吨600美元CIF伦敦，适合海运包装。订约后即装船，不可撤销即期信用证付款，请速复电。”英商立即电复：“你3日电我方接受，用纸箱包装，内加一层塑料袋。”我方收到复电后着手备货，数日后，特级红枣的国际市场价格猛跌，英商来电称：“我方对包装条件做了变更，你方未确认合同并未成立。”而我方坚持合同已成立。

试按照《公约》的规定对此案进行分析。

2. 嘉兴某出口企业于2024年7月3日向英商发盘称：“大豆，每公吨CIF伦敦500美元，1000公吨，6日内复到有效。”英商于7月12日回电表示接受，我方立即电告对方其接受有效，并着手备货装运。三天后，英商来电称12日电传超出发盘有效期，属无效接受，认为合同不成立。

问：英商做法是否合理？为什么？合同有效吗？为什么？

3. 我出口公司于9月10日向美商A发盘供应某商品，限时9月20日复到有效。9月15日我方收到美商的电传表示接受，但提出必须降价5%。当我方正在研究如何答复时，由于该商品的国际市场发生对美商有利的变化，于是该商又在9月17日来电传表示无条件接受我方9月10日的发盘。我方未予置理，而是于9月25日把该批货物卖给另一美商B，随后，双方就合同是否成立产生了争议。

问：这个合同成立吗？

03 项目 商品的标的

学习目标

知识目标

- 了解品名、品质、数量及包装条款的基本内容。
- 掌握商品品名、品质和数量的表示方法。

技能目标

- 学会订立买卖合同的品名、品质、数量条款。
- 熟练运用、订立出口合同的包装条款。

素质目标

- 激发对中国品牌的热爱，提升爱国情怀和民族自豪感。
- 培养诚信意识、法治思维和契约精神。

思维导图

- 商品的标的
  - 商品的品名和品质
    - 商品品名和品质的含义
    - 品名条款和品质条款
  - 商品的数量
    - 计量单位和计量方法
    - 数量条款
  - 商品的包装
    - 商品包装的种类和标志
    - 包装条款

工作任务引入

作为刚入职的新人小章，要与客户签订合同，并保证进出口贸易的顺利进行。小章面临的任务是了解并掌握合同各项条款。首先需要学习的是合同的品名、品质、数量、包装条款。

任务 1 商品的品名和品质

1.1 商品品名和品质的含义

在国际贸易合同中，首先要明确的就是标的（subject matter）。标的是合同当事人双方权利和义务所共同指向的对象。它是合同成立的必要条件，是一切合同的必备条款。当标的是有形财产即有形商品时，标的被称为标的物，例如，在国际货物买卖合同中，标的就是货物。按照有关法律和惯例，对标的物的描述是买卖双方交接货物的一项基本依据，关系到买卖双方的权利和义务，因此，买卖双方洽谈和订立合同时，必须就合同的标的条件谈妥，并在合同中做出明确具体的规定，以利于合同的履行。

1.1.1 商品品名的含义和命名方式

（1）商品品名的含义

商品的名称（name of commodity）简称“品名”，法律上称为合同的标的物，是指某种商品区别于其他商品的一种称呼或概念。品名能够在一定的程度上体现商品的自然属性、用途以及主要的性能特征。

国际上为了便于对商品的统计征税有共同的分类标准，海关合作理事会主持制定了《商品名称及编码协调制度》（The Harmonized Commodity Description and Coding System，简称HS编码制度）。该制度于1988年1月1日起正式实施，我国于1992年起采用该制度。目前各国的海关统计、普惠制待遇等都按HS编码制度进行。

知识链接

HS编码

HS采用六位数编码，把全部国际贸易商品分为22类，98章。章以下分为目和子目。商品编码第一、二位数码代表“章”，第三、四位数码代表“目”，第五、六位数码代表“子目”。“类”基本上按经济部门划分，如食品、饮料和烟酒在第四类。“章”有两种分类方法：一是按商品原材料的属性分类，相同原料的产品一般归为一章；二是按商品的用途或性能分类。我国进出口税则采用十位编码，前八位等效采用HS编码，后两位是我国子目，它是在HS分类原则和方法的基础上，根据我国进出口商品的实际情况延伸的两位编码。所以，进出口商在采用商品名称时，应与HS规定的品名相适应。

我国HS编码表示方法如下。

5401101000　非供零售用合纤长丝缝纫线。
5401102000　供零售用合纤长丝缝纫线。
5401201000　非供零售用人纤长丝缝纫线。
5401202000　供零售用人纤长丝缝纫线。

（2）品名的命名方式

①以商品的主要用途命名，突出其用途，便于客户购买，如电风扇、消毒液等。

②以商品的主要原材料命名，通过其使用的原材料反映产品质量，如羊毛衫、皮鞋、蚕丝被等。

③以商品的主要成分命名，让消费者了解商品的具体内在构成，一般用于大众熟知的、由名贵原材料制造的商品，有利于提高商品的知名度，如人参珍珠霜、西洋参蜂王浆等。

④以商品外观造型命名，有利于客户从字面上了解产品特征，如背带裤、红茶、绿豆等。

⑤以商品制造工艺命名，便于客户了解商品的制作过程，增强对产品的信任，如精制油、酿造酱油、手工编制毛衣等。

⑥以人物名称命名，如王致和豆腐乳、李宁运动服、孔府家酒、东坡肉等。

课堂讨论

除了上述品名的命名方式，还有哪些命名方式？

1.1.2　商品品质的含义和表示方法

（1）商品品质的含义

商品的品质（quality of goods），也称商品的质量，是商品的外在形态和内在质量的综合。外在形态指通过感觉器官可以直接获得的商品的外形特征，包括商品的外形、款式、花色、造型、色泽、味觉、手感、嗅觉和透明度等；内在质量包括商品的化学成分、物理性能、机械性能、生物特征、技术要求等。商品的品质是一个广义的概念，尤其商品的外在形态，如商品的颜色，其指标具有不确定性，只能根据合同来确定商品的品质是否符合要求。

商品的品质是衡量商品使用价值的重要尺度，而且决定商品的市场占有率和市场价格。商品的品质不同，不仅会影响商品的用途、运输方式，而且会造成商品价格的差异，从而影响买卖双方的利益。品质是国际贸易实务中合同的重要条款，也是订立合同的重要基础。如果所交货物的品质与合同规定不符，卖方要承担违反合同的法律责任，买方有权对因此而受到的损失向卖方提出索赔，或者要求修理，交付替代货物，甚至拒收货物和撤销合同。因此在磋商交易和签订合同时，必须正确掌握和订明品质条款。

（2）品质的表示方法

在国际贸易中，表示货物品质的方法有很多种，归纳起来，可以分为两大类：第一类以实物表示；第二类以文字说明表示。

①以实物表示品质。以实物表示品质包括凭成交商品的实际品质（actual quality）和凭样品（sample）两种表示方法。前者指看货成交，后者指凭样品买卖。

- 看货成交。当买卖双方采用看货成交时，则买方或其代理人通常在卖方存放货物的场所验看货物，一旦达成交易，卖方就应按对方验看过的商品交货，买方不得对品质提出异议。这种做法，多用于寄售、拍卖和展卖业务中，货物的成交数量往往比较少，主要针对珠宝、首饰、古董、字画等具有独特性质的贵重商品。
- 凭样品买卖。样品通常是指从一批商品中抽出来的，或由生产、使用部门设计、加工出来的，足以反映和代表整批商品品质的少量实物。凡以样品表示商品品质并以此作为交货依据的，称为凭样品买卖，该样品称为“标准样品”（type sample），一般适用于难以标准化、规格化的商品，如服装、玩具、工艺品、轻工产品等。
- 在国际贸易中，凭样品买卖的种类较多，根据样品提供方的不同，可分为以下3种。

第一，凭卖方样品买卖（sale by seller's sample）。交易双方约定由卖方提供样品，买方加以确认并作为交货的品质依据，称为“凭卖方样品买卖”。在此情况下，在买卖合同中应订明“品质以卖方样品为准（quality as per seller's sample）”。日后，卖方所交货物的品质必须与提供的样品相同。

课堂讨论

嘉兴振兴瓷器出口公司与美商凭样成交一批高级瓷器，复验期为60天，货到国外经美商复验后，未提出任何异议，但事隔一年，买方来电称，瓷器全部出现“釉裂”，只能削价处理，因此要求卖方按成交价赔偿60%。卖方接到电话后立即查看留存的复样，发现其釉下也有裂纹。卖方应如何处理？

第二，凭买方样品买卖（sale by buyer's sample）。买方为了使其订购的商品符合自身要求，有时提供样品交由卖方依样承制，如卖方同意按买方提供的样品成交，则称为“凭买方样品买卖”。以此方式交易的，买卖合同中应订明“品质以买方样品为准（quality as per buyer's sample）”。日后卖方所交货物的品质必须与买方样品相符。

课堂讨论

我国浙江光明进出口有限公司与外商凭买方样品成交一批灯具，合同规定7～8月装船，需买方认可回样后方能装运。因卖方多次试制回样未被认可，故不能如期装运。9月，买方以延误船期要求赔偿，卖方应如何处理？

第三，凭对等样品买卖。卖方按照买方提供的样品，复制出经买方确认的样品，这个样品称“对等样品”（counter sample）、“回样”或“确认样品”（confirmed sample）。

若买/卖方所寄的样品仅仅作为交货品质的参考，而不是交货的依据，则应表明“仅供参考”（for reference only），它不具备法律地位。

课堂讨论

进出口业务中有哪些货物适合凭样品成交？

案例思考

样品的使用

我国某出口公司向英国出口一批大豆，合同规定：“水分最高为14%，杂质不超过2.5%。”但在成交前，我方曾向对方寄过样品，订约后该出口公司又电告买方成交货物与样品相似，当货物运至英国后买方提出货物与样品不符，并出示了当地检验机构的检验证书，证明货物的品质比样品低7%，但未提出品质不符合合同的品质规定。

请问：该出口公司是否应该赔偿？本案给我们什么启示？

②以说明表示品质。以说明表示品质，即指用文字、图表、相片等方式来说明成交商品的品质。在国际贸易中，大部分商品适宜以说明表示商品品质。具体分为下列几种。

- 凭规格买卖（sale by specification）。在以说明表示商品品质的方式中，使用最广泛的就是凭规格买卖。规格是指一些足以反映商品质量的主要指标，如成分、含量、纯度、大小、性能、容量、长短和粗细等。
- 凭等级买卖（sale by grade）。等级是指同一类商品，按其质地差异或尺寸、重量、成分、外观、效能等的不同，用文字、数字或者符号所做的分类。通常的表示方法有：大、中、小；特级、1级、2级、3级；1等、2等、3等。适用的商品有茶叶、鸡蛋、生丝等，而其等级所表示的品质标准也为业内所广泛认同。

课堂讨论

浙江丰源农产品有限公司向日本出口一批花生，合同规定为3级花生，卖方交货时发现3级花生无货，擅自决定用2级花生代替3级花生并在发票上注明“2级花生价格同3级花生”，货到后，买方拒绝付款。注：2级花生质量和价格均高于3级花生。买方有无权利拒付，为什么？你认为买方拒付的原因是什么？

- 凭标准买卖（sale by standard）。标准是商品规格的固定化，一般由标准化组织、政府机关、同业公会、商品交易所或有关国际组织制定并公布。需要注意的是，因为标准需要随着时代的发展而经常修改，所以当凭标准买卖时，应注明标准的版本和年份，以免引起争议。

例如

Rifampicin, B.P.1993

利福平，英国药典1993年版

国家贸易中常用的标准有各国的国家标准，如美国的UL，是美国保险商实验室安全认证标志；法国的NF，是电器产品的标志；还有区域标准和国际标准，如欧盟的CE，国际标准化组织的ISO，目前国际贸易中最有影响力的是ISO标准。

知识链接

ISO

国际标准化组织（International Organization for Standardization，ISO）是一个由国家标准化机构组成的世界范围的联合会，是全球性的非政府组织，其主要任务是制定国际标准，协调世界范围内的标准化工作，与其他国际性组织合作研究有关标准化问题。

ISO三体系认证是指ISO 9001质量管理体系、ISO 14001环境管理体系和ISO 45001职业健康安全管理体系的认证。通过这三大体系的认证，企业可以建立起一套科学、完善的管理体系，确保产品和服务的质量、提高生产效率、降低成本、提升员工满意度，进而提升企业的市场竞争力。

- 凭说明书和图样买卖（sale by description and illustration）。对于某些结构复杂、型号繁多、材料、设计要求严格的技术密集型产品或工业制成品，如机械、电器和仪表等，用以说明性能的数据较多，很难用几个简单的指标说明品质的全貌，而且有些产品，即使名称相同，由于使用的材料、设计和制造技术的某些差别，也可能导致功能上的差异。因此一般需要凭借样本说明书并附以图样、照片和分析图表来说明其具体的性能及构造特点。按这种方式进行的交易就是凭说明书和图样买卖。

另外，由于这类产品的技术要求比较高，在合同中往往还需特别订立卖方品质条款和技术服务条款，明确规定卖方必须在一定期限内保证其所出售的商品品质符合说明书上规定的标准。如果在保证期内发现品质低于规定，或部件的工艺质量不良，或因材料内部隐患而产生缺陷，买方有权提出索赔，卖方有义务消除缺陷或更换有缺陷的商品或材料，并承担由此引起的各项费用。

例如

合同中规定：

Quality and Technical Data to Be Strictly in Conformity with the Description Submitted by the Seller.

品质和技术数据必须与卖方所提供的产品说明书严格相符。

- 凭商标或品牌买卖（sales by trade mark or brand）。商标是指生产者或商号用来识别所生产或出售商品的标志，可由一个或几个具有特色的单词、字母、数字、图形或图片等组成。

品牌是指工商企业给制造或销售的商品所冠的名称，以便与其他企业的同类产品区别开来。一个品牌可用于一种产品，也可用于一个企业的所有产品。

商标或品牌实际上是产品的品质象征，这种表示品质的方式适用于一些品质稳定的工业制成品或经过科学加工的初级产品，在业务中应注意以下几点。

第一，即使合同中没有具体规定，卖方在交货时仍必须按照品牌或商标通常具有的品质规格交付货物，否则构成违约。

第二，在一种品牌的商品有多种不同型号和规格时，为明确起见，必须在规定品牌或商标的同时明确规定型号或规格。

例如

Golden Star Brand Color TV Set, Model: SC374

金星牌彩电，型号：SC374

- 凭产地名称买卖（sales by name of origin）。凭产地名称买卖，主要适用于那些买主已十分熟悉其品质的轻纺产品或农副产品，这些产品受自然条件和传统加工工艺等因素的影响，在品质方面具有其他产区的产品所不具有的特色，因此凭产地名称命名成为代表该货物品质的标志。

例如

金华火腿、涪陵榨菜、北京烤鸭、景德镇瓷器等。

思政园地

“灯塔工厂”丰富“智造”内涵

“灯塔工厂”是通过数字化、网络化和智能化手段，运用先进的人工智能大模型技术，实现生产过程全面自动化、精确化的工厂，代表着工业领域顶级的智能制造能力，它由达沃斯世界经济论坛等机构遴选产生，被誉为“世界上最先进的工厂”。透过“灯塔工厂”可以清晰感受中国工业发展的澎湃活力。

位于江苏省溧阳市的“灯塔工厂”是国内较大的新能源电池生产工厂之一。1000多米的流水线上，几百台机器人穿梭其间，这里每天生产的电池组件可装配2000多辆新能源汽车。这家工厂的减碳技术无处不在，厂房上自建的分布式光伏发电和储能电站，每年可以提供7000多万度的绿色能源。电动叉车、电动卡车、无人驾驶物流车的使用，让所有物流环节实现了零碳运转。在产品质检环节，工厂利用计算机视觉技术，提高产品检测效率的同时，碳排放也得到有效控制。

“灯塔工厂”的发展离不开技术实力和创新能力的支撑，其中，人工智能技术已越来越广泛地应用于产品生产、研发的各个环节中。在全球特钢行业的首家“灯塔工厂”，每年可以生产690万吨特殊钢材，并且具有数千个品种与规格的生产能力。在这里，人工智能和高精度感应仪器相结合，可以对产品进行柔性定制。工厂还运用人工智能技术，深度参与研发设计，原来研发一款新产品需要13.6天，如今只需要5.9天。

目前，全球“灯塔工厂”的数量已达153座，其中，中国占比达40.52%，是全世界“灯塔工厂”最多的国家。以创新驱动发展、以科技引领未来，我国“灯塔工厂”正不断丰富“智造”内涵，并通过示范和引领，带动产业链中的上下游企业走向智能化，推动新型工业化整体水平。

资料来源：丰富“智造”内涵　发展新质生产力　中国工业发展活力澎湃. 百家号[EB/OL]. (2024-02-27) [2024-09-12] https://baijiahao.baidu.com/s?id=1792012478267448674&wfr=spider&for=pc.

1.2　品名条款和品质条款

1.2.1　品名条款

（1）品名条款

品名条款（name of commodity clause）是买卖双方对具有一定外观形态并占有一定空间的有形商品达成共识的一种文字描述。如“大米180欧元/吨，FAS青岛Rice 180 EUR per M/T FAS Qingdao”，其中Rice即为品名条款。

合同中有关品名条款的规定没有统一的、固定不变的格式，可根据双方当事人的意思予以确定。一般在合同中“商品名称”或“品名”标题下，列明买卖双方同意的商品名称，如红小豆。如果一种商品有许多不同的品种、型号、等级时，为明确起见也要把商品的具体品种、产地、等级、型号等概括性描述包括进去，做进一步限定，如一级东北大米。

（2）规定品名条款的注意事项

品名条款是合同的主要条款，在拟订商品品名时应注意下列事项。

①明确、具体。文字必须能清楚确切地反映商品的特点，避免空泛笼统的规定或描

述，防止因买卖双方理解不一致而引发纠纷。

例如

食品（food）就很笼统，必须具体到“面包（bread）、饼干（biscuit）、可乐（cola）、巧克力（chocolate）”等。

②实事求是。品名必须真实反映商品的实际情况，凡是做不到或不必要的描述性词句都不应列入，以免给履行合同带来不利的影响。

例如

“长得高钙片”，虽然商品品名本身没有问题，但过于夸张，容易使买方产生联想，认为吃了这种钙片就会长得高。如果消费者使用后发现并没有这种效果，可能会追究卖方责任，认为与产品质量有关，这样会给日后交易带来麻烦，还会影响商品的口碑。

③国际通用。有些商品名称各地叫法不同，因此在订立品名条款时，为避免误解和产生歧义，应尽可能使用国际上通用的名称。若使用地方性名称，交易双方应事先就其含义取得共识。

例如

potato英文的意思有土豆、山芋、地瓜等含义，但是在国内土豆、山芋、地瓜等商品名称在不同的地方代表不同的产品。

另外，涉及中英文对照的商品品名，出口商应将商品的照片或样品发给进口商，经确认后再确定品名，译名力求准确、易懂，并符合国际习惯。

④经济合理。如果一种商品可以有不同的名称，则在确定品名时必须注意有关国家的海关税则和进出口限制的有关规定，而且同一商品因名称不同而收取的各种费用费率也不同，所以在不影响外贸政策的前提下，应选择有利于减低关税、运费、仓储费或方便进出口的名称作为合同的品名。

例如

出口一批“铝制内胆塑料外壳具有保温功能的咖啡杯”，若命名为“铝合金咖啡杯”【海关商品编号：7615190090】，则需要“入境货物通关单”；若命名为“铝保温杯”【海关商品编号：96170090】，则无须商品检验程序。

案例思考

德国阿尔法公司向浙江华泰进出口有限公司订购新疆葡萄干500公吨。在缮制合同时，由于新疆吐鲁番市是葡萄干的主要产区，也是华泰公司的货源基地，所以华泰公司在合同品名条款上按惯例命名为“新疆葡萄干”。交货前期，由于自然灾害导致货源紧张，华泰公司从其他省份征购最终按时交货。但德国公司称所交货物与合同规定不符，要求华泰公司提供新疆葡萄干或者降价，否则撤销合同。

❓请问：德国公司的要求是否合理？请评述此案例。

1.2.2　品质条款

（1）品质条款

①基本内容。品质条款因商品不同而各有差异，但基本内容一般应写明商品名称、规格、货号、等级或标准等。凭样品买卖时应说明样品的编号和日期，慎重起见，宜在合同中特别订明以下内容。

Quality should be about equal to the sample.（品质与样品大致相同）

Quality should be similar to the sample.（品质与样品类似）

Quality is nearly same as the sample.（品质与样品近似）

②品质机动幅度（quality allowance）。某些商品的品质规定如果过于具体，日后很难做到交货质量与合同规定相符，容易造成出口商违约，对这类商品的品质规定要用到品质机动幅度，指允许卖方所交货物的质量在一定幅度范围内有所差异，主要有下列三种方法。

- 规定范围，对某些产品的品质指标规定允许有一定差异范围。

例如

漂白棉布，幅宽35/36英寸[①]，即棉布的幅宽在此范围内均为合格。

- 规定极限，对所交货物的品质规格，规定上下极限，即最大、最高、最多以及最小、最低、最少的数值，卖方交货只要没有超过规定的极限买方就无权拒收。

例如

Fish Meal, Protein	55% Min
Fat	9% Max
Moisture	11% Max
Salt	4% Max

鱼肉蛋白质最低55%，脂肪最高9%，水分最高11%，盐分最高4%。

- 规定上下差异，指对商品的某些品质指标规定允许上下变动的百分比。

例如

Cashmere garment, cashmere content 100%, more or less 2%.

羊绒衫，羊绒含量100%，允许上下变动2%。

③品质公差（quality tolerance）。品质公差指为国际同行业所公认的或买卖双方认可的产品品质的差异，即使合同中不做规定，只要卖方交货品质在公认误差范围内，也可以认为产品品质符合合同要求。

例如

手表走时的误差、棉纱支数的确定、机械加工的零件尺寸等。

对在机动幅度内的品质差异，一般均按合同单价计价，不再另作调整，但如果有些品质指标的变动，会给商品质量带来实质性的变化，为了体现按质论价，也可在合同中订立

① 1英寸=2.54厘米。

品质增减价条款。例如，出口大豆时规定含油率不低于20%，以20%为基础，含油率每增加1%，价格增加2%。

（2）订立品质条款的注意事项

在订立品质条款时，要正确运用各种表示品质的方法，注意科学性和合理性相结合，也可规定一定的品质机动幅度。商品的品质条款是出口合同的基本条款。卖方应按合同规定的品质条款交货，否则买方有权提出索赔或拒绝收货，甚至撤销合同。因此，订立品质条款时应注意以下问题。

①根据商品的特性来确定表示品质的方法。表示品质的方法应视商品特性而定，凡可用一种方式表示的，就不要采用两种或两种以上的方法，订得过于烦琐只会增加生产和交货的困难。

②品质条款的订立应科学、合理。在规定品质条款时，用词须简单、具体，切忌使用“大约”“左右”“合理误差”等含糊的字眼，所涉及的数据应力求明确，而且符合实际，避免引起纠纷。此外，要从生产实际出发，防止把品质条款订得过高或过低，给生产或交货造成困难或影响销售。

③品质条款应符合有关国家或相关国际组织的标准，以提高产品的竞争能力。

案例思考

我国浙江丰源农产品有限公司向德国出口某农产品，合同规定水分最高15%，杂质不超过3%，但在成交前，我方曾向对方寄过样品，合同订立后又电告对方“成交货物与样品相同”。货到德国后，买方出具了货物品质比样品低的检验证明，并要求赔偿600欧元的损失。我方拒绝赔偿，并陈述理由说：这批商品在交货时是经过挑选的，因为是农产品，不可能做到与样品完全相符。

❓请问：卖方是否该赔偿买方损失？为什么？

任务 2 商品的数量

商品的数量，是指用一定的度量衡表示的商品的重量、个数、长度、面积、体积及容积等的量。商品的数量条款是买卖合同中不可缺少的主要条件之一。《联合国国际货物销售合同公约》规定，按约定的数量交付货物是卖方的一项基本义务。

2.1 计量单位和计量方法

目前，国际贸易中常用的度量衡制度有：公制（the Metric System）、英制（the British System）、美制（the U. S. System）和国际单位制（the International of Units，SI）。目前，国际单位制正在被越来越多的国家和地区采用。

2.1.1 计量单位

国际贸易中的不同商品，需要采用不同的计量单位。通常使用的有下列几种（表3-1）。

表3-1 常用计量单位

计量单位	度量衡	适用商品
重量（weight）	公吨（metric ton，M/T）、长吨（long ton，L/T）、短吨（short ton，S/T）、磅（pound，lb）、盎司（ounce，oz）、千克（kilogram，kg）、克（gram，g）等	天然产品及部分工业制成品，如矿石、谷物、药品、黄金
数量（number）	件（package，PKG）、只（piece，PC）、套（set）、打（dozen，DOZ）、罗（gross，GR）、令（ream，RM）、箱（case）、捆（bale）、听（tin）、卷（roll，Coil）等	一般日用品及杂货类产品，如文具、服装、车辆、牲畜
长度（length）	米（meter，m）、英尺（foot，ft）、码（yard，yd）等	纺织品、工业品等，如面料、电线、电缆
面积（area）	平方米（square meter，m^2）、平方英尺（square foot，ft^2）、平方码（square yard，yd^2）等	皮革、塑料、木板、玻璃等
体积（volume）	立方米（cubic meter，m^3）、立方英尺（cubic foot，ft^3）、立方码（cubic yard，yd^3）等	木材、天然气、化学气体等
容积（capacity）	升（litre，L）、加仑（gallon，gal）、夸脱（quart，qt）、蒲式耳（bushel，bu）等	农产品、部分液体或气体，如玉米、汽油

知识链接

国外用“ton”可能指的是公吨，1公吨=1吨=1000千克，或长吨（英制单位）=1016.05千克，或短吨（美制单位）=907.2千克。但是在我国，公吨通常指的就是吨（1000千克）。

①以重量计量时的主要换算关系如下。

1磅≈0.4536千克

1吨=1公吨=1000千克

1长吨=1016千克=2240磅

1短吨=907千克=2000磅

②以数量计量时的主要换算关系如下。

1令=500张（一开纸）

③以长度计量时的主要换算关系如下。

1米=1公尺=100厘米

1英尺=12英寸=1/3码=30.48厘米

1码=3英尺=36英寸=0.9144米

④以面积计量时的主要换算关系如下。

1平方码≈0.8361平方米

1平方英尺=929.0304平方厘米

1平方英寸=6.4516平方厘米

⑤以容积计量时的主要换算关系如下。

1升=1公升=0.22英制加仑/0.264美制加仑

1英制加仑=4夸脱=4.5461升

1蒲式耳（英）=36.3688升

2.1.2 计量方法

在国际贸易中，按重量计量的商品很多，通常计算重量的方法有下列几种。

（1）按毛重计算

毛重（gross weight）是指商品本身的重量加包装物的重量。有些商品单位价值较低（如谷物等）或以净重计量有困难，可以用“以毛作净”（gross for net）的办法计重，作为计价和交易的依据。

（2）按净重计算

净重（net weight）是指商品本身的重量，即除去包装物后的商品实际重量。按照国际惯例，如果没有在合同中明确规定采用毛重还是净重计价的，应以净重计价。在计算净重时，必须先计算包装重量，即皮重（tare weight），因为净重=毛重−皮重，国际上主要有下列四种计算皮重的方法。

①按实际皮重（actual tare or real tare）计算：对所有包装物称重所得的重量。

②按平均皮重（average tare）计算：总皮重=抽样平均单件皮重×总件数。

③按习惯皮重（customary tare）计算：总皮重=习惯单件重量×总件数。

④按约定皮重（computed weight）计算：总皮重=约定单件重量×总件数。

（3）按公量计算

公量（conditioned weight）是指用科学的方法抽出商品中实际水分，再加上标准水分重量所得的重量。有些商品，如棉花、羊毛、生丝等有比较强的吸湿性，所含的水分受客观环境的影响较大，其重量也就很不稳定。为了准确计算这类商品的重量，国际上通常采用按公量计算，其计算方法如下。

公量=干量+标准含水量=实际重量×（1+标准回潮率）÷（1+实际回潮率）

商品的干量即抽去商品水分后的重量，标准回潮率是交易双方约定的货物中的水分与干量之比，实际回潮率是货物中的实际水分与干量之比。

案例思考

A公司与B公司签订了一份50公吨羊毛的出口合同，合同中规定以公量来计算商品的重量，商品的公定回潮率是10%，货物到达目的港后抽样检测所得的实际回潮率是8%。

❓ 请问：该批商品的公量是多少？如果双方约定每公吨单价为5800美元，应该付款多少美元？

分析 公量＝实际重量×（1＋标准回潮率）÷（1＋实际回潮率）

＝50×（1＋10%）÷（1＋8%）

≈50.93（公吨）

应付款为：5800×50.93＝295394（美元）。

（4）按理论重量计算

理论重量（theoretical weight）是指某些有固定规格形状和尺寸的商品，如马口铁、钢板等，只要规格一致，每件重量大体上相同，故可以从其件数推算出总量。

（5）按法定重量计算

法定重量（legal weight）是指海关在征收从量税时的征税重量，即商品的实物净重（net weight）加上商品的销售包装重量。

2.2 数量条款

2.2.1 数量条款的基本内容

数量条款（quantity clause）的基本内容包括买卖双方成交商品的数量、计量单位、计量方法，若用以重量计算的方法，还要表明按毛重还是净重等。

例如

China rice 2000M/T as gross weight, with 2% more or less at seller's option.

中国大米毛重2000公吨，允许卖方增减2%。

课堂讨论

浙江涌金出口公司与英国进口公司按每公吨800美金的FOB价格于宁波成交某产品100公吨。涌金公司办妥结汇手续后，英国公司来电称：涌金公司所交货物扣除皮重后实际到货不足100公吨，要求退回因短量而多收的货款。涌金公司以合同为规定按净重计价为由拒绝退款。分析涌金公司的做法是否可行，并说明理由。

2.2.2 数量机动幅度

在国际贸易中，应明确规定具体的买卖数量，但由于多种因素限制，比如大宗散货的难以精确交付、包装条件和运输工具的限制，以及自然损耗等，实际交货数量往往不容易做到绝对准确。为了避免日后发生纠纷争执，买卖双方应在合同中订明交货数量的机动幅度。规定数量机动幅度的方法有两种：一是规定“溢短装条款”；二是规定“大约”数量。

（1）溢短装条款

溢短装条款（more or less clause）指在买卖合同的数量条款中，明确规定卖方允许多装或少装的百分比，其幅度以不超过规定的百分比为限。在国际贸易中，溢短装条款的内容一般包括：①溢短装的伸缩幅度；②溢短装的选择权；③溢短装部分计价。一般而言，溢短装条款由卖方决定，但是在买方负责租船接货的情况下，为了便于同租船合同衔接，也可规定由买方或船方决定。

例如

10000M/T, with 5% more or less at seller’s option.

10000公吨，卖方可溢短装5%。

《跟单信用证统一惯例》(国际商会第600号出版物，以下简称《UCP600》）第30条b款规定：“在信用证未以包装单位件数或货物自身件数的方式规定货物数量时，货物数量允许有5%的增减幅度，只要总支取金额不超过信用证金额。”但是，该项规定只涉及信用证项下结算的数量和金额问题，并不涉及买卖合同项下卖方保证交货数量义务，即如果买卖合同没有约定数量机动幅度，卖方则必须按照合同约定的数量交付货物，否则将构成违约。

课堂讨论

溢短装条款对买方有利还是卖方有利？

（2）“大约”数量

在合同数量前加“大约”（about）字样，即可多交或少交一定百分比的数量，但是国际上对“大约”的具体含义没有统一解释，为了防止争议，应避免这种表示方法。应当注意，尽管《UCP600》第30条a款规定：“‘约’或‘大约’用于信用证金额或信用证规定的数量或单价时，应解释为允许有关金额或数量或单价有不超过10%的增减幅度。”但是，该项规定只适用于信用证结算，而不能自动适用于买卖合同。

课堂讨论

合同数量前冠以“约”，而信用证为固定金额，应如何处理？

恒联贸易有限公司向外商出口有机蔬菜20公吨，每公吨500美元，合同规定数量可增减10%。国外按时开来信用证，规定金额为10000美金，数量约为20公吨。结果恒联公司以22吨发货，遭到银行拒付。请分析原因。

2.2.3 订立数量条款的注意事项

（1）正确掌握成交数量

对出口商品数量的掌握应该考虑国外市场的供求状况、国内市场的货源供应情况、国际市场的价格动态，以及国外客户的资信状况和经营能力。对进口商品数量的掌握应该考虑国内实际需要、国内支付能力以及市场行情变化等。

（2）数量条款的各项内容应具体、明确

在数量条款中应明确计量单位、计量方法和计量工具，并选择使用买卖双方共同接受的度量衡制度。数量条款切忌模糊不清，避免使用笼统的字眼，应使买卖双方的责任分明，以避免履约时的纠纷。比如，在规定成交商品数量时，应一并规定该商品的计量单位。对按重量计算的商品，还应规定计算重量的具体方法。某些商品，如需要规定数量机动幅度，则数量机动幅度是多少、由谁来掌握这一机动幅度，以及溢短装部分如何作价，都应在条款中具体订明。此外，进口合同中的成交一般不宜采用“大约”“近似”“左右”等带伸缩性的字眼来表示。

（3）规定合理的数量机动幅度

数量机动幅度大小应合理。在分批装运时，应争取每批都有机动幅度，否则，应争取前几批装运数量准确，最后一批留作调整。机动幅度的选择权应合理，同时，溢短装数量的计价方法也要合理。

案例思考

1. 我国出口风扇1000台，国外来证规定不允许分批装运。装船时发现有40个包装破裂，风罩变形或开关脱落。为保证质量，我方认为根据《UCP600》规定，即使不允许分批装运，数量上可以有5%的溢短装，于是少装40台，但却遭到议付行拒付。

❓请问：议付行是否可以拒付？为什么？

2. 合同规定，玉米，500公吨，允许3%增减，由卖方选择，增减部分按合同价格计算。

❓请问：如果在交货前该商品的市场价格上涨，在不违反合同的情况下，卖方想要获利，可以装多少货物？如果市场价格下跌呢？

任务3 商品的包装

包装是指为了有效保护商品品质的完好和数量的完整，采用一定的方法将商品置于合适容器中的一种措施。除了少数商品难以包装，不值得包装或根本没有包装必要而采取裸装或散装的方式外（如煤、钢铁等），其他绝大多数商品都需要有适当的包装。

3.1 商品包装的种类和标志

3.1.1 商品包装的意义

进出口商品一般都需要经过长距离辗转运输，有时还需要多次装卸、搬运和存储，因此大多数商品都需要适当的包装。包装不仅能起到保护商品、保障运输的作用，而且还能美化、宣传商品，同时包装本身还是货物说明的组成部分。包装在一定程度上反映了一个国家经济、技术和科学文化等方面的综合水平。在国际市场上，包装的好坏关系到商品售价的高低、销路的畅通，也关系到一个国家及其产品的声誉。

商品包装的要求是科学、经济、牢固、美观和适用。有些国家的法律把商品包装作为货物说明的组成部分。在国际贸易中，包装条件是合同的一项主要交易条件，应在合同中明确规定。

3.1.2 商品包装的种类

根据货物流通中包装的作用可以分为运输包装和销售包装。

（1）运输包装

运输包装（shipping packing）又称为外包装或大包装，主要作用是保护商品的品质和数量，使其便于运输、装卸、存储、计数。运输包装按包装方式不同可分为单件包装和集合包装。

①单件包装指货物在运输过程中作为一个计件单位的包装，包装方式有箱（case）、桶（drum，cask）、袋（bag）、包（bale）、捆（bundle）、罐（can）等（图3-1）。使用的包装材料包括木质、塑料、金属材质、棉麻等。

②集合包装是在单件包装的基础上，把若干单件包装组合成一件大的包装或装入一个大的包装容器内，以适应港口机械化作业的要求。集合包装能更好地保护商品，提高装卸效率，节省运输费用。常见的集合包装方式有托盘（pallet）、集装袋（flexible container）和集装箱（container）等。

- 托盘。托盘是现代工商业生产、运输、储存及包装的一种很重要的工具，是由可以承载若干数量物品的负荷面和叉车插口构成的装卸用垫板。它是一种基本的物流搬运器具，在商品流通中广泛应用，被誉为“活动的地面”“移动的货台”。随着机械化程度的提

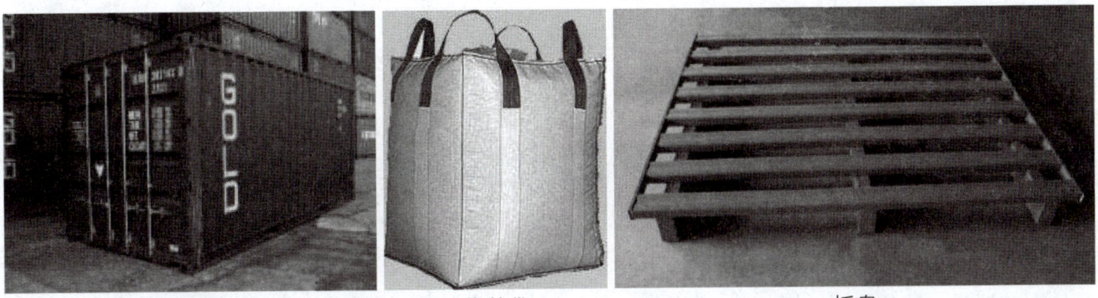

集装箱　　集装袋　　托盘

图3-1　各种集合包装

高，使用量也越来越大。根据材质的不同，可分为木制、钢制、塑料、纸质及复合等多种托盘。托盘规格一般分为80厘米×100厘米、80厘米×120厘米、100厘米×120厘米3种。除此之外还有超大型的，规格为120厘米×160厘米和120厘米×180厘米两种。

- 集装袋。集装袋主要用于大型货物的搬运，如化工原料、食品、塑料等块状、颗粒状、粉状物体，一袋可装0.5～3吨。原材料以聚丙烯（PP）为主，一条袋的重量在0.5～4千克不等，有一次性使用和回收周转使用两种。
- 集装箱。国际标准化组织（ISO）对集装箱的定义如下：集装箱是一种运输设备，具有足够的强度，可长期反复使用；是为便于商品运送而专门设计的，在一种或多种运输方式下运输时，无须中途换装；具有快速装卸和搬运的装置，特别是从一种运输方式转换到另一种运输方式时；设计时注意到便于货物装满或卸空；内容积为1立方米或1立方米以上。

知识链接

集装箱

集装箱按所装货物种类划分，有杂货集装箱、散货集装箱、液体货集装箱、冷藏货集装箱等；按制造材料划分，有木集装箱、钢集装箱、铝合金集装箱、玻璃钢集装箱、不锈钢集装箱等；按结构划分，有折叠式集装箱、固定式集装箱等，固定式集装箱又可分为密闭集装箱、开顶集装箱、板架集装箱；按总量划分，有30吨集装箱、20吨集装箱、10吨集装箱、5吨集装箱、2.5吨集装箱等。

目前各国大部分集装箱运输，都采用20英尺[①]（6.058米×2.438米×2.591米）和40英尺（12.192米×2.438米×2.591米）的两种集装箱。20英尺的体积约为33.2立方米，净载重量约为17.5吨；40英尺的体积约为67.6立方米，净载重量约为28吨。为使集装箱箱数计算统一化，把20英尺集装箱（twenty equivalent unit，简称 TEU）作为一个计算单位，用来表示船舶装载集装箱的能力，也可作为集装箱和港口吞吐量的重要统计、换算单位。

---

① 1英尺=0.3048米。

（2）销售包装

销售包装（selling packing），又称内包装或小包装，是指在商品进入零售环节和消费者直接见面时的包装。

①销售包装的种类。根据商品的特征和形状，销售包装可采用不同的包装材料和不同的造型结构与式样。具体包括如下几种。

- 堆叠式，如罐、盒类商品。
- 挂式，如包装上的挂钩、挂孔等。
- 携带式，如手提袋等。
- 喷雾式，如液体喷雾器等。
- 易开式，如易拉罐等。

②销售包装的要求。商品的销售包装应适应国际市场的需求，便于陈列展销，便于识别，便于携带和使用，要有艺术吸引力，以吸引顾客，提高售价和扩大销售。注意包装的语言要与进口国的要求一致，还要注意避开地区的禁忌。

课堂讨论

中国出口茶叶到荷兰，茶叶罐一面印有“中国茶叶”四字，一面刻有颇具民族特色的古代仕女图，但在荷兰超市中，此商品却无人问津，请分析原因。

思政园地

贵州茅台的包装

贵州茅台是享誉世界的中国名酒，与英国苏格兰威士忌、法国科涅克白兰地并列为世界三大名酒之一。茅台作为行业大曲酱香型白酒的鼻祖，因其工艺的复杂、酿造历史的悠久、酿造环境的特殊，以及独特的酿造方法和卓越的品质共同铸就了茅台品牌，赢得了世界各国人民的高度评价。

1. 贵州茅台的内包装设计

在材质运用上，茅台的酒瓶选择的是乳白色玻璃瓶。在瓶体设计上，茅台酒的瓶口处系有一条红色丝带，印着“中国贵州茅台酒”几个汉字，采用丝织的手法，两条垂下来的飘带彰显出国家与众不同的气度和茅台酒一流的品质。

瓶体醒目的经典包装设计，“贵州茅台酒”5个汉字，给人印象深刻，深入人心。瓶体正面部分分为3个部分，标志部分、产品名称部分、产品标注部分。

在文字区域占主要面积的白色字块上面印有书法大家麦华三先生为茅台酒书写的行书字体“贵州茅台酒”字样。

这5个字为红色，镶金色描边，是整个画面的视觉中心。左上角的位置是茅台酒特殊的圆形的飞天标志以及酒的度数和容量，底色为大红色，充分表现了红色的文化内涵和象征意义。

2．贵州茅台酒的外包装设计

茅台酒外包装设计，给人总的印象是“明快、干净、简洁”，外盒造型六面体，天地盖，折叠结构，除底面外，主体由五个面组合。

重点突出品牌和商标，文字则说明生产者、酒的容量和酒精度等，这样层次分明，十分醒目，清楚地传达给消费者重要的信息。

在符号运用上，贵州茅台酒以岭南著名书法家麦华三手书体作为酒盒包装的重要符号。图案蕴含商标的精髓，“飞天”是中外沟通的文脉，再加上顶级的茅台酒，这种包装设计与商品的完美结合，让这款白酒成为极具艺术气息的文化珍品。

在色彩运用上，外盒的四种颜色，红白黑和金黄运用得当，起了重要作用。红色是中国代表性的喜庆、热烈和吉祥的颜色；金黄显示辉煌；通过包装的色彩，消费者就能体会到酒的尊贵感和传统文化的神韵，白底空隙丰富而不单调。

在图文运用上，贵州茅台酒正面展示的图案，是茅台酒很传统的一种表现方式，让消费者很直观地看到内部的乳白色玻璃瓶，这也是贵州茅台独一无二的设计手段，满足大众对包装内部设计的神秘需求。

3.1.3 包装标志

按照印刷部位的不同，包装标志可以分为运输包装标志和销售包装标志。前者是为了方便货物的识别、运输、仓储以及方便海关等有关部门查验，在商品外包装上标明或刷写的标志，主要有运输标志、指示性标志、警告性标志，以及原产地标志、重量和尺码标志等；后者是为了向消费者传递产地、生产厂商等商品的相关信息，而在商品内包装上刷写的标志，主要有条形码标志。

（1）运输标志

运输标志（shipping mark），即唛头（图3-2），是贸易合同、发货单据中有关标志事项的基本部分。它一般由一个简单的几何图形以及必要的字母、数字等组成。唛头的内容包括以下几个方面。

①收货人或买方的名称字首或简称。

②参考号码，如运单号、订单号、发票号、信用证号码等。

③目的地或目的港名称。

④件数号码，即本批每件货物的顺序号和该批货物的总件数。

根据国际标准化组织制定的“标准运输标志”的规定，运输标志使用的是四行文字，每行不得超过17个字符。运输标志通常涂刷在商品外包装的两个对称面上，称为主唛，而在另外两个对称面上通常涂刷包装的体积、毛重、净重等内容，是侧唛。

例如

HANSSEN——————————收货人公司名称缩写

LC601215——————————信用证编号

LONDON——————————目的港口名称

CTN/NO. 1-100——————————货物顺序号

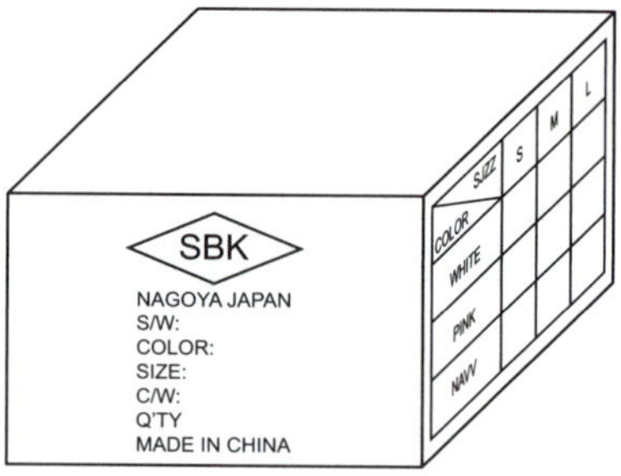

图3-2 运输标志

（2）指示性标志

按商品的特点，对于易碎、需防湿、防颠倒等商品，在包装上印刷醒目的图形或文字，指示运输、装卸、保管人员在作业时需要注意到一些事项，以保证物资的安全，这种醒目的图形或文字就是指示性标志（indicative mark）（图3-3），也称为“注意标志”，如“小心轻放”（handle with care）、“勿用挂钩”（use no hook）、“此端向上”（this side up）等。这种标志主要表示物资的性质，物资堆放、开启、吊运等的方法。

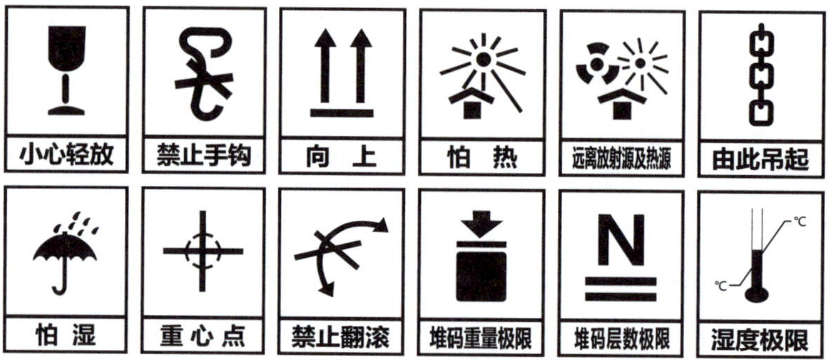

图3-3 指示性标志

（3）警告性标志

警告性标志（warning mark）（图3-4）又称为危险品标志（dangerous cargo mark），指在装有易燃易爆品、有毒品、腐蚀物品、氧化剂和放射性物质等危险货物的运输包装上必须用图形或文字醒目标明各种危险品的标志，作用是警告有关装卸、运输和保管人员按货物特性采取相应的措施，以保障人身和物资安全。

图3-4 警告性标志

（4）原产地标志

原产地标志（country of origin mark）是标明货物由哪国制造、生产、加工的标志，通常用“Made in…”表示。我国规定，出口商品无论内、外包装，一般都必须注明“中国制造”。

（5）重量和尺码标志

重量和尺码标志（weight and volume mark）是为表示该货物的毛重、净重及其实际体积的文字说明。

例如

Gross Weight 55kgs

毛重55千克

Net Weight 51kgs

净重51千克

Measurement 162cm × 40cm × 30cm

尺寸162厘米 × 40厘米 × 30厘米

（6）条形码标志

条形码标志（product code/bar code）是指在商品包装上打印的一组平行线条，下面配有数字的标记。这些线条与间隔表示一定的信息，通过光电扫描设备，就可以准确地判断该产品的产地、厂家及商品的一些属性。条形码在零售商业中，对于结算打单、缩短客户等待时间，以及盘点存货、提高管理效率等方面都起着重要的作用。因此，国际货物买卖中，往往要求在商品的销售包装上打印条形码标志，以便发展国际贸易和实现现代化经营管理。

知识链接

条形码

目前国际通用的条形码有两种：一种是由美国和加拿大组织的统一编码委员会编制的UPC码；另一种是由国际物品编码协会（International Article Number Association）编制的EAN通用条形码。

EAN通用条形码由四部分组成。

①前缀部分，用来表示国家或地区代码，如00~13代表美国，690~699代表中国。

②制造厂商代码，是由各个国家或地区的物品编码组织赋予制造厂商的代码。

③商品代码，用来表示商品，由产品生产企业按照规定条件，自行决定在本企业生产的何种商品上使用哪些阿拉伯数字作为商品条形码。

④校验码，条形码上的第13位数字为校验码，用来检验左起1~12位数字代码的正确性。

我国于1991年4月正式加入国际物品编码协会，该协会分配给我国的国别号为“690”“691”“692”“693”“694”“695”“696”“697”“698”“699”。此外，我国的图书代码为“978”，连续出版物代码为“977”。

3.1.4 中性包装

中性包装是指在商品上和内包装、外包装上不注明生产国别的包装。中性包装主要为了打破一些进口国和地区的关税和非关税壁垒，扩大商品出口，同时也是为了满足一些中间商销售的需要。

中性包装分为无牌中性包装和定牌中性包装。无牌中性包装既无生产国别、地名、厂名，也无商标牌号。定牌中性包装不注明商品生产的国别、地名、厂名，但要注明买方指定商标或牌号。无牌中性包装主要是为了降低成本，节省费用，多用于半制成品或低值易耗品；定牌中性包装是为了扩大商标、牌名的知名度，扩大商品的销售市场，用于国外长期、大数额的订货。目前在我国的出口商品中，中性包装占有相当大的比重。

课堂讨论

定牌生产中如何避免商标侵权问题？

3.2 包装条款

3.2.1 基本内容

包装条款主要规定包装材料、尺寸、方式、数量或重量、费用和运输标志等内容。包装条款是买卖合同的主要条款。按照各国法律规定，买卖双方对包装条款一经确定，卖方所交货物的包装必须符合合同的约定。

例如

In wooden cases of 50kgs net each.

木箱装，每箱50千克净重。

3.2.2 订立包装条款的注意事项

①买卖双方应对包装的各项事宜在合同中明确规定，不宜使用含义笼统的术语。例如，尽可能不使用“适合海运包装”（sea worthy packing）、“习惯包装”（customary packing）或“卖方惯用包装”（seller’s customary parking）等术语，避免双方对上述术语内涵在法律解释上存在分歧。

②明确买方所需特殊包装的包装费用由何方负担。一般的运输包装费用包括在货价之内，对于买方要求特殊包装的，超出的包装费用应由买方负责，如果合同中不做明确规

定，容易引起争议。在进口合同中，特别是对包装技术性较强的商品，包装条款必须订明费用由谁负担。

③唛头的制定要明确。在合同中没有规定运输标志的情况下，应在合同中订明卖方提出唛头式样及内容的时限，以及如果收不到买方提出的唛头，卖方有权自行决定唛头式样，以免延误交货期。

案例思考

浙江好滋味罐头出口公司与外国进口商签订一份CIF合同，合同规定："黄桃罐头100箱，每箱100克×20罐。"但卖方在出货时却装运了100箱，每箱200克×20罐。买方拒绝收货要求撤销合同。

❓请问：买方的做法是否合理？

总结

本章阐述了国际货物买卖合同的标的，包括商品的品名、品质、数量和包装等交易条件以及相关条款的订立方法。商品的品名和品质是国际货物买卖合同的主要交易条件之一，是买卖双方交接货物的重要依据。商品的数量是以国际通用或买卖双方约定的度量衡制度表示的重量、个数、长度、面积、体积以及容积等的量。商品包装是实现商品的使用价值和附加价值的必要手段之一。

知识演练

一、单项选择题

1. 珠宝、首饰等商品具有独特性质，在出口确定其品质时（　　）。

A. 最好用样品磋商　　B. 最好用文字说明

C. 最好看货洽谈成交　　D. 最好用图片说明

2. 在交货数量前加上"约"或"大约"字样，按惯例《UCP600》的规定这种约定可解释为交货数量不超过（　　）的增加幅度。

A. 10%　　B. 5%　　C. 2.5%　　D. 1.5%

3. 在品质条款的规定上，对某些比较难掌握其品质的工业制成品或农副产品，我们多在合同中规定（　　）。

A. 溢短装条款　　B. 增减价条款

C. 品质公差或品质机动幅度　　D. 商品的净重

4. 凭卖方样品成交时，应留存（　　）以备交货时核查之用。

A. 回样　　B. 复样

C. 参考样　　D. 对等样品

5. 对于价值较低的商品，往往采取（　　）计算其重量。

A. 以毛作净　　B. 法定重量　　C. 净重　　D. 理论重量

6. 商品的毛重是指（　　）。

A. 商品的包装重量　　B. 商品自重加内包装的重量

C. 商品的自重　　D. 商品自重加内外包装的重量

7. 出口羊毛计算重量，通常采用的计量方法是（　　）。

A. 毛重　　B. 净重　　C. 公量　　D. 理论重量

8. 我方向国外出口商品50公吨，每公吨300美元，合同数量可增减10%。国外开来信用证金额为15000美元，数量约50公吨。我方在交货时，市场价格呈下跌趋势，我方应交货（　　）公吨。

A. 40　　B. 45　　C. 50　　D. 55

9. 我方某进出口公司拟向马来西亚出口服装一批，在洽谈合同条款时，就服装的款式可要求买方提供（　　）。

A. 样品　　B. 规格　　C. 商标　　D. 产地

10. 我国现行的法定计量单位制是（　　）。

A. 公制　　B. 国际单位制　　C. 英制　　D. 美制

二、多项选择题

1. 某公司向国外某客商出口500台电冰箱，合同没有规定卖方交货的数量可溢短装5%，卖方实际交货时多交了20台，买方可就卖方多交的20台货物作出（　　）的决定。

A. 收取520台电冰箱　　B. 拒收520台电冰箱

C. 收取多交货物中的10台电冰箱　　D. 拒收多交的20台电冰箱

2. 表示品质方法的分类是（　　）。

A. 凭样品表示商品的品质　　B. 凭实物表示商品的品质

C. 凭文字说明表示商品的品质　　D. 凭商标表示商品的品质

3. 唛头的主要内容包括（　　）。

A. 目的港（地）名称

B. 收货人及（或）发货人名称的代用简字或代号

C. 件号、批号

D. 信用证号码

4. 出口商品采用中性包装就是（　　）。

A. 包装上仅有外商指定的商标或牌号，但无生产地名和厂商名称

B. 包装上既无商标、牌号，又无生产地名和厂商名称

C. 在采用外商指定的商标或牌号同时，标示“中国制造”字样

D. 包装上无商标或牌号，仅注明“中国制造”字样

5. 我国实施ISO 9000系列标准，努力按国际标准组织出口商品生产的原因是（　　）。

A. ISO 9000系列标准是进入国际市场的通行证

B. ISO 9000系列标准是参与国际竞争，发展对外贸易的要求

C. ISO 9000系列标准是建立现代企业制度，适应市场经济的重要组成部分

D. ISO 9000系列标准是全面提高企业素质，强化质量管理的手段

6. 在国际贸易中，常用的度量衡制度有（　　）。

A. 公制　　B. 英制

C. 美制　　D. 国际单位制

7. 在国际贸易中，溢短装条款的内容包括（　　）。

A. 溢短装的百分比　　B. 溢短装的选择权

C. 溢短装部分的作价　　D. 买方必须收取溢短装的货物

8. 以下（　　）属于运输包装的标志。

A. 运输标志　　B. 条形码

C. 指示性标志　　D. 警告性标志

9. 在国际贸易中，关于商品包装由谁供应的通常做法是（　　）。

A. 由卖方提供包装，包装连同商品一起交付买方

B. 由卖方提供包装，但交货后，卖方将原包装收回

C. 由买方提供包装或包装物料

D. 由厂家提供包装，交货时向买方收取包装费

10. 按照买方提供的样品，卖方复制后寄买方确认，确认后的样品被称为（　　）。

A. 复样　　B. 回样　　C. 对等样　　D. 确认样品

三、判断题

1. 进口羊毛等纺织原料，应该使用的计量单位是干量。（　　）

2. 若卖方交付货物的品质在约定的品质机动幅度或品质公差范围内，除非买卖双方另有规定，一般不另行增减价格。（　　）

3. 根据《公约》的规定，如卖方所交货物多于约定数量，买方可以全部收下合同规定和卖方多交的货物，也可以全部拒收合同规定和卖方多交的货物。（　　）

4. 若某商品在不同地区有不同名称，在确定商品品名时，应该主要考虑品名新颖。（　　）

5. 某外商来电要求我方提供大豆，按含油量18%，水分10%，不完全粒6%，杂质1%的规格订立合同。对此，在一般情况下，我方可以接受。（　　）

6. 在出口凭样品成交业务中，为了争取国外客户，便于达成交易，出口企业应尽量选择质量最好的样品请对方确认并签订合同。（　　）

7. 在出口合同中，如果规定凭样品买卖，又规定有品质说明的情况，卖方应承担所交货物既符合合同有关品质说明的规定，又与样品完全一致的双重义务。（　　）

8. 品质公差一般为国际同行所公认的产品品质误差，即使在合同中不做规定，卖方交货品质只要在公认的范围内，也可以认为产品品质符合合同要求，买方不得再提出任何异议。（　）

9. 定牌中性包装是指商品包装有商标、牌名，无产地名称。（　）

10. 卖方交货的品质如果不符合合同规定，买方有权要求损害赔偿，但不能撤约。（　）

四、案例分析题

1. 中方某公司对美成交自行车1000辆。合同规定黑色、墨绿色各500辆，但实际墨绿色的库存仅有450辆，因短缺之数比例不大，于是便以黑色车50辆顶替墨绿色的。

问：这样做有无问题？

2. 我方某进出口公司向国外某客户出口榨油大豆一批，合同中规定大豆的具体规格为含水分14%、含油量18%、含杂质1%。国外客户收到货物不久，我方便收到对方来电称，我方的货物品质与合同规定的相差较远，具体规格为含水分18%、含油量10%、含杂质4%，并要求我方给予合同金额40%的损害赔偿。

问：对方的索赔要求是否合理？合同中就这一类商品的品质条款应如何规定为宜？

3. 我国某公司与日本进行一笔煤炭出口，合同规定“成交中国煤炭1000公吨，5%增减，由卖方选择，增减部分按合同价格结算”。货物运抵日本后，经日本海关检查发现煤炭实际吨数为1050公吨。据此日商提出降价5%的要求，否则拒收多交的50公吨煤炭。

问：日商做法是否合理？

04 项目 贸易术语与商品价格

学习目标

知识目标

- 掌握《2020年国际贸易术语解释通则》中对11种贸易术语的有关规定，重点掌握6种主要贸易术语的风险、责任、费用的划分。
- 了解《2020年国际贸易术语解释通则》与《2010年国际贸易术语解释通则》的相同点和不同点。
- 掌握出口货物的价格构成。

技能目标

- 能正确选择贸易术语。
- 能正确核算出口货物价格。

素质目标

- 提升风险防范能力。
- 培育敏锐的信息发掘利用能力。

思维导图

- 贸易术语与商品价格
  - 贸易术语概述
    - 贸易术语的产生和发展
    - 《2020年国际贸易术语解释通则》
  - 六种主要的贸易术语
    - FOB、CFR和CIF
    - FCA、CPT和CIP
    - 其他五种贸易术语
    - 贸易术语的选用
  - 商品的价格
    - 作价方法
    - 价格的核算与换算

工作任务引入

小章在与ABC国际贸易公司多次沟通后，寄去了样品。客户对样品比较满意，就开始询问商品的价格。小章面临的任务是选择何种贸易术语及如何对商品进行价格核算，也就是合同中的价格条款。

任务1 贸易术语概述

在国际货物买卖中，双方分处两国，相距甚远，其所交易的商品，通常需要经过长途运输，这期间货物遭遇自然灾害或意外事故而导致损坏或灭失的风险自然要大一些。为了明确双方各自承担的责任和义务，当事人在进行贸易磋商和合同签订时，一般都需要通过使用贸易术语来进行明确规定。因此，掌握并运用国际贸易术语，是每个外贸从业人员必须具有的技能之一。

1.1 贸易术语的产生和发展

国际贸易术语及惯例认知

1.1.1 贸易术语的含义与作用

买卖双方在进行贸易磋商时，必须考虑以下几个重要问题。

①交货地点：卖方在什么地方、以什么方式进行交货？

②风险的划分：货物发生损坏或灭失的风险何时由卖方转移给买方？

③手续办理：由谁负责办理货物的运输、保险以及通关手续？

④费用的支付：由谁承担货物的运输、保险及通关费用？

⑤单据的交接：卖方需向买方提交哪些单据？

贸易术语正是为了解决这些问题，在长期的国际贸易实践中逐渐产生和发展起来的。

贸易术语（trade terms），又称贸易条件、价格术语（price terms），它是一个简短的概念，例如“free on board”，或三个字母的缩写“FOB”，用来说明价格的构成及买卖双方有关费用、风险和责任的划分，以确定买卖双方在交货和接货过程中应尽的义务。贸易术语具有两重性，一方面表示交货条件，另一方面表示成交价格的构成因素，这两者紧密相关。国际贸易的买卖双方在规定价格时使用了贸易术语，既可节省交易磋商的时间和费用，又可简化交易磋商和买卖合同的内容，有利于交易的达成和贸易的发展。

1.1.2 有关贸易术语的国际惯例

早在19世纪初，在国际贸易中已开始使用贸易术语。但是，最初对各种贸易术语并无统一的解释。后来，为了消除分歧，有利于国际贸易的发展，某些国际组织、商业团体、学术机构试图对贸易术语做统一的解释，于是陆续出现了一些有关贸易术语的解释和规则。这些解释和规则为较多国家的法律界和工商界所熟悉、承认和接受，就成了有关贸易术语的国际惯例。

目前，在国际上主要有四种贸易术语惯例，分述如下。

（1）《1932年华沙—牛津规则》

《1932年华沙—牛津规则》（Warsaw-Oxford Rules 1932）是国际法协会专门为解

释CIF合同而制定的。这一规则对于CIF的性质、买卖双方所承担的风险、责任和费用的划分，以及货物所有权转移的方式等问题都做了比较详细的解释。其适用的前提是必须在买卖合同中明确表示采用此规则，目前国际上已很少采用。

（2）《1941年美国对外贸易定义修订本》

《1941年美国对外贸易定义修订本》（Revised American Foreign Trade Definitions 1941）是由美国9个商业团体制定的。它共对六种术语做了解释，见表4-1。

表4-1 《1941年美国对外贸易定义修订本》中的六种贸易术语分类

贸易术语英文名称	术语缩写	贸易术语中文名称
ex works	EXW	工厂交货（指定地点）
free on board	FOB	在运输工具上交货（指定装运地）
free alongside ship	FAS	在运输工具旁边交货（指定装运地）
cost and freight	C&F	成本加运费（指定目的地）
cost，insurance and freight	CIF	成本加保险费、运费（指定目的地）
delivered ex quay	DEQ	码头交货（指定目的港）

知识链接

《1941年美国对外贸易定义修订本》主要适用于美洲国家，其使用范围和术语都较为有限，除个别术语外，绝大多数与《2010年国际贸易术语解释通则》（以下简称《2010通则》）中的解释有很大出入。

该惯例把FOB分为六种类型。其中只有第五种，即指定的装运港船上交货（FOB Vessel）才与《2010年通则》中FOB的含义大体相同，而其余五种FOB的含义则完全不同。因此，我国外贸企业与美国、加拿大以及其他美洲地区的企业商谈时，不能笼统地规定采用某种术语，还要明确所适用的国际贸易惯例及版本。

（3）《国际贸易术语解释通则》

《国际贸易术语解释通则》（International Rules for the Interpretation of Trade Terms，Incoterms），它是国际商会为了统一对各种贸易术语的解释而制定的。最早的《国际贸易术语解释通则》产生于1936年，后来为了适应国际贸易业务发展的需要，国际商会先后进行多次修改和补充。

1.2 《2020年国际贸易术语解释通则》

《2020年国际贸易术语解释通则》（以下简称《2020通则》），是国际商会（ICC）根据国际货物贸易的发展对《2010通则》的修订版本，于2019年9月10日公布，2020年1月1日开始在全球范围内实施。

《2020通则》在《2010通则》的基础上进一步明确了国际贸易体系下买卖双方的责任，其生效后对国际贸易实务、国际结算和国际贸易融资实务等方面都产生了重要的影响。国际贸易惯例在适用的时间效力上并不存在“新法取代旧法”的说法，即《2020通则》实施之后并非《2010通则》就自动废止，当事人在订立贸易合同时仍然可以选择适用《2010通则》。

《2020通则》对11种术语进行了分类（表4-2）。

表4-2 《2020通则》对11种术语的分类

适用于任何运输方式或多种运输方式的术语		
贸易术语英文名称	术语缩写	贸易术语中文名称
ex works	EXW	工厂交货（……指定地点）
free carrier	FCA	货交承运人（……指定地点）
carriage paid to	CPT	运费付至（……指定目的地）
carriage and insurance paid to	CIP	运费、保险费付至（……指定目的地）
delivered at place	DAP	目的地交货（……指定目的地）
delivered at place unloaded	DPU（新）	目的地卸货后交货（……指定目的地）
delivered duty paid	DDP	完税后交货（……指定目的地）
适用于海运及内河水运的术语		
贸易术语英文名称	术语缩写	贸易术语中文名称
free alongside ship	FAS	装运港船边交货（……指定装运港）
free on board	FOB	装运港船上交货（……指定装运港）
cost and freight	CFR	成本加运费（……指定目的港）
cost，insurance and freight	CIF	成本加保险费、运费（……指定目的港）

《2020通则》相比《2010通则》，在以下方面进行了调整。

（1）DAT（运输终端交货）变成了DPU（目的地卸货后交货）

在2010年及之前版本的《国际贸易术语解释通则》中，DAT（运输终端交货）指货物在商定的目的地卸货后即视为交货。在国际商会（ICC）收集的反馈中，用户要求《国际贸易术语解释通则》中涵盖在其他地点交货的情形，例如厂房。这就是现在使用更通用的措辞DPU（目的地卸货后交货）来替换DAT（运输终端交货）的原因。

（2）增加CIP（运费、保险费付至指定目的地）的保险范围

CIP（运费、保险费付至指定目的地）是指卖方将货物交付承运人，支付包括保险费在内的直至目的地的运输费用。同样的规则也适用于CIF（成本加保险费、运费），然而，《2010通则》只适用于海运费。

根据《2010通则》，在CIF和CIP这两种情况下，卖方都有义务提供与货物协会条款

中相对应的最低保险范围。这是一种基本的保险形式，只包括明确界定的损害赔偿。

随着2020年新版发布，CIP（运费、保险费付至指定目的地）的最低保险范围延伸到其他条款，这是涵盖了所有风险的最高保险级别。其背后的原因是，CIF（成本加保险费、运费）通常用于大宗商品，而CIP（运费、保险费付至指定目的地）则更常用于制成品。

（3）增加FCA（货交承运人）提单

如果买卖双方已就《国际贸易术语解释通则》中的FCA（货交承运人）达成一致，则卖方应将货物交付至买方指定的地点和人员。此时，风险和成本转移给买方。

这一方式通常是由买方选择的，他们希望避免承担货物在交付到目的地后可能受到损害的风险。但由于卖方不能收到提单（bill of lading，B/L），因此采用信用证付款时无法保证货物的付款。

为此，《2020通则》提出了一个务实的解决方案。如果双方同意卖方按照FCA（货交承运人）要求将货物交付集装箱码头，买方可以指示承运人在卸货时向卖方签发已装船提单。这样，卖方就可以更好地防范风险。

（4）自定义运输方式的承运

在《2020通则》之前的版本中，采用FCA（货交承运人）、DAP（目的地交货）、DPU（目的地卸货后交货）或DDP（完税后交货）意味着，卖方和买方之间的货物运输由第三方进行。在《2020通则》中，这一定义已经扩展到包括卖方或买方自定义运输方式的承运。

（5）对担保义务更清晰的分配

《2020通则》还对买卖双方之间的相关担保要求（包括相关费用）进行了更为精确的分配。一方面，这一步骤可视为对国际贸易中加强担保监管的反映。另一方面，它的目的在于防范可能产生的费用纠纷，特别是在港口或交货地点。

知识链接

国际惯例不是法律，不具有强制性，即买卖双方有权在合同中制定不合惯例的规定。同时，在实际操作中，明确选用何种惯例非常重要。目前，有关贸易术语的国际惯例有四种，而《2020通则》是最符合当前国际贸易实践的一种。鉴于Incoterms不时修订，为明确责任，防止不必要的纠纷和争议，应在合同中明确规定该合同受《2020通则》的约束，按此规定划分责任、费用和风险。如“FOB... Incoterms 2020”“CIP... subject to Incoterms 2020”等。

思享汇

中国某公司出口一批货物到德国，途中货物遭到暴风雨而全部损失，买卖双方因买方是否该支付货款而发生争执。

卖方：我方已按规定交货，你方应付款。

买方：船已沉，我方没有收到货物，为何付款？

卖方：合同规定适用《2020通则》，我方不承担运输途中的风险。

买方：可合同规定“货物到达目的港时付款”。

卖方：按照惯例，你方应该付款。

买方：按照合同，我方无须付款。

❓请问：哪一方更有理？

任务2 六种主要的贸易术语

在国际贸易中，FOB、CFR、CIF、FCA、CPT和CIP是六种使用较多的贸易术语。因此，熟悉这六种主要贸易术语的含义、买卖双方的义务，以及在使用中应注意的问题，特别重要。现分别阐述如下。

六种贸易术语1

2.1 FOB、CFR和CIF

2.1.1 FOB

free on board，即装运港船上交货（……指定装运港）是指当货物在指定装运港船上时，卖方即完成交货。而买方必须在货物装上船后起承担一切费用和货物灭失或损坏的风险。按照《2020通则》规定，此术语只能适用于海运及内河水运。

（1）买卖双方的基本义务

按《2020通则》对FOB的解释，买卖双方各自承担的责任、费用和风险划分，如表4-3所示。

表4-3 FOB术语买卖双方责任、费用和风险划分一览表

分类	买方	卖方
基本责任	收取按合同规定交付的货物，接受与合同相符的单据，并按合同规定支付货款	在合同规定的日期内，在指定装运港将与合同规定相符的货物按港口习惯方式交到买方指派的船上，并及时通知买方 提供商业发票和证明货物已交至船上的运输单据，或具有同等效力的电子单证

续表

分类	买方	卖方
通关及费用	负责办理进口清关手续及必要时经另一国过境的海关手续 承担进口清关费用、进口关税及需经另一国过境时所缴纳的一切税捐	负责办理出口清关手续 承担出口清关费用和出口应缴纳的一切税捐
运输及费用	负责租船订舱，支付运费，并给予卖方关于船名、装船地点和装船日期的充分通知	—
保险及费用	负责投保并支付保险费	—
风险划分	承担货物交到指定装运港船上之后的一切风险	承担货物交到指定装运港船上之前的一切风险

案例思考

我国一出口企业2023年3月向美国出口一批包装货物，合同规定采用FOB New York术语，我方在收到美方开立的信用证后，按期装船，但货物在装船时不慎跌落在甲板上，致使包装破裂。

❓请问：上述包装损失应由谁承担?

（2）使用FOB术语应注意的问题

①船货衔接问题。按照FOB术语成交的合同属于装运合同，这类合同中卖方的一项基本义务是按照规定的时间和地点完成装运。然而由于在FOB条件下是买方负责安排运输工具，即租船订舱，所以，这就存在一个船货衔接问题。根据有关法律和惯例，如果买方未能按时派船，这包括未经对方同意提前将船派到或延迟派到装运港，卖方都有权拒绝交货，而且由此产生的各种损失，如空舱费、滞期费及卖方增加的仓储费等，均由买方负担。如果买方指派而卖方未能备妥货物，那么，由此产生的上述费用则由卖方承担。

有时双方按FOB价格成交，而后来买方又委托卖方办理租船订舱，卖方也可酌情接受。但这属于代办性质，其风险和费用仍由买方承担，也就是说运费和手续费由买方支付，而且如果卖方租不到船，也不承担责任，买方无权撤销合同或索赔。

案例思考

A公司以FOB条件出口一批茶具，买方要求A公司代为租船，费用由买方负担。由于A公司在约定日期内无法租到合适的船，且买方不同意更换条件，以致延误了装运期，买方以此为由提出撤销合同。

❓请问：买方的要求是否合理?

②有关装船费用的划分。FOB合同买卖双方的费用划分以装到船上为界。所以，按照惯例，装船费一般应由卖方负责。但是，在用租轮装运货物时，买卖双方可对有关装船的费用究竟由何方负担进行协商，然后在合同中做出明确规定。有关装船的费用除装船费外，还有理舱费和平舱费。如果买方用班轮装运货物，由于班轮一般是管装管卸，装船费、理舱费、平舱费和卸船费都已包括在运费内，而运费由FOB合同的买方支付，因此上述装卸费用实际上就均由买方负担。

2.1.2 CFR

cost and freight，即成本加运费（……指定目的港），是指当货物在指定装运港船上时，卖方即完成交货。卖方必须支付将货物运至指定目的港所需的费用，但交货后货物灭失或损坏的风险，以及由于发生事件而引起的任何额外费用，自卖方转移至买方。按照《2020通则》规定，此术语只能适用于海运及内河水运。

（1）买卖双方的基本义务

按《2020通则》对CFR的解释，买卖双方各自承担的责任、费用和风险划分如表4-4所示。

表4-4 CFR术语买卖双方责任、费用和风险划分一览表

分类	买方	卖方
基本责任	收取按合同规定交付的货物，接受与合同相符的单据，并按合同规定支付货款	在合同规定的日期内，在指定装运港将与合同规定相符的货物交到运往指定目的港的船上，并及时通知买方 提供商业发票和证明货物已交至船上的运输单据，或具有同等效力的电子单证
通关及费用	负责办理进口清关手续及必要时经另一国过境的海关手续 承担进口清关费用、进口关税及需经另一国过境时所缴纳的一切税捐	负责办理出口清关手续 承担出口清关费用和出口应缴纳的一切税捐
运输及费用	—	负责租船订舱，支付运费
保险及费用	负责投保并支付保险费	—
风险划分	承担货物交到指定装运港船上之后的一切风险	承担货物交到指定装运港船上之前的一切风险

案例思考

江苏A公司（买方）与澳大利亚B公司（卖方）于2023年3月20日订立了5000公斤羊毛的买卖合同，单价为314美元/公斤，CFR张家港，规格为型号T56FNF，信用证付款，装运期为2023年6月，我公司于5月31日开出信用证。7月9日卖方传真我方称货已装船，但要在香港转船，预计到达张家港的时间为8月10日。但直到8月18日船才到港，我方去办理提货手续时发现船上根本没有合同项下的货物，后经多方查找，才发现合同项下的货物已在7月20日由另一条船运抵张家港。但此时已造成我方迟报关和迟提货，被海关征收滞报金

人民币16000元。我方向卖方提出索赔。

请问：索赔是否有道理？

（2）使用CFR术语应注意的问题

①卖方应及时发出装船通知。以CFR条件成交时，卖方负责办理运输，货物的风险自装上装运港船上后即发生了转移，买方承担远洋运输中的风险，因此通常买方会投保。如果货物装船后卖方不及时发出关于所装货物详细情况的装船通知，买方则无法及时办理货物运输保险。按照我国有关法律及管理的规定，如果货物在运输途中受损，而卖方未及时发出装船通知导致买方漏保，那么卖方不能以风险已在船上转移为由免除责任。

案例思考

嘉兴X有限公司以CFR术语出口一批儿童玩具，我方按期在装运港装船后，将有关交易所寄交买方，要求买方支付货款。过后，业务人员才发现忘记向买方发出装船通知。此时，买方已来函向我方提出索赔，因为货物在运输途中因海上风险而损毁。

请问：我方能否以货物运输风险是由买方承担为由拒绝买方的索赔？

②进口时采用CFR应慎重。在进口业务中，按CFR条件成交时，鉴于由外商安排装运，由我方负责保险，故应选择资信好的国外客户进行交易，并对船舶提出适当要求，以防外商与船方勾结，出具假提单，租用不适航的船舶，或伪造品质证书与产地证明。

案例思考

嘉兴Z公司向国外一新客户订购一批初级产品，按CFR Shanghai，即期信用证付款条件达成交易。合同规定，由卖方以定程租船方式将货物运交我方，我开证银行凭国外议付行提交的符合信用证规定的单据付了款，但装运船只一直未到达目的港，经多方查询，发现承运人原来是小公司，而且在船舶启航后不久已宣告倒闭，承运船舶是一条旧船，船、货均告失踪，此系卖方与船方互相勾结进行诈骗，导致我方蒙受重大损失。

请问：我方应从中吸取什么教训？

2.1.3 CIF

cost，insurance and freight，即成本加保险费、运费（……指定目的港），是指当货物在指定装运港船上时，卖方即完成交货。卖方必须支付将货物运至指定目的港所需的费用、运费和保险费，但交货后货物灭失或损坏的风险，以及由于发生事件而引起的任何额外费用，自卖方转移至买方。按照《2020通则》规定，此术语只能适用于海运及内河水运。

（1）买卖双方的基本义务

按《2020通则》对CIF的解释，买卖双方各自承担的责任、费用和风险划分见表4-5。

表4-5　CIF术语买卖双方责任、费用和风险划分一览表

分类	买方	卖方
基本责任	收取按合同规定交付的货物，接受与合同相符的单据，并按合同规定支付货款	在合同规定的日期内，在指定装运港将与合同规定相符的货物交到运往指定目的港的船上，并及时通知买方 提供商业发票和证明货物已交至船上的运输单据，或具有同等效力的电子单证
通关及费用	负责办理进口清关手续及必要时经另一国过境的海关手续 承担进口清关费用、进口关税及需经另一国过境时所缴纳的一切税捐	负责办理出口清关手续 承担出口清关费用和出口应缴纳的一切税捐
运输及费用	—	负责租船订舱，支付运费
保险及费用	—	负责投保并支付保险费
风险划分	承担货物交到指定装运港船上之后的一切风险	承担货物交到指定装运港船上之前的一切风险

课堂讨论

在价格构成上，FOB、CFR、CIF有怎样的关系呢？在风险划分上，FOB、CFR、CIF又有怎样的关系呢？

（2）使用CIF术语应注意的问题

①CIF合同属于装运合同。在CIF术语下，卖方在装运港将货物装上船，即完成了交货义务。因此，采用CIF术语订立的合同属于装运合同。

②卖方租船或订舱的责任。采用CIF术语成交，卖方的基本义务之一是租船或订舱，办理从装运港至目的港的运输事宜。根据《2020通则》规定，卖方需负责按惯例条件租船或订舱，使用适合装运有关货物的通常类型的轮船，已经习惯行驶航线装运货物，买方无权限制船舶的国籍、船型、船龄或指定船只、船公司等。但在实际业务中，可根据具体情况给予通融。也就是说，对于买方提出的上述要求，如果卖方能办到又不会增加额外开支，也可以接受。

③卖方办理保险责任。在CIF合同中，卖方是为了买方的利益办理货运保险的，因为此项保险主要是为货物装船后在运输途中提供保障。《2020通则》对卖方的保险责任规定，如无相反的明示协议，卖方只需按协会货物保险条款或其他类似的保险条款中最低责任的保险险别投保。如买方要得到更大责任保险险别的保障，须与卖方明示地达成协议，

或者自行安排额外保险。

④象征性交货问题。从交货方式来看，CIF是一种典型的象征性交货。所谓象征性交货是指卖方只要按期在约定地点完成装运，并向买方提交合同规定的包括物权凭证在内的有关单证，就算完成了交货义务，而无须保证到货。可见，在象征性交货方式下，卖方是凭单交货，买方是凭单付款。只要卖方如期向买方提交了合同规定的全套合格单据（名称、内容和份数相符的单据），即使货物在运输途中损坏或灭失，买方也必须履行付款义务，但买方可凭提单向船方或凭保险单向保险公司要求赔偿。

案例思考

我出口企业按CIF条件向日本出口一批服装。合同中规定由我方向中国人民保险公司投保一切险，并采用信用证方式支付。我出口企业在规定的期限、指定的我国某港口装船完毕，船公司签发了提单，然后在中国银行议付了款项。第二天，出口企业接到客户来电称，装货的海轮在海上失火，服装全部烧毁，客户要求我企业出面向中国人民保险公司索赔，否则要求我公司退回全部货款。

? 请问：日本进口商的索赔要求是否合理？

2.2 FCA、CPT和CIP

随着国际贸易的发展及运输方式的多样化，FOB、CFR和CIF术语已无法满足国际贸易的需要。在此基础上，发展了FCA、CPT和CIP这三种术语，适用于任何运输方式，特别是集装箱运输和多式联运。

六种贸易术语2

2.2.1 FCA

free carrier，即货交承运人（……指定地点），是指卖方必须在合同规定的交货期内，在指定地点将经出口清关的货物交给买方指定的承运人，即完成了交货。FCA是在FOB同样原则的基础上发展起来的。

“承运人”是指在运输合同中承担铁路、公路、海洋、航空、内河运输或多式运输的实际承运人，或承担上述运输服务的订约承运人，如货运代理商。

在使用FCA术语时，需注意以下几点。

（1）交货点和风险转移

按FCA术语成交，风险在卖方将货物交给承运人处置时转移给买方。

如果指定地点是卖方所在地（工厂、工场、仓库等），则当货物被装上买方指定的承运人或其他人提供的运输工具时完成交货，即卖方应负责装货。

如果指定地点是其他任何地点（铁路终点站、启运机场、货运站、集装箱码头或堆场、多用途货运终点站或类似的收货点），则当货物在卖方的运输工具尚未卸货而交给买方指定的承运人或其他人处置时完成交货，即卖方不负责卸货。

（2）买方安排运输

FCA术语的买方必须自负费用，订立自指定地运输货物的合同。但当卖方被要求协助与承运人订立合同时，只要买方承担费用和风险，卖方也可以办理。卖方若拒绝，应立即通知买方，以便买方另做安排。

案例思考

我方出口手表到印度，按 FCA Shanghai Airport签约。交货期为8月。出口企业8月31日将该手表运到上海虹桥机场并由航空公司收货后开具航空运单。我方即电传印度发出装运通知。9月2日手表抵达孟买，将到货通知连同发票和航空运单送交孟买××银行。该银行即通知印商提货、付款，但印商以延迟交货为由拒绝。

请问：印商拒绝理由是否合理？

2.2.2 CPT

carriage paid to，即运费付至（……指定目的地），是指货物已被交给卖方指定的承运人时，卖方即完成了交货义务。在货物被交由承运人保管时，货物灭失或损坏的风险，以及由于在货物交给承运人后发生的事件而引起的额外费用，即从卖方转移至买方。CPT是在CFR同样原则的基础上发展起来的。

在使用CPT术语时，需注意以下几点。

①卖方只承担货物交给承运人控制之前的风险，货物自交货地点至目的地的运输途中的风险由买方承担。上述承运人与FCA术语中的承运人相同。如果需要利用后续承运人将货物运至指定目的地，则风险自货物交付给第一承运人时转移。

②关于装运通知。在CPT术语中，卖方负责安排运输，而买方负责货物运输保险。为了避免两者脱节，造成货物装运（货交承运人接受监管）后，失去了对货物必要的保险保障，卖方应及时向买方发出装运通知。关于这一问题的重要性及其处理方法，在CFR中已做说明，也同样适用于CPT和FCA术语。

案例思考

我国A公司按CPT条件出口2000公吨小麦给国外B公司。A公司按规定的时间和地点将5000公吨散装小麦装到火车上，其中的2000公吨属于卖给B公司的小麦。待货物抵达目的地后，由货运公司负责分拨。A公司装船后及时给B公司发出了装运通知。承载火车在途中遇险，使该批货物损失了3000公吨，剩余2000公吨安全抵达目的地。而卖方不予交货，并声称卖给B公司的2000公吨小麦已经全部灭失，而且按照CPT合同，货物风险已经在装运地交至火车上时即转移给B公司，卖方对此项损失不负任何责任。

❓请问：A公司的理由是否合理？

2.2.3 CIP

carriage and insurance paid to，即运费、保险费付至（……指定目的地），是指卖方除了须承担在CPT术语下同样的义务外，还须对货物在运输途中灭失或损坏的买方风险取得货物保险，订立保险合同，并支付保险费。如买卖双方未事先在合同中规定保险险别和保险金额，卖方只需按最低责任的保险险别取得保险，最低保险金额为合同价款加10%，即CIP合同价款的110%，并以合同货币投保。

2.2.4 六种主要贸易术语比较

FCA、CPT和CIP三种术语是分别从FOB、CFR和CIF三种传统术语发展起来的，它们之间有相同点，但也有区别，具体阐述如下。

FOB、CFR、CIF和FCA、CPT、CIP的相同点主要表现在以下3个方面：

①都是象征性交货，相应的买卖合同为装运合同；

②均由出口方负责出口报关，进口方负责进口报关；

③买卖双方在办理运输和保险的责任上，FCA与FOB相同，CPT与CFR相同，CIP与CIF相同。

FOB、CFR、CIF和FCA、CPT、CIP的区别，如表4-6所示。

表4-6 FOB、CFR、CIF和FCA、CPT、CIP的区别

分类	FOB、CFR、CIF	FCA、CPT、CIP
运输方式	仅适用于海运和内河水运，其承运人一般仅限于船公司	适用于各种运输方式，包括多式联运，其承运人可以是船公司、铁路局、航空公司，也可以是多式联运的经营人
风险划分点	风险划分点为装运港船上，风险均在货物装上装运港船上时从卖方转移至买方	风险划分点为货交承运人，由不同的运输方式和不同的约定点而定，货物风险于卖方将货物交给承运人保管时转移
装卸费用负担	在租船运输中，装卸费用由买卖双方通过贸易术语的变形做出规定	在租船运输中，运费已包含了装卸费用，不需要通过贸易术语变形解决
运输单据	提交已装船清洁提单	不同的运输方式提供的单据不一样

思享汇

出口公司：嘉兴森创时装有限公司

Jiaxing Senchuang（weichuang）Fashionable Garment Co. Ltd.（简称S.C.公司）

Qixing Town, Nanhu, Jiaxing, Zhejiang, China, 314002

TEL: 0573-83881388　　FAX: 0573-83881308

国外进口公司：Fashion Force Co. Ltd.（简称F.F.公司）

P.O. Box 8935 New Terminal, Alta, Vista Ottawa, Canada

TEL: 001-613-7893503　　FAX: 001-613-7895307

交易商品：Lady Silk Fashion　女式真丝时装

Lady Embroidered long dress　女式绣花长款连衣裙

Lady Lapel embroidered dress　女士翻领绣花裙装

Lady Stripe dress　女士条纹裙装

Lady Hollow leaves skirt　女士镂空树叶片裙装

运输条件：从中国上海出口至加拿大渥太华。

请自行选择一种或一种以上产品，利用所学的贸易术语，设计交易条件，并进行讨论。交易价格和交易数量自行拟定。

除了以上阐述的六种贸易术语外，在《2020通则》中，还有另外的五种贸易术语，下面将简要进行阐述。

其他五种贸易术语

2.3 其他五种贸易术语

2.3.1 EXW

ex works，即工厂交货（……指定地点），是指卖方在其所在处所（工厂、仓库等）将货物提供给买方时，即履行了交货义务。除非另有约定，卖方不负责将货物装上买方备妥的车辆，也不负责出口清关。买方负担自卖方所在处所提取货物至目的地所需的一切费用和风险。因此，EXW是卖方承担责任、费用、风险最少的术语。EXW术语适用于任何运输方式。

课堂讨论

有一份以EXW条件成交的产地交货合同，出售新鲜荔枝15公吨，总值20万美元。合同规定买方必须在5月25日至31日之间派冷藏集装箱车到产地接运货物。后卖方多次催促，但直至6月7日也未见买方派车接货。于是，卖方不得不在6月8日将这批货物卖给另一家新买主，得价只有15万美元。本案例中，荔枝的差价损失应该由谁承担？为什么？

2.3.2　FAS

free alongside ship，即装运港船边交货（……指定装运港），是指卖方在指定的装运港码头或驳船上将货物交至船边，并办理出口清关手续，即履行了交货义务。买方必须自该时刻起，负担一切费用和货物灭失或损坏的一切风险。FAS术语适用于海运和内河航运。

课堂讨论

采用FAS时，在卖方用驳船把货物运至买方船边的过程中，货物被海水打湿，其造成的相应损失应该由谁承担？

2.3.3　DPU

delivered at place unloaded，即目的地卸货后交货（……指定目的地）。DPU适用于铁路、公路、空运、海运、内河航运或者多式联运等任何形式的贸易运输方式。卖方承担将货物运至指定的目的地的运输风险和费用（除进口费用外）。

DPU是《2020通则》中的国际贸易术语，由《2000年国际贸易术语解释通则》中的DAT修改而来，意味着将来DAT将被DPU替代，主要修改原因是强调卸货地不一定是“终点站”。

2.3.4　DAP

delivered at place，即目的地交货（……指定目的地）。该术语类似于《2000年国际贸易术语解释通则》中的DAF、DES、DDU术语，指卖方在指定的目的地交货（无须卸货）。卖方应承担将货物运至指定的目的地的一切风险和费用（除进口费用外），即完成交货。术语所指的目的地包括港口。DAP术语适用于任何运输方式。

2.3.5　DDP

delivered duty paid，即完税后交货（……指定目的地），是指卖方将货物运至进口国的指定地，可供买方收取时，即履行了交货义务。卖方必须负担货物运至该处的风险和费用，包括关税、税捐和其他费用，并办理货物进口的清关手续。与EXW相反，DDP是卖方承担风险、责任和费用最多的术语。DDP术语适用于任何运输方式。

11种贸易术语总结分别见表4-7和图4-1。

表4-7　《2020通则》中11种贸易术语比较

英文及缩写	中文全称	交货地点	风险划分	适用运输方式	标价注明
EXW	工厂交货	卖方处所	买方接管货物后	任何方式	指定地点
FAS	船边交货	装运港船边	货交船边后	水运	装运港名称

续表

英文及缩写	中文全称	交货地点	风险划分	适用运输方式	标价注明
FOB	船上交货	装运港船上	货物装上装运港船上	水运	装运港名称
CFR	成本加运费	装运港船上	货物装上装运港船上	水运	目的港名称
CIF	成本加保险费、运费	装运港船上	货物装上装运港船上	水运	目的港名称
FCA	货交承运人	出口国内地、港口	承运人接管货物后	任何方式	装运地名称
CPT	运费付至	出口国内地、港口	承运人接管货物后	任何方式	目的地名称
CIP	运费、保险费付至	出口国内地、港口	承运人接管货物后	任何方式	目的地名称
DPU	目的地卸货后交货	目的地或目的港集散站	卸货交给买方处置	任何方式	目的地名称
DAP	目的地交货	目的地	货交买方（运输工具上，无须卸货）	任何方式	目的地名称
DDP	完税后交货	目的地	买方在指定地交货	任何方式	目的地名称

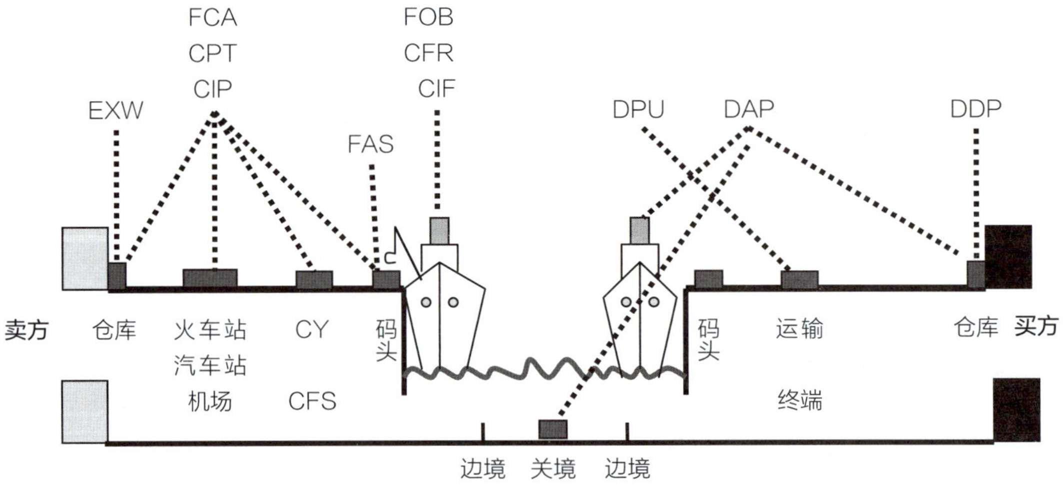

图4-1 《2020通则》11种贸易术语交货点（风险点）示意

注：CFS（container freight station）集装箱货运站，是拼箱货装箱和拆箱时船、货双方办理交接的场所；CY（container yard）集装箱堆场，是用于交接和保管集装箱的场所，通常位于集装箱码头内或码头周边地区。

2.4 贸易术语的选用

（1）考虑熟悉程度

FOB、CFR、CIF是我国贸易界最熟悉的三种术语，在长期的使用中积累了丰富的经验，今后在运输方式为单一的海运时仍可运用。在出口贸易中，应尽量争取采用CIF和CFR，这样既有利于我方衔接船货，按时完成出口任务，也有利于促进我国远洋运输事业和保险事业的发展，增加外汇运费和保险费收入。但在出口大宗商品，国外买方要求自行租船运货时，也可采用FOB。

（2）运输方式

在货物通过铁路、航空、多式联运等方式运输时，宜采用FCA、CPT、CIP这三种术语。这样做有两个方面的好处：①使风险转移的时间提前，由装运港船上提前到货交承运人，减少我方的风险；②使我方的收汇时间提前，在FCA、CPT、CIP三种术语中，我方只要将货物交给承运人，就可从承运人处取得运输单据并凭其向买方或指定银行收取货款。而承运人将接管货物装上船，通常需要几天的时间，有的甚至多达15天，如果不选用货交承运人的术语，仍按原来的FOB、CFR、CIF，则收汇时间就要推迟。

（3）相关国家的政策

在国际贸易业务中，各个国家为了保护和发展本国的航运与保险业，节省运费、保险费的外汇支出，鼓励其商人原则上进口采用FOB条件，出口采用CIF条件。多数发展中国家甚至以立法的形式对此做出明确规定。因此，在选择价格条件时，首先应考虑双方国家的政策。一般做法是：对发达国家，出口宜采用CIF或CFR条件，进口采用FOB条件；对于发展中国家，出口可采用FOB或CFR条件，进口则采用CFR或CIF条件。

（4）货源情况

小宗货物买卖采用CIF条件，简捷方便。这是因为，小额交易若采用FOB条件，由买方安排航运及保险十分不便。而采用CIF条件，航运保险等事宜均由卖方办理，显然对买方有利。相反，大宗货物的买卖，在航运保险竞争激烈的情况下，货主可凭其优越的条件与运输人、保险人谈判，取得优惠的运输与保险费，买方甚至可自行租船载货，从而节省大笔运费的支出，因此进口商大多选择FOB条件。

（5）运费因素

在装卸港口发生拥挤、罢工、武装对抗等情况时，轮船公司大都不愿行驶到上述区域，或者加收额外费用，因此选择FOB条件对卖方有利。这是因为，在FOB条件下，租船订舱的责任归属于买方，一切额外支出理应均由买方负担。此外，在运费看涨的形势下，进口商宜用CFR或CIF条件，使运费可能上涨的负担由对方承担；反之，则应采用FOB条件，这样可节省下跌差额的运费及其他费用。

（6）海上风险

在国际贸易中，卖方一般都不愿意用目的地交货类的价格术语，如DDP；买方一般不愿意用出口国内陆交货的价格术语，如EXW。这主要是由于对国外的情况不了解，双方均不愿意承担风险。

（7）时令习惯的安全

对于时令性强的商品，如圣诞节礼物、狂欢节啤酒、感恩节火鸡等，为争取贸易机会，赶上销售的最佳时节，买方应以FOB条件为最佳选择，以免卖方的延误而造成重大损失。对于厂方向国外订购的零配件、主机等商品，宜采用FOB条件，由买方自行安排最有利的装船时机、最可靠的船运公司承运，以确保货物安全及准时抵达。

任务 3 商品的价格

在国际货物买卖中，货物的价格是买卖双方争论的焦点，是决定货物能否进入市场的重要原因，关系着买卖双方的切身利益，因此，出口报价成为合同的主要交易条件。

3.1 作价方法

商品的价格包括单价和总值两部分，在国际贸易中，商品的价格远较国内贸易的单价复杂，不同的商品、不同的交易对象、不同的交易时间都会影响到商品的作价。现将几种作价方法阐述如下。

所谓作价方法，就是与对方在签订合同时有关“单价（unit price）”这一合同条款怎么写的问题。绝大多数情况下会在合同中把价格固定，以免将来引起纠纷。但在有些特殊情况下，也有其他的作价方法。

（1）固定价格法

商品的单价通常由计价货币、单位价格金额、计量单位和贸易术语四项内容组成。

例如

US $	300	Per M/T	CIF New York
计价货币	单位价格金额	计量单位	贸易术语

上述单价，如买卖双方对此无特殊约定，应理解为固定价格，即订约后买卖双方按此价格结算货款，即使订约后市价有重大变化，任何一方均不得要求变更。

（2）暂不固定价格法

某些货物因其国际市场价格变动频繁，幅度较大，或交货期较远，买卖双方对市场趋势难以预测，但又确有订约的意旨，则可约定有关货物的品质、数量、包装、交货和支付等条件，对价格暂不固定，而约定将来如何确定价格的方法。例如，在合同中规定，以某月某日某地的有关商品交易所该商品的收盘价为准或以此为基础再加（或减）若干金额。

（3）暂定价格法

为避免价格风险，买卖双方在洽谈某些市价变化较大的货物的远期交易时，可先在合同中规定一个暂定价格，待日后交货期前的一定时间，再由双方按照当时市价商定的最后价格。在我国出口业务中，有时在与信用可靠、业务关系密切的客户洽商大宗货物的远期交易时，偶尔也采用这种暂定价格。

例如

在合同中规定：

每公吨300美元CIF纽约

USD 300 per M/T CIF New York.

备注：上列价格为暂定价，于装运月份10天前由买卖双方另行协商确定价格。

Remarks: The above is a provisional price, which shall be determined through negotiation between the buyer and the seller 10 days before the month of shipment.

采用该种作价方法的合同有较大的不稳定性。在实际业务中，采用这种做法，应以关系密切、信誉可靠的客户为限。

（4）滑动价格法

在恶性通货膨胀时期，原材料、人员工资、各项费用都急剧上涨，签订合同时的价格到出口商发货或者进口商收货时的成本价格有天壤之别，如此一来就有可能会采用滑动价格。所谓滑动价格，是指先在合同中规定一个基础价格，交货时或交货前一定时间内，按工资、原材料价格变动的指数做相应调整，以确定最后价格。

（5）计价货币的选择

计价货币是指合同中规定的用来计算价格的货币。这些货币可以是出口国货币或进口国货币，也可以是第三国货币，但必须是可自由兑换的货币。具体采用哪种货币，由双方协商确定。由于美元的地位一时难以撼动，实际上大多数的国际贸易合同仍用美元计价。随着我国国家汇制改革的不断深入和国力的进一步提升，人民币作为国际贸易合同的计价货币普遍使用指日可待。

具体的货币及对应简称，如表4-8所示。其中美元、欧元、英镑较为常用。

表4-8 货币及对应简称

货币名称	货币简称	货币名称	货币简称	货币名称	货币简称
人民币	CNY	欧元	EUR	马来西亚林吉特	MYR
日元	JPY	德国马克	DEM	菲律宾比索	PHP
英镑	GBP	法国法郎	FRF	新加坡元	SGD
瑞士法郎	CHF	澳大利亚元	AUD	泰国铢	THB
加拿大元	CAD	奥地利先令	ATS	葡萄牙埃斯库多	PTE
芬兰马克	FIM	比利时法郎	BEF	印度尼西亚盾	IDR
爱尔兰磅	IEP	意大利里拉	ITL	新西兰元	NZD
俄罗斯卢布	SUR	韩国元	KRW		
美元	USD	西班牙比塞塔	ESP		

3.2 价格的核算与换算

3.2.1 单位金额的计算

出口价格核算

在国际贸易中，不同的贸易术语表示其不同的价格构成因素。

在我国进出口业务中，最常用的贸易术语是FOB、CFR、CIF三种。

FOB习惯上被称为成本价或实际成本。FOB、CFR、CIF三种价格的基本构成如下。

FOB=实际成本+国内费用+预期利润

CFR=实际成本+国内费用+出口运费+预期利润

CIF=实际成本+国内费用+出口运费+出口保险费+预期利润

（1）成本的核算

出口货物的成本主要是指采购成本，是进口商向出口商采购商品的价格，也称进货成本。其计算公式如下。

实际成本=进货成本−退税金额

退税金额=进货成本/（1+增值税率）×退税率

课堂讨论

某公司出口陶瓷茶杯，每套进货成本人民币90元（包括17%的增值税），退税率为8%，请核算实际成本。

（2）费用的核算

费用（expenses/charges）主要是指商品流通费。业务中经常出现的费用主要有国内费用和国外费用，其中国内费用一般包括以下几部分。

①包装费（packing charges），通常包括在进货成本中，如果客户有特殊要求，须另加。

②仓储费（warehousing charges），提前采购或另外存仓的费用。

③国内运输费（inland transport charges），装货前发生的内陆运输费用。

④认证费（certification charges），出口商办理出口许可、配额、产地证以及其他证明所支付的费用。

⑤港区港杂费（port charges），货物装运前在港区码头支付的各种费用。接受订舱的货运公司，出于揽生意的考虑，往往只对订舱人负责，然后把费用转嫁到另一方。因此，在FOB条件下，出口方有必要事先和货运公司核对一下该项费用。如果发现费用分担明显不公，则与国外客户联系协商要求调整。

⑥商检费（inspection charges）出口商品检验机构根据国家有关规定或出口商的请求对货物进行检验所发生的费用。

⑦税捐（duties and taxes），国家对出口商品征收、代收或退还的有关税费，通常有出口关税、增值税等。

⑧垫款利息（interest），出口商买进卖出期间垫付资金支付的利息。

⑨业务费用（operating charges），出口商经营过程中发生的有关费用，也称经营管理费，一般是在进货成本基础上计算费用定额率。费用定额率=定额费用/进货价。

⑩银行费用（banking charges），出口商委托银行向国外客户收取货款、进行资信调查等所支出的手续费。如果出口贸易的总利润较少，应让客户承担该项费用。

除此之外，国内费用中还可能涉及佣金与折扣。

佣金（commission）是出口商向中间商支付的报酬。包含佣金的合同价格，称为含佣价；去除佣金的合同价格，称为净价。如果对外报价时，佣金率不明示在价格中，这种佣金称为“暗佣”；如果在价格条款中，明确表示佣金多少，称为“明佣”。

折扣（discount）是卖方在原价格的基础上给予买方的一定比例的价格减让。使用折扣方式减让价格，而不直接降低报价，使卖方既保持了商品的价位，又明确表明了给予买方的某种优惠。折扣是一种促销手段，如数量折扣、清仓折扣、新产品的促销折扣等。

在价格条款中，佣金和折扣有不同的表示方法。

第一种，用文字表示：

US$ 335 per metric ton CIF New York including 2% commission.

每公吨335美元CIF纽约，包含2%的佣金。

US$ 300 per metric ton FOB Shanghai less 2% discount.

每公吨300美元FOB上海，包含2%的折扣。

第二种，在贸易术语后加C并注明佣金率。折扣一般不用此法。例如：

US$ 335 per metric ton CIFC2% New York.

或US$ 335 per metric ton CIFC2 New York.

每公吨335美元CIF纽约，包含2%的佣金。

相关计算公式如下。

佣金=含佣价×佣金率

净价=含佣价−佣金=含佣价×（1−佣金率）

折扣=发票金额×折扣率

课堂讨论

某商品单价为 USD100 per carton CIFC3 London，则CIF净价为多少？

某商品单价为 USD100 per metric ton CFR Hamburg less 2% discount，则实际的单价为多少？

国外费用一般包括以下几种。

①出口运费（freight charges），货物出口时支付的海运、陆运、空运及多式联运费用。出口交易中，在采用CFR、CIF贸易术语成交的条件下，出口商需核算海运费。

②保险费（insurance premium），出口商向保险公司购买货运保险或信用保险支付的费用。出口交易中，在以CIF术语成交的情况下，出口商需要核算保险费。其计算公式如下。

保险费=保险金额×保险费率

保险金额=CIF货价×（1+保险加成率）

在进出口贸易中，根据有关的国际惯例，保险加成率通常为10%。出口商也可根据进口商的要求与保险公司约定不同的保险加成率。

课堂讨论

商品“三色戴帽熊”的CIF价格为USD8937.6，进口商要求按成交价格的110%投保一切险（保险费率为0.8%）和战争险（保险费率0.08%），试计算出口商应付给保险公司的保险费用？

（3）利润的核算

预期利润（expected profit）是出口商的收入，是经营好坏的主要指标。一般用某一基数的一定百分比作为经营的利润率来核算利润额。该基数可以是实际成本，也可以是销售价格。其计算公式如下。

利润=报价×预期利润率

3.2.2 价格的换算

在国际贸易中，不同的贸易术语表示其价格构成因素不同，包括不同的从属费用。例如，FOB术语中不包括从装运港至目的港的运费和保险费；CFR术语中则包括从装运港至目的港的通常运费；CIF术语中除了包括从装运港至目的港的通常运费外，还包括保险费。在对外洽商交易过程中，一方按某种贸易术语报价时，对方要求改报其他术语所表示的价格，如一方按FOB报价，对方要求改按CIF或CFR报价，这就涉及价格的换算问题。了解贸易术语的价格构成及其换算方法，是从事国际贸易的人员必须掌握的基本知识和技能。现将FOB、CFR和CIF三种最常见贸易术语间价格的换算方法及公式介绍如下。

进口价格核算

（1）FOB价格换算成为其他价格

①CFR=FOB+运费

②CIF=（FOB+运费）/（1−投保加成×保险费费率）

式中，投保加成=1+投保加成率。

（2）CFR价格换算成为其他价格

①FOB=CFR−运费

②CIF=CFR/（1−投保加成×保险费费率）

（3）CIF价格换算成为其他价格

①FOB=CIF×（1−投保加成×保险费费率）−运费

②CFR=CIF×（1−投保加成×保险费费率）

在国际保险市场上，按照惯例做法，国际货物运输保险的投保金额通常是按照CIF或CIP价格的110%计算的，即在CIF或CIP价格上再加一成投保，这10%就被称为“投保加成率”，主要作为买方的预期利润。而上述公式中，“投保加成”就是110%。

思享汇

请根据下面所给的资料报出口的CIF美元单价。

商品名称：陶瓷茶具，型号HB512。

进货成本：152.00元/套，单件包装体积0.4米×0.32米×0.36米。

税率：供货单价中均包括17%的增值税，出口陶瓷制品的退税率为9%。

国内费用：出口一个20英尺集装箱需发生的费用有运杂费800元，商检费150元，报关费50元，港区港杂费650元，公司业务费1200元，其他费用900元。

海运费：陶瓷茶具从上海至加拿大的多伦多一个20英尺集装箱的包箱费为1750美元。

保险：CIF成交金额的基础上加10%投保中国人民保险公司海运货物保险条款中的水渍险、破损破碎险和战争险，费率分别为0.5%、0.3%、0.16%。

客户佣金：成交价格的5%。

报价利润：报价的10%。

报价汇率：6.25元人民币兑换1美元。

总结

在进出口贸易中，出口价格核算是整个合同履行的关键步骤之一。掌握贸易术语的风险、责任、费用划分；掌握价格构成、计价货币的选择、报价策略等有利于更好地进行价格核算，保证企业提高经济效益，降低成本。通过本项目的学习，可以掌握每种贸易方式下不同的价格构成以及不同贸易方式下的成本核算方式。

知识演练

一、单项选择题

1. 佣金的支付对象是（　　）。

A. 买方　　B. 保险公司　　C. 船方　　D. 中间商

2. 某公司对外以CFR报价，若该公司先将货物交到货站或使用滚装与集装箱运输时，应采用（　　）为宜。

A. FCA　　B. CIP　　C. CPT　　D. DDP

3. 象征性交货意指卖方的交货义务是（　　）。

A. 不交货　　B. 既交单又实质性交货

C. 凭单交货　　D. 实质性交货

4. 我某公司向外商报价每公吨CIF香港1000美元，而外商来电要求改报CFR香港含5%佣金价。在保证我方外汇净收入不变的情况下，我方应报价（　　）美元。（注：设保险费率合计为0.85%，投保加成率为10%。）

A. 1758.67　　B. 1540.20　　C. 1056.84　　D. 1042.79

5. 就卖方承担的风险而言（　　）。

A. CFR比CIF大　　B. CIF比CFR大　　C. 两者相同　　D. 无法判断

6. 国际货物买卖合同规定的卖方的基本义务是（　　）。

A. 向买方提供运输　　B. 向银行提交合格的单据

C. 向买方提交合格的货物和单据　　D. 向买方提交官方批准文件

7. 某出口合同中规定“CIF香港，每公吨1000美元，折扣2%”，那么卖方净收入应为（　　）。

A. 960美元　　B. 1020美元　　C. 980美元　　D. 1040美元

8.《2020通则》中买卖双方责任最大的贸易术语分别是（　　）。

A. EXW和DDP　　B. CIF和DDP　　C. FOB和DPU　　D. FOB和DAP

9. 按照C组术语成交，货物启运后的风险由（　　）。

A. 卖方负担　　B. 买方负担　　C. 承运人负担　　D. 保险公司负担

10. 以下我出口商品的单价，只有（　　）的表达是正确的。

A. 250美元/桶　　B. 250美元/桶CIF伦敦

C. 250美元/桶CIF广州　　D. 250美元

11. 与FOB相比，CFR条件下卖方增加的责任是（　　）。

A. 交付货物　　B. 租船订舱

C. 办理货运保险　　D. 办理出口通关手续

12. FOB与FCA的主要区别是（　　）。

A. 前者适用于水上运输，后者适用于任何运输方式

B. 前者由买方负责租船订舱，后者由买方负责订立运输合同

C. 前者由买方负责办理出口手续，后者则由买方办理

D. 前者的风险和费用转移同步，后者不同步

13. 按《2020通则》的解释，在CPT条件下未及时订立运输契约的损失由（　　）。

A. 卖方负担　　B. 买方负担　　C. 承运人负担　　D. 运输代理负担

14. 在国际贸易中，含佣价的计算公式是（　　）。

A. 单价×佣金率　　B. 含佣价×佣金率

C. 净价×佣金率　　D. 净价/（1−佣金率）

15. 凡货价中不包含佣金和折扣的被称为（　　）。

A. 折扣价　　B. 含佣价　　C. 净价　　D. 出厂价

二、多项选择题

1. 国际货物买卖合同规定买方应承担的基本义务是（　　）。

A. 订立运输合同　　B. 接收货物

C. 检验货物　　D. 支付货款

2. 下列贸易术语属于已付主要运费的是（　　）。

A. FOB　B. CFR　C. CIF　D. CIP

3. 采用FCA条件时，卖方应负的责任是（　　）。

A. 订立运输契约　B. 按时交货

C. 办理出口手续　D. 通知买方已装运

4. FCA、CPT、CIP的相同之处在于（　　）。

A. 交货地点相同　B. 风险划分界限相同

C. 卖方承担的责任相同　D. 买方负担的费用相同

5. 在进出口合同中，单价条款包括的内容是（　　）。

A. 计量单位　B. 单位价格金额　C. 计价货币　D. 贸易术语

三、计算题

1. 我方某公司出口商品每千克100美元CFRC2%纽约。

①试计算CFR净价和佣金各为多少？

②若对方要求将佣金提高到5%，我方应改报为多少价格？

③若保费率为0.5%，投保加一成，求CIF价和CIFC2价。

2. 我方某公司出口货物1000公吨，出口价格为每公吨2000美元CIF纽约，现在客户要求改报FOB上海价。原报CIF价格中，该货物每公吨出口运费为150美元，投保险别为一切险，保险费率为1%，按照CIF价格的110%投保。请计算FOB价格应报多少。

四、案例分析题

1. 我方某公司以CFR术语出口一批瓷器，我方按期在装运港装船后，即将有关交易单据寄交买方，要求买方支付货款。过后，业务人员才发现忘记向买方发出装船通知。此时，买方已来函向我方提出索赔，因为货物在运输途中因海上风险而损毁。

问：我方能否以货物运输风险是由买方承担为由拒绝买方的索赔？

2. 我方某公司按FCA条件进口一批化工原料，合同中规定由卖方代办运输事项。结果在装运期满时，国外卖方来函通知，无法租到船，不能按期交货。因此我方向国内生产厂家支付了10万元违约金。

问：对我方的这10万元损失，可否向国外的卖方索赔？

3. 有一份CIF合同，日本公司出售450公吨洋葱给澳大利亚公司，洋葱在日本港口装船时，经公证行验明：完全符合商销品质，并出具了合格证明。但该批货物运抵澳大利亚时，洋葱已全部腐烂变质，买方因此拒绝收货，并要求卖方退回已付清的货款。

问：在上述情况下，买方有无拒收货物和要求卖方退回货款的权利？

05 项目 国际货物运输

学习目标

知识目标

- 了解国际货物运输基本知识和各种运输方式的特点。
- 掌握货物交付条件中的交货时间、交货地点、运输方式、分批装运和转船等条款。
- 掌握海运提单的性质及其种类，了解其他各种运输单据。
- 掌握班轮运费的计收标准及其计算，了解班轮运输和租船运输的特点。

技能目标

- 能合理地选用各种运输方式并计算运费。
- 能进行装运单据内容的缮制并灵活运用各种装运单证。

素质目标

- 培养相应的解决问题能力、社会能力和相互沟通、团队合作能力，基本达到从事进出口人员应具备的素质和能力。
- 培养职业道德、工作责任心。

思维导图

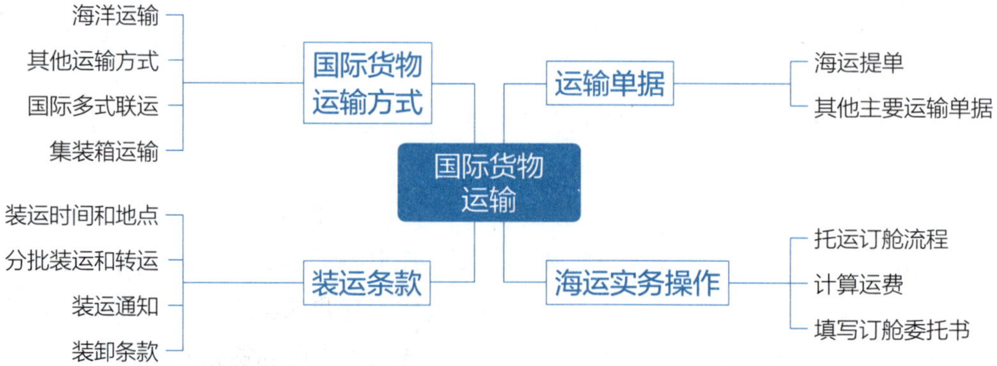

工作任务引入

小章通过出口价格核算，及时向客户进行了报价。客户认为价格合理，双方就货物的运输环节进行具体的协商。对于复杂的国际货物运输，小章该如何下手呢？合同中的运输方式和运输条款如何确定？

任务 1 国际货物运输方式

国际货物运输是国际物流的主体，也是国际贸易中必不可少的一个环节。它具有线面广、环节多、时间性强、情况复杂、风险较大等特点。为了按时、按质、按量完成国际货物的运输任务，买卖双方在订立国际贸易买卖合同时，都必须注意三个事项。第一，选定合理的运输方式；第二，运用好有关装运单据；第三，订立好各项装运条款。

1.1 海洋运输

国际贸易运输方式及运输单据认知

海洋运输简称海运，是指使用船舶或其他水运工具通过海上航道运送货物或旅客的一种运输方式。它是国际贸易中最主要的国际运输方式，目前国际货物运输总量的80%以上是通过海洋运输完成的，我国绝大部分进出口货物都是通过海洋运输方式运送的。

海洋运输的优点：一、通过能力大；二、运输量大；三、运输费用低；四、运输货物的种类广。海洋运输的缺点：一、运输速度慢；二、运输风险大；三、航行的日期不易准确。按照海洋运输船舶经营方式的不同，可分为班轮运输和租船运输。

1.1.1 班轮运输

班轮俗称定期船，班轮运输（liner shipping）又称为定期船运输。它是指按预定的船期表，在固定的航线和港口之间往返航行从事客货运输业务，并按相对固定的运费率收取运费的运输方式。我国出口的纺织品、食品、工艺品等杂货类以及某些贵重的商品，通常都是采用班轮运输的。

（1）班轮运输的特点

具有“四固定”的特点，即固定航线、固定港口、固定船期和相对固定的费率。这是班轮运输的最基本特征。

班轮运价内包括装卸费用，即货物由承运人负责配载装卸，承托双方不计滞期费和速遣费，也不规定装卸时间。

承运人对货物负责的时段是从货物装上船起，到货物卸下船止，即“船舷至船舷”（rail to rail）或“钩至钩”（tackle to tackle）。

承运双方的权利义务和责任豁免以签发的提单为依据，并受统一的国际公约的制约。

班轮运输面向大量的货主，单个货主所托运的货物数量不多，但通过班轮运输的货物，在海上运输中往往价值较高。

（2）班轮运费

班轮运费（liner freight）是由两部分组成的，即基本运费加附加费。基本运费是指货物从装运港到卸货港所应收取的基本费用，是全程运费的主要构成部分。它是按班轮运价表（liner's freight tariff）的规定来计收的。通常有以下做法。

按货物的毛重计收，在运价表里用字母“W”表示。一般以每公吨为计算单位，称为重量吨。

按货物的体积或容积计收，在运价表里用字母“M”表示。一般以每立方米为计算单位，称为尺码吨。重量吨和尺码吨统称为运费吨，是按每一种货物的重量和体积计算运费的单位。

按货物的毛重或体积计收，由船公司选择其中收费较高的一种计收运费，在运价表用“W/M”表示。

按商品的价格计收，又称从价运费，在运价表里用“A.V.”或“Ad.Val.”表示。其费率一般按货物FOB总价值的百分比计收，一般适用于贵重商品或高价商品。

选择货物的重量、体积或价值三者中较高的一种计算运费，在运价表中用“W/M or Ad.Val.”表示。

此外，还可以按货物的件数计价，如汽车按辆，牛羊按头等计收运费；按议价运费计算，即由货主和船公司协商议定，通常适用承担粮食、豆类、矿石、煤炭等运量大、货值低、装卸容易的农副产品和矿产品；按最低运费计，它是指按每一提单所列的货物重量或体积计算出运费，尚未达到运价表中规定的最低运费额时，则按最低运费计算。

知识链接

在同一包装、同一票货物或同一提单内出现混装情况时，班轮公司的收费原则是就高不就低。第一，不同的货物混装在同一包装内时，全部运费一般按其中收费较高收取。第二，同一票货物，如包装不同，其计费标准和等级也不同时，如托运人未按不同包装分别列明毛重和体积，则全票货物均按收费较高者计收运费。第三，同一提单内有两种以上的货物时，如托运人未分别列明不同货物的毛重和体积，则全部货物均按收费较高者计收运费。

附加费：是指针对某些特定情况或需做特殊处理的货物在基本运费之外加收的费用。班轮附加费用名目繁多，主要有燃油附加费（bunker surcharge，BS；or bunker adjustment factor，BAF）、港口附加费（port surcharge）、转船附加费（transshipment surcharge）、绕航附加费（deviation surcharge）、超重附加费（heavy lift additional）、超长附加费（long length additional）、直航附加费（direct additional）等。

（3）班轮运费的计算方法

班轮公司运输货物所收取的运输费用，是按班轮运价表的规定计收的。不同的班轮公司或班轮公会有不同的班轮运价表。班轮运价表一般包括货物分级表、各航线费率表、附加费率表、冷藏货及活牲畜费率表等。

班轮运价表从其形式上看可分为两种：一是单项费率运价表；二是等级运价表。

目前我国使用的班轮运价表有中国租船公司运价表和中国远洋货运运价表两种。它们都属于等级运价表，一般将货物分为20级，1级费率最低，20级费率最高。

班轮运费的计算公式如下。

运费=运费吨×（基本运费+附加运费）

运费=运费吨×基本运费×（1+附加费率）

班轮运费的计算方法如下。

①先根据商品英文名称在货物分级表中查出该商品属于什么等级和按什么计费标准计费。

②根据商品的等级和计费标准，在航线费率表中查出这一商品的基本费率。

③查出该商品本身所经航线和港口的有关附加费率。

④算出该商品每一运费吨的单位运价，即商品的基本运费和附加运费之和。

⑤算出总运费金额，即以该商品的计费重量或尺码吨乘以单位运价之积。

知识链接

常用货物等级和计算标准如表5-1所示。

表5-1 货物分级表

货名	计算标准	等级
水果汁罐头	M	8
茶叶	W/M	8
棉布及棉织品	M	10
小五金及工具	W/M	10
柴油机	W/M	10
玩具	M	20
柴油机	W/M	10
玩具	M	20

1.1.2 租船运输

租船运输（shipping by chartering）又称不定期船运输，它是指租船人在租船市场上和船东洽谈签约，向船东包租船舶装运货物。

（1）租船运输的特点

①租船运输主要以运输货值较低的大宗货物为主，如粮谷、饲料、矿砂、煤炭、石油、水泥等，而且通常是整船运输。在国际海运总量中，租船运输量约占4/5。

②运价不固定。一般来说，租船运价比班轮运价低廉。

③船、租双方的责任、权利、义务以其双方签订的租船合同为准。

（2）租船运输的分类

按租船的方式不同，分为定程租船（voyage charter）、定期租船（time charter）、光船租船（bareboat charter）、包运租船（contract of affreightment）四种。

定程租船又称航次租船或程租船。它是指由船舶所有人负责提供船舶，在指定港口之间进行一个航次或数个航次，承运指定货物的租船运输。定程租船的船舶的经营管理由船方负责，船方还应对货物的运输负责。租船人和船方在租船合同中规定一定的航线和装运货物种类、方法名称、数量、装卸的港口、装卸费率、滞期费、速遣费。

定期租船是指船东将船舶租给租船人去使用一定期限，在期限内由租船人自行调度和经营管理的租船运输。在租赁期内，船舶的经营和管理由租船人负责，船方负责船舶的维护、维修和机器的正常的运转，负责配备船员并支付船员的工资等。定期租船不规定船舶航线和装卸港，只规定船舶航线区域。但由于定期租船不如定程租船简单，实际业务中一般不采用。

光船租船是指船方不提供船员，仅将船交给租方使用，由租方配备船员并负责经营管理的租船运输。这种方式很少使用。

包运租船是指船舶所有人提供给租船人一定吨位（运力），在确定的港口之间，以事先约定的年数、航次周期和每航次较均等的货运量，完成运输合同规定的全部货运量的租船方式。

（3）租船运输的费用

①定程租船的运费。定程租船的运费由四部分组成，即程租船基本运费、装卸费、滞期费和速遣费。这四部分都是需要租船人和船东协商确定后，在租船合同中明确规定的。

程租船基本运费是指货物从装运港到目的港的运费。计算方式有两种。第一，按运费率计算，即规定每单位重量或体积的运费额。第二，整船包价。

装卸费由哪方负担，有以下四种做法。

- 船方管装管卸，又称“班轮条件”（liner terms）。
- 船方不管装卸（FIO）。
- 船方管装不管卸（FO）。
- 船方管卸不管装（FI）。

滞期费是指采用租船运输时如果承运人未能在约定的装卸时间内将货物装完卸完，致使船舶在港停留时间延长，并延长了航次时间，从而给船方造成了一定经济损失，延迟期间的损失应按约定每天若干金额补偿给船方，这笔罚金即称滞期费。

速遣费是指如果承运人在约定的装卸时间以前，将全部货物装卸完毕，从而缩短了船舶在港停留的时间，给船方带来经济利益，则船方需将其获利的一部分给承运人作为奖励，或者作为对承运人为此增支费用的补偿，这笔补偿称为速遣费，一般为滞期费的一半。

②定期租船的运费。定期租船租金按租期每月、每载重吨若干金额计算。

1.2 其他运输方式

1.2.1 公路运输

公路运输（highway transportation）与铁路运输同为陆上运输的基本方式。它机动灵活、速度快、简捷方便，可深入到有公路的各个角落，做到“门到门”服务。公路运输能提供更灵活和更多样的服务，多用于价高量小的货物的门对门服务，其经济里程一般在200千米以内。公路运输的优点有以下几点。

①运输速度快。40～60千米/小时。

②机动性高，可以选择不同的行车路线，灵活制定营运时间表，所以服务便利，能提供“门到门”服务，市场覆盖率高。

其缺点有以下几点。

①变动成本相对较高。公路的建设和维修费经常是以税和收费的形式向承运人征收的。

②运输能力较小。受容积限制，公路运输不能像铁路运输一样运大量不同品种和大件的货物。

③能耗高。公路运输造成的环境污染比其他运输方式严重得多，劳动生产率低。

综上，公路运输主要适用于近距离的独立运输作业以及补充和衔接其他运输方式。当其他运输方式担负主要运输任务时，可以由汽车担负起点和终点处的短途集散运输，完成其他运输方式到达不了的地区的运输任务。

1.2.2 铁路运输

铁路运输（railway transportation）具有运量大、速度快、受天气条件影响小、安全可靠、风险小、高度的连续性等特点。因此，铁路运输量仅次于海洋运输。但是，与海洋运输相比，铁路运输费用较高，还要受固定线路的限制，需要进行辅助运输。

铁路运输可分为国内铁路货物运输和国际铁路货物联运两种。

（1）国内铁路货物运输

国内铁路货物运输是指在本国范围内办理的货物运输。内地运往港澳地区货物一般要使用铁路运输，供港货物运输和正常的内地铁路运输稍有区别。货物在内地装车发运到深圳北站，再由设在深圳的外贸机构通过原车直接过轨至香港九龙车站，或者将货物运至深圳北站后卸车再装汽车经文锦渡公路口岸运至香港。也可将货物运至广州南站，再用驳船转运至香港。

（2）国际铁路货物联运

国际铁路货物联运是指在两国或两国以上的铁路运送中使用一份统一的国际联运票据，并且由一国铁路向另一国铁路移交货物时不需要发货人和收货人参加，而是由铁路运输方负责全程运送，办理交接的一种运输方式。

思政园地

中欧班列（CR Express）是由中国国家铁路集团有限公司组织，按照固定车次、线路、班期和全程运行时刻开行，运行于中国与欧洲以及“一带一路”共建国家间的集装箱等铁路国际联运列车，是深化国家与沿线国家经贸合作的重要载体和推进“一带一路”建设的重要抓手。中欧班列往来于中国与欧洲及“一带一路”沿线各国的集装箱国际铁路联运班列。

为加强与欧洲国家的商业贸易联系，中国政府和中国铁路总公司与中亚和欧洲各国铁路系统协作，开行从中国苏州、义乌、深圳盐田港、郑州、成都等地到达伦敦、汉堡等地的国际联运列车。中欧班列通道不仅连通欧洲及沿线国家，也连通东亚、东南亚及其他地区；不仅是铁路通道，也是多式联运走廊。

目前，中欧班列铺划了西、中、东三条通道。

西通道。一是由新疆阿拉山口（霍尔果斯）口岸出境，经哈萨克斯坦与俄罗斯西伯利亚铁路相连，途经白俄罗斯、波兰、德国等，通达欧洲其他各国。二是由霍尔果斯（阿拉山口）口岸出境，经哈萨克斯坦、土库曼斯坦、伊朗、土耳其等国，通达欧洲各国；或经哈萨克斯坦跨里海，进入阿塞拜疆、格鲁吉亚、保加利亚等国，通达欧洲各国。三是由吐尔尕特（伊尔克什坦）与规划中的中吉乌铁路等连接，通向吉尔吉斯斯坦、乌兹别克斯坦、土库曼斯坦、伊朗、土耳其等国，通达欧洲各国。

中通道。由内蒙古二连浩特口岸出境，途经蒙古国与俄罗斯西伯利亚铁路相连，通达欧洲各国。

东通道。由内蒙古满洲里（黑龙江绥芬河）口岸出境，接入俄罗斯西伯利亚铁路，通达欧洲各国。

中欧班列运行线分为中欧班列直达线和中欧班列中转线。中欧班列直达线是指内陆主要货源地节点、沿海重要节点与国外城市之间开行的点对点班列线；中欧班列中转线是指经主要铁路枢纽节点集结本地区及其他城市零散货源开行的班列线。

1.2.3 航空运输

航空运输（air transportation）是一种现代化的运输方式，它与海洋运输、铁路运输相比，具有速度快、货运质量高且不受地面条件限制等特点。因此，它最适宜运送急需物资、鲜活商品、精密仪器与贵重物品。但是它也存在运量有限且运费较高等缺点。

航空货运方式分为班机运输、包机运输、集中托运和航空快递（航空急件快递），如表5-2所示。

表5-2 国际航空货物运输方式

方式	特点
班机运输	有固定时间、航线、始发站、经停站和目的站
包机运输	包租整架飞机或由几个发货人联合包租一架飞机运送货物
集中托运	将若干单独发运的货物组成一整批货物，采用一份航空总运单发运到同一目的站，收货、报关后分拨给收货人
航空快递（航空急件快递）	专业经营此项业务的机构，与航空公司密切合作，用最快速度在货主、机场、收件人之间传送

（1）班机运输

班机运输（airline transport）有固定航线、停靠航站，能定期开航，安全、迅速并准时地到达世界各通航地点，使收货人能掌握货物启运和到达的时间和地点，有利于及时投入市场，因此深受货主的欢迎。一般航空公司都使用客货混合型飞机。一些较大的航空公司也在某些航线上开辟全货机航班运输。

（2）包机运输

包机运输（chartered carrier transport）是指包租整架飞机或由几个发货人（或航空货运代理公司）联合包租一架飞机来运送货物。包机分为整包机和部分包机两种形式，前者适用于运送数量较大的商品，后者适用于多个发货人，但货物到达站又是同一地点的货物运输。

（3）集中托运

集中托运（consolidation）是指航空货运公司把若干单独发运的货物（每一货主的货物都要出具一份航空运单）组成一整批货物，用一份总运单（附分运单）整批发运到预定目的地，由航空公司在那里的代理人收货、报关、分拨后交给实际收货人。集中托运的运价比国际空运协会公布的班机运价低7%～10%，因此发货人比较愿意将货物交给航空货运公司安排。

（4）航空快递（航空急件快递）

航空快递（air express service）是目前国际航空运输中最快捷的运输方式。它不同于航空邮寄和航空货运，而是由一个专门经营此项业务的机构与航空公司密切合作，设专人用最快的速度在货主、机场、收件人之间传送急件，特别适用于急需的药品、医疗器械、贵重物品、图纸资料、货样及单证等的传送。航空快递的运输形式主要有桌到桌运输、门到门运输、桌到机场运输、门到机场运输和专人派送等。

航空运输货物的运价是指从启运机场至目的地机场的运价，不包括报关提货等其他额外费用。运价一般是按重量或体积重量计算的，以两者中高者为准。运价通常分为特种货物运价、等级货物运价、一般货物运价。

1.2.4 管道运输

管道运输（pipeline transport）是在管道内借助高压气泵的压力将液体或气体货物输往目的地的一种特殊的运输方式。这种方式不受地面条件影响，可连续作业，并且运量大、速度快、成本低、货损小。其缺点是管道建设固定投资大。

管道运输在美国、欧洲的许多国家以及石油输出国组织的石油运输方面起到了积极作用。我国管道运输起步较晚，但因石油、天然气运输的需要也逐步发展起来。

1.2.5 邮政运输

邮政运输（parcel post transport）是一种简便的运输方式。国际上各国邮政部之间签订有协议和公约，可以相互传递邮件包裹，从而形成国际邮件运输网。

邮政运输可分为邮件和包裹两大类。近年来，随着民航快递服务和特快专递业务的迅速发展，许多国家都设有专递公司，传递范围遍及全球各地。

1.2.6 大陆桥运输

大陆桥运输（land-bridge transport）是指以大陆上铁路或公路运输系统为中间桥梁，把大陆两端的海洋连接起来的运输方式，从形式上看，是海—陆—海的连贯运输，一般以集装箱为媒介。目前世界上主要有三条陆桥：西伯利亚大陆桥，北美大陆桥，新欧亚大陆桥。其中利用率最高的是西伯利亚大陆桥。

课堂讨论

若一批货物从我国运往荷兰，有哪些运输方式可选择？

知识链接

主要运输方式的对比（表5-3）。

①哪一种运速最快，哪一种最慢？

②哪一种运量最大，哪一种最小？

③哪一种运价最低，哪一种最高？

表5-3 主要运输方式对比

现代运输方式	运输工具	运价	运速	运量
海洋运输	船舶	最低	最慢	大
铁路运输	火车	居中	较快	大
公路运输	汽车	居中	居中	小
航空运输	飞机	最高	最快	最小

就运输速度而言，当然航空运输最高，最高可达1400千米/小时。其次是公路运输，40~60千米/小时；铁路运输80~120千米/小时（如果加上更换轮对的时间，铁路的运输速度低于公路）；海船18~28千米/小时；

如何根据货物的性质、数量、运输距离、时间效益来选择运输方式呢？根据以上讨论结果总结如表5-4所示。

表5-4　运输方式的选择

商品的性质、数量、运输距离	运输方式
贵重或急需的货物（数量不大、长途）	航空运输
贵重或急需的货物（短途）	公路运输
容易死亡、变质的活物、鲜货（长途且数量大）	铁路专用车
容易死亡、变质的活物、鲜货（长途且数量不大）	航空运输
大宗笨重的货物（远距离运输）	海洋运输或铁路运输

1.3 国际多式联运

1.3.1 国际多式联运的定义

国际多式联运（international multimodal transport）是运输组织技术的发展和革新，也是集装箱运输的高级组织形式。与分段联运相比，多式联运不仅仅是不同运输工具进行的联合运输，更重要的是在全程运输中只有一份运输合同，由多式联运经营人作为合同承运人统一组织全程运输，负责将货物从接货地运往交货地。因此，多式联运在本质上不同于分段联运，它是一种体现整体性的高效率的联运组织形式。

1980年通过的《联合国国际货物多式联运公约》，在对多式联运所下的定义中，明确强调了多式联运的整体性："国际多式联运是指按照多式联运合同，以至少两种不同的运输方式，由多式联运经营人将货物从一国境内接管货物的地点运至另一国境内指定交付货物的地点。"

1.3.2 多式联运的基本特征

（1）必须订立多式联运合同

在多式联运中，多式联运经营人必须与托运人订立多式联运合同。所谓多式联运合同，是指多式联运经营人凭其收取全程运费，使用两种或两种以上不同运输工具，负责组织完成货物全程运输的合同。在分段联运中，托运人必须与不同运输区段承运人分别订立不同合同，而在多式联运中，无论实际运输有几个区段，也无论有几种不同运输方式，均只需订立一份合同——多式联运合同。托运人只与多式联运经营人有业务和法律上的关系，至于各区段实际承运人，托运人不与他们发生任何业务和法律上的关系。

(2)必须由多式联运经营人对全程运输负责

按照多式联运合同，多式联运经营人必须对货物从接货地至交货地的全程运输负责，货物在全程运输中的任何实际运输区段的灭失损害以及延误交付，均由多式联运经营人以本人身份直接负责赔偿。尽管多式联运经营人可向事故实际区段承运人追偿，但这丝毫不能改变多式联运经营人作为多式联运合同当事人的身份。

(3)必须是两种或两种以上不同运输方式组成的连贯运输

多式联运是至少两种不同运输方式的连贯运输，如海—铁、海—公、海—空联运等。因此判断一个联运是否为多式联运，不同运输方式的组成是一个重要因素。例如，目前许多船公司开展的海—海联运，由契约承运人签发全程联运提单，并对全段运输负责，通过一程船、二程船的接力形式，将货物从起运港运至最终目的地，但这种联运只是使用一种运输方式的海—海联运，不是多式联运的范畴。

(4)必须是国际间的货物运输

多式联运所承运的货物必须是从一国境内接管货物的地点运至另一国境内指定交付货物的地点，是一种国际间货物运输，这有别于同一国境内采用不同运输方式组成的联合运输。

(5)必须签发多式联运单据

多式联运经营人作为多式联运的总负责人，在接管货物后必须签发多式联运单据，从发货地直至收货地，一单到底，发货人凭多式联运单据向银行结汇，收货人凭多式联运单据向多式联运经营人或其代理人提领货物。因此，多式联运单据一经签发，表明多式联运经营人已收到托运人的货物，并开始对货物的全程运输负有责任。多式联运单据的签发，同时也证明了多式联运合同的有效性，即托运人和多式联运经营人是在多式联运合同下进行货物的交接和多式联运单据签发的。此外，多式联运单据一经签发，多式联运经营人应保证将货物运至另一国指定交付地，并将货物交付指明的收货人或多式联运单据的持有人。

(6)必须是单一的运费率

海运、铁路、公路以及航空各种单一运输方式的成本不同，因而其运费率也不同，在多式联运中，尽管组成多式联运的各运输区段运费率不同，但托运人与多式联运经营人订立的多式联运全程中的运费率是单一的，即以一种运费率结算从接货地至交货地的全程运输费用，从而大大简化和方便了货物运费计算。

1.3.3 多式联运的优越性

多式联运的优越性主要体现在方便货主和提高货运质量，这也是多式联运产生后在世界各国普遍开展的根本原因。

(1)手续简便

在多式联运方式下，无论货物运输距离有多远，无论使用几种不同运输方式，也无论全程运输途中经过多少次不同运输方式之间的转换，从发货地直至交货地的所有一切运输事宜，都由多式联运经营人负责办理。而货主只要一次托运，一次付费，一次投保，便可凭多式联运单据向银行结汇，收货人可凭多式联运单据向多式联运经营人或其代理人提领货物，与传统的分段联运相比，这种简便的手续极大地方便了货主。

（2）安全可靠

多式联运是在集装箱运输基础上发展起来的一种现代化运输组织方式。目前多式联运绝大多数以集装箱运输为主体，货物虽然经过长途运输和多次装卸转运，但都不需要掏箱倒载和换装，从接货地直至交货地，货物一直被密封在坚固的集装箱内，从而使得货损、货差、被盗的概率大大减少。同时，由于有多式联运经营人对全程运输负责，可减少全程运输中的中间环节和等待时间，从而可提高全程货运的速度。因此，多式联运可以安全可靠地完成全程运输。

（3）提早结汇

传统海运必须凭已装船提单才能向银行结汇，而在多式联运方式下，发货人将货物交多式联运经营人或其代理人后，通常可凭其签发的多式联运单据结汇，这对从内地发货的货主来说，可以提前结汇时间，加快资金周转，提高资金使用效果。

（4）统一理赔

在分段联运方式下，由于各区段承运人只对本区段运输负责，因此一旦发生货损、货差，货主必须向参加联运的一个或几个承运人索赔。而在多式联运方式下，无论货损、货差发生在哪一运输区段，甚至是无法确认事故区段的隐藏损害，均由多式联运经营人负责统一理赔，并直接向货主进行赔偿。

（5）实现合理化综合运输

从整个运输体系看，分段联运的各区段承运人实际上是各自为政、自成体系的，他们没有对全程运输统一管理的意图，也没有对全程运输负责的责任。在多式联运方式下，由于多式联运经营人负责对全程联运的经营，并对全程运输负责，凭借其多式联运业务能力、技术能力和在世界各地的业务网点以及多式联运经营人与广大货主的切实联系和对各种运输方式的熟悉，多式联运经营人可以在一定时空范围内，将海路、铁路、公路和航空等各种不同运输方式有机地连接起来，选择最佳的运输线路，综合利用各种运输方式的优点，形成既分工又协作的有机整体，从而实现合理化综合运输，充分体现社会化大生产特点，进而获得规模经济效益和良好的社会效益。

1.4 集装箱运输

集装箱运输（container transports），是指将一定数量的单件货物装入集装箱内，以集装箱作为一个运输单位所进行的运输。

集装箱运输是以集装箱作为运输单位进行货物运输的一种现代化运输方式，它适用于海洋、铁路及国际多式联运。从20世纪70年代以来，国际海上集装箱运输发展尤为迅速。在我国，集装箱海运已经成为普遍采用的重要运输方式。

1.4.1 集装箱的主要规格及其外部标志

国际标准化组织制定的集装箱标准规格共有13种，最常见的有20英尺和40英尺两种。

①20英尺集装箱，也称20英尺货柜。它是国际上计算集装箱的标准单位，英文称为twenty foot equivalent unit，简称“TEU”。规格为8英尺×8英尺×20英尺，内径尺寸：5.9米×2.35米×2.38米，最大毛重为20吨，最大容积为31立方米，一般可装17.5吨或25立方米。

②40英尺集装箱，规格为8英尺×8英尺×40英尺，内径尺寸：12.03米×2.35米×2.38米，最大毛重为30吨，最大容积为67立方米，一般可装25吨或55立方米。

我们在装集装箱时应特别注意掌握两种规格货柜的内径尺寸，以便更合理地设计单位包装体积，使其尽量不空箱。同时注意，两个20英尺货柜不等于一个40英尺货柜，重货宜装20英尺货柜，轻货宜装40英尺货柜。

集装箱外部标志主要有箱主的名称、箱子的尺寸、箱子的编号、检验合格标记等。

1.4.2 集装箱运输特点

①有利于提高运输质量，减少货损货差。

②有利于提高装卸效率，加速船舶周转，减少港口拥挤。

③简化货运手续，便利了货物运输。

④节省各项费用，降低运输成本。

⑤把传统单一的运输串联成为连贯的成组运输，从而实现了国际多式联运。

1.4.3 集装箱货物装箱方式

（1）装箱方式

①整箱货（FCL）：在海关的监督下，货方负责装拆箱的货物（可在货主仓库或集装箱货场交货）。

②拼箱货（LCL）：由承运人负责装拆箱的任何数量的货物（在集装箱货运站交货）。

（2）集装箱的货物交接方式

①FCL—FCL（整箱交，整箱收），适用于集装箱堆场—集装箱堆场，门—门，集装箱堆场—门，门—集装箱堆场。

②FCL—LCL（整箱交，拆箱收），适用于集装箱堆场—集装箱货运站，门—集装箱货运站。

③LCL—FCL（拼箱交，整箱收），适用于集装箱货运站—集装箱堆场　集装箱货运站—门。

④LCL—LCL（拼箱交，拆箱收），适用于集装箱货运站—集装箱货运站（很少使用）。

其中集装箱堆场—门，门—门，集装箱货运站—门目的港至收货人仓库这段路运费很难掌握，故一般不接受。

任务 2 装运条款

买卖双方洽商交易时，必须就各项装运条款谈妥，并在合同中订明，如此有利合同的履行。装运条款的内容同国际货物买卖合同的性质和运输方式有着密切的关系，不同性质的运输方式，其装运条款也不尽相同。我国大部分进出口货物是通过海洋运输，而且对外签订的进出口合同大部分属FOB、CIF、CFR合同，按照国际惯例，在上述条件下，卖方只要将合同规定的货物在装运港履行交货手续，即算完成交货义务。因此，上述合同的装运条款应包括装运时间、装运地、目的地、是否分批和转船、装运通知，以及滞期费、速遣费等内容。

装运条款

2.1 装运时间和地点

2.1.1 装运期

装运时间又称装运期（time of shipment）。在国际货物买卖合同中，对于装运期的规定方式，一般采用以下方式。

（1）明确规定具体装运时间

这种规定的方法可以是在合同中订明某年某月装或某年跨月装，或某年某季度装，或跨年跨月装等。但装运时间一般不确定在某一个日期上，而只是确定在某一段时间内。

例如

Shipment during in Oct.

10月份装运。

Shipment on or before Sept 20.

9月20日以前装运。

这里需注意，按有关惯例的解释，凡是“以前”字样的规定，一般不包括指定的日期。这种规定方法，期限具体，含义明确，双方不至于因在交货时间的理解和解释上产生分歧，因此，在合同中采用较普遍。

（2）规定在收到信用证后若干天或若干月内装运

例如

Shipment within 45 days after receipt of relevant L/C.

收到信用证后45天内装运。

Shipment within 3 months after receipt of relevant L/C.

收到信用证后3个月内装运。

这种规定的方法主要适用于下列情况。

①按买方要求的花色、品种和规格或专为某一地区或某商号生产的商品，或一旦买方拒绝履约难以转售的商品，为防止遭受经济损失，则可采用此种规定方法。

②在一些外汇管制较严的国家或地区，或实行进口许可证，或进口配额的国家，合同签订后，买方因申请不到进口许可证或其国家不批准外汇，迟迟不开信用证。卖方为避免因买方不开证而带来的损失，即可采用这种方法来约束买方。

③合同签订后，买方因市场货物价格下跌对其不利迟迟不开信用证，卖方为避免买方不及时开证而带来的损失，可采用这一办法来约束买方。

④对某些信用较差的客户，为促其按时开证，也可采用此方法。

（3）受到信汇、票汇或电汇后若干天装运

（4）采用笼统方法规定

这种方法不规定具体期限，采用如“立即装运（immediate shipment）”、“尽快装运（shipment as soon as possible）”等术语来表示。但由于买卖双方对其解释不一，易造成分歧，一般不宜使用。

2.1.2 装运地和目的地

装运地是指货物开始装运的港口或地点，目的地是指最终卸货的港口或指定的地点。

装运地和目的地由交易双方商定，其规定方法有下列几种。

①在通常情况下，只规定一个装运地（港）和一个目的地（港），并列明港口名称。如装运港：上海；目的港：新加坡。

②在大宗商品交易条件下，可酌情规定两个或两个以上的装运地（港）和目的地（港），并分别列明港口名称。

③在商订合同时，如果明确规定一个或几个装运港和目的港有困难，可以采用按“选择港口”的规定办法。规定选择港有两种方式：一是从两个或两个以上列明的港口选一个，如 CIF伦敦或汉堡或鹿特丹；二是从某一航区的港口中任选一个，如地中海主要港口。上述规定方法，究竟采用哪一种，应视具体情况而定。

确定装运地（港）和目的地（港）的注意事项如下。

①符合政策规定，不应选择我国政策不允许往来的港口为国外的装卸港。

②对国外装卸港的规定应力求明确具体，注意港口的重名问题，避免错发错运。

③充分考虑国外装卸货港口的作业效率及条件。

④不能接受内陆城市为装卸港，对小批零星杂货的出口，一般不能接受指定码头或泊位装卸货物的条款。

⑤在采用价格术语成交时，注意和国际惯例及其他合同条款的衔接，避免事后矛盾。

案例思考

嘉兴时代贸易公司按CFR条件向日本出口红豆250吨，合同规定卸货港为日本口岸，发货物时，正好有一船驶往大阪，我方打算租用该船，但在装运前，我方主动去电询问哪个口岸卸货时正值货价下跌，日方故意让我方在日本东北部的一个小港卸货，我方坚持要在神户、大阪。双方争执不下，日方就此撤销合同。

❓请问：我方做法是否合适？日本商人是否违约？

2.2 分批装运和转运

分批装运和转运都直接关系买卖双方的利益，因此是否需要分批装运和转运，买卖双方应根据需要和可能，在合同中做出明确具体的规定。

2.2.1 分批装运

分批装运（partial shipment）是指一笔成交的货物，分若干次装运。根据国际商会修订的《跟单信用证统一惯例》规定，一笔成交的货物，分多次装在同一航次、同一条船上，即使分别签发了若干不同内容的提单，也不能按分批装运论处。

国际上对分批装运的解释和运用不一，比如，按照有些国家的法律规定，如合同未规定允许分批装运，则不得分批装运。但《跟单信用证统一惯例》却规定："除非信用证中另有规定，允许分批装运。"为了避免在履行合同时引起争议，交易双方应在买卖合同中订明是否允许分批装运，若双方同意分批装运，应将批次和每批装运的具体时间与数量订明。

此外，《跟单信用证统一惯例》还规定："如信用证规定在指定时期内分批装运，其中任何一批未按分批装运，信用证对该批和以后各批货物均告失效，除非信用证另有规定。"因此如果在买卖合同和信用证中规定分批定期、定量装运时，则卖方必须重合同、守信用，严格按照买卖合同和信用证的有关规定办理。为了使分批装运条款能顺利执行，规定每批装运的时间要留有适当的间隔，一笔货物不宜规定在很短时间内分若干批装运，而且每批装运的规定也要适当，防止因安排装运过分集中有困难而影响全局。

案例思考

嘉兴和平公司对国外乔治公司出口500吨花生。买方申请开来的信用证规定："分5个月装运；3月份80吨；4月份120吨；5月份140吨；6月份110吨；7月份50吨。每月不许分批装运，从中国港口至伦敦装运。"

国际贸易公司接到信用证后，根据信用证规定于3月15日在青岛港装运了80吨；于4月20日在青岛港装运了120吨，均顺利收回了货款。

国际贸易公司后因货源不足于5月20日在青岛港只装了70.5吨。经联系得知烟台某公司有一部分同样规格的货物，所以国际贸易公司要求“HULIN”轮再驶往烟台港继续装其不足之数。船方考虑目前船舱空载，所以同意在烟台港又装了64.1吨。国际贸易公司向银行提交了两套单据：一套是在青岛于5月20日签发的提单，其货量为70.5吨；另一套是在烟台于5月28日签发的提单，货量为64.1吨。

银行认为单据有两处不符点：①在青岛和烟台分批装运货物；②短量。

❓请问：不符点是否成立？

2.2.2 转运

转运（transshipment）是指自装运地（港）或监管地到目的地（港）的运输过程中，货物从一运输工具卸下，再装上另一运输工具的行为。转运因延长在途时间、增加费用开支和可能出现货物损差，所以买方一般对其进口的货物不愿转运。不过在无直达运输工具、转运不可避免的情况下，应当在买卖合同中订明“允许转运”的条款。

案例思考

嘉兴正原集团向泰国巴伐利亚有限公司出口一批电器电料，国外开来信用证有关条款规定：“电器电料100箱，从中国港口至曼谷。禁止分批装运和转运。全套清洁已装船提单，注明‘运费已付’，发货人抬头背书K.T.银行，通知买方。”正原集团审证无误后，即装集装箱运输，随后备妥各种单据向银行交单，要求付款。但却遭到开证行拒付。其理由是我方提交的是“联合运输单据”，不符合信用证不许转运的要求。

❓请问：不符合是否成立？

2.3 装运通知

装运通知是装运条款中不可缺少的一项重要内容。不论按哪种贸易术语成交，交易双方都要承担相互通知的义务。规定装运通知的目的在于明确买卖双方的责任，促使买卖双方互相配合，共同搞好车、船、货的衔接，并便于办理货物保险。因此，为有利于合同的履行，需要订明装运通知条款。

买卖双方按CFR条件成交时，装运通知具有特殊重要的意义，所以卖方应在货物装船后，立即向买主发出装运通知，以便于买方安排保险事宜。

合同中的交货条款示例如下。

①Shipment during May from Shanghai to London. The sellers shall advise the buyers, 45 days before the month of shipment, of the time the goods will be ready for shipment.

5月份装运由上海至伦敦。卖方应在装运月份前45天通知买方货物备妥可供装运的时间。

②During Jan. —Feb. 2023 in two shipments.

2023年1—2月份分批装运。

2.4 装卸条款

买卖双方成交的大宗商品，一般采用定程租船运输，负责租船的一方在签订买卖合同之后，还要负责签订租船合同，而租船合同中通常都需要订立装卸时间、装卸率和滞期费、速遣费条款。为了明确买卖双方的装卸责任，并使买卖合同与租船合同的内容互相衔接和吻合，在签订大宗商品的买卖合同时，应结合商品特点和港口装卸条件，对装卸时间、装卸率和滞期费、速遣费的计算与支付办法做出具体规定。

2.4.1 装卸时间

装卸时间是指装货和卸货的期限，一般以天数或小时数来表示。

装卸时间一般以天数或小时来表示，其规定方法很多，其中主要有下列几种。

①日（days）或连续日（running days; or consecutive days）。这是指午夜至午夜连续24小时的时间，也就是日历日数，这种规定，不论是实际不可能进行装卸作业的时间（如雨天、施工或其他不可抗力），还是周末或节假日，都应计为装卸时间，因此，对租船人很不利。

②累计24小时好天气工作日（weather working days of 24 hours）。这是指在好天气的情况下，不论港口习惯作业为几小时，均以累计24小时作为一个工作日。如果港口规定每天作业8小时，则一个工作日便跨及几天的时间，这种规定对租船人有利。

③连续24小时好天气工作日（weather working days of 24 consecutive hours）。这是指在好天气情况下，连续作业24小时算一个工作日，如中间因坏天气影响而不能作业的时间应予扣除。这种方法一般适用于昼夜作业的港口。当前，国际上采用这种规定的较为普遍，我国一般都采用此种规定办法。

2.4.2 装卸率

所谓装卸率，即指每日装卸货物的数量。装卸率的高低，关系到完成装卸任务的时间和运费水平，从而在一定程度上影响货价，所以装卸率应根据货物品种和有关港口的装卸速度来确定，规定的偏高或偏低都不合适。

2.4.3 滞期费、速遣费条款

负责装卸货物的一方，如果未按照约定的装卸时间和装卸率完成装卸任务，致使船舶在港内停泊时间延长，则需要向船方交纳延误船期的罚款，此款项称为滞期费。反之，在约定装卸时间内提前完成装卸任务，有利于加快船舶的周转，则可以从船方取得奖金，此项奖金称为速遣费。按一般惯例，速遣费通常为滞期费的一半。

知识链接

OCP条款

“OCP”是overland common points的缩写，意为“内陆地区”。所谓“内陆地区”，是根据美国运费率规定，以美国西部9个州为界，也就是以落基山脉为界，其以东地区，均为内陆地区范围。与美国“内陆地区”进行贸易时，为了取得运费上的优待，可以采用OCP条款。

采用“OCP”时应注意以下问题：①货物最终目的地必须属于OCP地区范围；②货物必须经由美国西海岸港口中转；③提单上必须标明OCP字样，并且在提单目的港一栏中除填明美国西部海岸港口名称外，还要加注内陆地区的城市名称（唛头的目的港城市名称下须加注OCP及最终目的地城市名称）。

思政园地

嘉兴小虎子公司从香港明德公司进口A套德国设备，合同价格条件为CFR上海，装运港是德国汉堡，装运期为开出信用证后90天内，提单通知人是卸货港的外运公司。合同签订后，嘉兴小虎子公司于7月25日开出信用证，10月18日香港公司发来装船通知，11月上旬香港明德公司将全套议付单据寄交开证行，嘉兴小虎子公司业务员经审核未发现不符并议付了货款。船运从汉堡到上海包括在香港转船正常时间应在45~50天内。12月上旬，嘉兴小虎子公司屡次查询上海外运公司都无货物消息，公司怀疑香港明德公司倒签提单，随即电询香港明德公司，香港明德公司答复却已如期装船。12月下旬，嘉兴小虎子公司仍未见货物，再次电告香港明德公司要求联系其德国发货方协助查询货物下落。香港明德公司回电说德国正处圣诞节假期，德方无人上班，没法联络。嘉兴小虎子公司无奈只好等待。第二年元月上旬，圣诞假期结束，香港明德公司来电，称货物早已在去年12月初运抵广州黄埔港，请速派人前往黄埔办理报关提货手续。此时货物海关滞报已40多天，待嘉兴小虎子公司办好所报关提货手续已是次年元月底，发生的滞箱费，仓储费，海关滞报金，差旅费及其他相关费用达十几万元。

分析

造成上述结果的原因主要有以下几个。

（1）合同未列明转运港。嘉兴小虎子公司按经验想当然认为转运港定是香港，卸货港定是上海。可德国发货方并不知道香港—上海有船来往，他们安排了汉堡—香港—广州—上海的运输路线。而上述路线是合理的。

（2）原合同规定提单通知人为卸货港的外运公司较笼统。货抵黄埔后，黄埔外运不知货主是谁。按原外贸公司进口合同标准合适，提单“收货人”通常为“凭指定”，“通知人”为“目的港外运公司”。嘉兴小虎子公司认为合同目的港是上海，因此他们只和上海外运联系，根本没想到黄埔外运。

今后对采用《INCOTERMS》"C"组（如CFR，CIF，CPT，CIP），即由合同卖方安排运输支付运费条款的进口合同，如目的港是内河或内陆口岸，或装运港与目的港间无直达航线需要周转的，可采取如下几种措施应对。

解决办法

（1）可允许转船但要明确规定转船的地点。转船地点的选择要考虑经济和便捷的原则，最好在中国关区以外（如香港，新加坡等），以避免在异地办理报关或转关手续。

（2）合同和信用证最好要求在提单"通知人"栏打上收货人或外贸代理公司的名字，联系人姓名、电话号码等，以便联系。

（3）如有可能，进口合同尽可能采用FOB价格术语，由买方自行寻找船公司安排运输。

任务 3 运输单据

运输单据是承运人收到承运货物后签发给出口商的证明文件，它是交接货物、处理索赔与理赔以及向银行结算货款或进行议付的重要单据。在国际货物运输中，运输单据的种类很多，其中包括海运提单、铁路运输单据、航空运单、邮包收据和多式联运单据等，现将主要运输单据简述如下。

3.1 海运提单

3.1.1 海运提单的性质和作用

海运提单是船方或其代理人在收到其承运的货物时签发给托运人的货物收据，也是承运人与托运人之间的运输契约的证明，在法律上具有物权证书的效用。收货人在目的港提取货物时，必须提交正本提单。

课堂讨论

嘉兴小虎子车业公司托运一批货物，取得海运公司签发的海运提单，这一提单有哪些作用？

3.1.2 海运提单的格式和内容

海运提单的格式很多，每个船公司都有自己的提单格式，但基本内容大致相同，一般包括提单正面的记载事项和提单背面印就的运输条款。

（1）提单正面的条款

船名：船名即船舶的名称，使船舶特定化。

承运人：是提单所证明的海上货物运输合同的一方当事人，指与托运人订立海上货物运输合同的船舶所有人、经营人、承运人或无船经营人。

托运人：是提单所证明的海上货物运输合同的另一方当事人。

收货人：根据提单有权在卸货港提取货物的人。

通知方：是货物运抵目的港之前或者之后，承运人或其代理人发出船舶到港通知的对象，即承运人应向提单上这一栏中所载明的人发出船舶到港的通知。

装货港、卸货港：是承运人将货物装船起运的港口，是收货人根据提单上注明的货物装船日期或者提单签发日期，计算船舶预期到达卸货港时间的依据。

货物的名称标志，包件的数量与种类，重量或者体积：货物的名称表明货物的内容。标志是货物特性的代号，影响到货物的积载及在卸货港正确迅速地交付货物。

运费及其他费用：提单除注明运费数额外，通常还注明运费支付地点及支付方式。

提单的签发：包括提单的签发人，签发的地点，日期及份数等内容。

货物的外表状况：提单上一般印明“上列外表状态良好（除另有说明外）的货物已装载上列船上”，反之如提单上无这种批注，表明货物外表状态良好，这种提单即为清洁提单。

（2）提单背面的条款

在班轮提单背面，通常都有印就的运输条款，这些条款是作为确定承运人与托运人之间，以及承运人与收货人及提单持有人之间的权利和义务的主要依据。提单中的运输条款，起初是由船方自行规定的。后来由于船方在提单中加列越来越多的免责条款，使货方的利益失去保障，并降低了提单作为物权凭证的作用。为了缓解船、货双方的矛盾并照顾到船、货双方的利益，国际上为了统一提单背面条款的内容，曾先后签署了有关提单的国际公约，其中包括：

①1924年签署的《关于统一提单的若干法律规则的国际公约》，简称《海牙规则》；

②1968年签署的《布鲁塞尔议定书》，简称《维斯比规则》，是《海牙规则》的补充和修改；

③1978年签署的《联合国海上货物运输公约》，简称《汉堡规则》。

由于上述3项公约签署的历史背景不同，内容不一，各国对这些公约的态度也不相同，因此，各国船公司签发的提单背面条款也就互有差异。

3.1.3 海运提单的种类

海运提单可以从各种不同角度，予以分类，主要有以下几种。

（1）根据货物是否已装船，分为已装船提单和备运提单

①已装船提单。已装船提单是指轮船公司已将货物装上指定船舶后所签发的提单，其特点是提单上必须以文字表明货物已经装在某船上，并载有装船日期，同时还应由船长或其代

理人签字。

②备运提单。备运提单又称收讫待运提单，是指船公司已收到托运货物，等待装运期间所签发的提单。

（2）根据提单上有无对货物外表状况的不良批注，分为清洁提单和不清洁提单

①清洁提单。清洁提单是指货物在装船时“表面状况良好”，船公司在提单上未加注任何有关货物受损或包装不良等批注的提单。

②不清洁提单。不清洁提单是指轮船公司在提单上对货物表面状况或包装有不良或存在缺陷等批注的提单。例如，提单上批注（×件损坏）（…packages in damaged condition），“铁条松散”等。

案例思考

2023年3月，嘉兴正原公司（以下简称甲方）与加拿大某公司（以下简称乙方）签订设备引进合同。根据合同，甲方于2023年4月30日开立以乙方为受益人的不可撤销的即期信用证。

信用证中要求乙方在交单时，提供全套已装船清洁提单。

2023年6月12日，甲方收到开证银行进口信用证付款通知书。甲方业务人员审核议付单据后发现乙方提交的提单存在以下疑点。

1. 提单签署日期早于装船日期。

2. 提单中没有已装船字样。

根据以上疑点，甲方断定该提单为备运提单，并采取以下措施。

1. 向开证行提出单据不符点，并拒付货款。

2. 向有关司法机关提出诈骗立案请求。

3. 查询有关船运信息，确定货物是否已装船发运。

4. 向乙方发出书面通知，提出甲方疑义并要求对方做出书面解释。

乙方公司在收到甲方通知及开证行的拒付函后，知道了事情的严重性并向甲方做出书面解释并片面强调船务公司方面的责任。在此情况下，甲方公司再次发函表明立场，并指出由于乙方原因，设备未按合同规定期限到港并安装调试已严重违反合同并给甲方造成了不可估量的损失。甲方要求乙方及时派人来协商解决问题，否则，甲方将采取必要的法律手段解决双方的纠纷。乙方遂于2023年7月派人来中国。在甲方出具了充分的证据后，乙方承认该批货物由于种种原因并未按合同规定时间装运，同时承认了其所提交的提单为备运提单。最终，经双方协商，乙方同意在总货款12.5万美元的基础上降价4万美元并提供3年免费维修服务作为赔偿并同意取消信用证，付款方式改为货到目的港后以电汇方式支付。

❓请问：你对该案例如何看？

（3）根据提单收货人抬头的不同，分为记名提单、不记名提单和指示提单

①记名提单。记名提单是指提单上的收货人栏内填明特定收货人名称，只能由该特定收货人提货，由于这种提单不能通过背书方式转让给第三方，它不能流通，故其在国际贸易中很少使用。

②不记名提单。不记名提单是指提单收货人栏内没有指明任何收货人，谁持有提单，谁就可以提货，承运人交货，只凭单，不凭人，采用这种提单风险大，故其在国际贸易中很少使用。

③指示提单。指示提单是指提单上的收货人栏填写“凭指定”或“凭某某人指定”字样。这种提单可经过背书转让，故其在国际贸易中广为使用。目前在实际业务中，使用最多的是“凭指定”并经空白背书的提单，习惯上称其为“空白抬头”“空白背书提单”。

（4）按运输方式分类，分为直达提单、转船提单和联运提单

①直达提单。直达提单是指轮船中途不经过换船而直接驶往目的港卸货所签发的提单，凡合同和信用证规定不准转船者，必须使用这种直达提单。

②转船提单。转船提单是指从装运港装货的轮船，不直接驶往目的港，而需在中途港换装另外船舶所签发的提单。在这种提单上要注明“转船”或“在××港转船”字样。

③联运提单。联运提单是指经过海运和其他运输方式联合运输时，由第一程承运人所签发的包括全程运输的提单，它如同转船提单一样，货物在中途转换运输工具和进行的交接，由第一程承运人或其代理人向下一程承运人办理。应当指出，联运提单虽包括全程运输，但签发联运提单的承运人一般都在提单中规定，只承担各自负责运输的一段航程内的货损责任。

（5）从船舶营运方式的不同，分为班轮提单和租船提单

①班轮提单。班轮提单是指由班轮公司承运货物后所签发给托运人的提单。

②租船提单。租船提单是指承运人根据租船合同而签发的提单，在这种提单上注明“一切条件、条款和免责事项按照某年某月某日的租船合同”或批注“根据××租船合同出立”字样。这种提单受租船合同条款的约束，银行或买方在接受这种提单时，通常要求卖方提供租船合同的副本。

（6）根据提单内容的繁简，分为全式提单和略式提单

①全式提单。全式提单是指提单背面列有承运人和托运人权利、义务的详细条款的提单。

②略式提单。略式提单是指提单背面无条款，而只列出提单正面的必须记载事项。这种提单一般都列有“本提单货物的收受、保管、运输和运费等项，均按本公司全式提单上的条款办理”字样。此外，租船合同项下所签发的提单，通常也是略式提单，在这种略式提单上应注明：“所有条件根据×年×月×日签订的租船合同。”

（7）按提单使用有效性分，分为正本提单和副本提单

①正本提单。正本提单是指提单上有承运人、船长或其代理人签字盖章并注明签发日期的提单。这种提单在法律上和商业上都是公认有效的单证。提单上必须标明“正本”字

样，以示与副本提单有别。

②副本提单。副本提单是指提单上没有承运人船长或其代理人签字盖章，而仅供工作上参考之用的提单，在副本提单上一般都以“copy”或“non-negotiable”（不作流通转让）字样，以示与正本提单有别。

（8）其他种类提单

①舱面提单。舱面提单是指承运货物装在船舶甲板上所签发的提单，故又称甲板货提单。由于货物装在甲板上风险较大，故托运人一般都向保险公司加保甲板险。

②过期提单。过期提单是指错过规定的交单日期或者晚于货物到达目的港的提单，前者，是指卖方超过提单签发日期后21天才交到银行议付的提单，按惯例，如信用证无特殊规定，银行将拒绝接受这种过期提单；后者，是在近洋运输时容易出现的情况，故在近洋国家间的贸易合同中，一般都订有“过期提单可以接受”的条款。

③倒签提单。倒签提单是指承运人应托运人的要求在货物装船后，提单签发的日期早于实际装船完毕日期的提单。

④预借提单。预借提单是指因信用证规定装运期和结汇期到期而货物因故未能及时装船，但已在承运人掌握之下或已开始装船，由托运人出具保函要求承运人预借的提单。简而言之，就是指提单在货物尚未全部装船时，或者货物虽然已经由承运人接管但尚未开始装船的情况下签发。签发预借提单归责原因，在于船方未能及时派船，导致实际装船日迟于信用证规定装运日期，因此由托运人出具保函要求承运人即船方预借此提单。

⑤集装箱提单。集装箱提单是指以集装箱装运货物所签发的提单。集装箱提单有两种形式：一种是在普通的海运提单上加注“用集装箱装运”字样；另一种是使用“多式联运提单”，这种提单的内容增加了集装箱号码和“封号”。使用多式联运提单，应在信用证上注明多式联运提单可以接受或类似的条款。

案例思考

嘉兴南洋农业公司先后与伦敦B公司和瑞士S公司签订两个出售农产品合同，共计3500吨，价值8.275万英镑。装运期为当年12月至次年1月。但由于原定的装货船舶出故障，只能改装另一艘外轮，致使货物到2月11日才装船完毕。在卖方的请求下，外轮代理公司将提单的日期改为1月31日，货物到达鹿特丹后，买方对装货日期提出异议，要求我公司提供1月份装船证明。我公司坚持提单是正常的，无须提供证明。结果买方聘请律师上货船查阅船长的船行日志，证明提单日期是伪造的，立即凭律师拍摄的证据，向当地法院控告并由法院发出通知扣留该船。经过4个月的协商，最后以卖方赔款2.09万英镑，买方撤回上诉而结案。

❓请问：你如何看待该案例？

知识链接

海运单

1. 含义

海运单（sea waybill，ocean waybill），又称海上运送单或海上货运单，它是承运人向托运人或其代理人表明货物已收妥待装的单据，是一种不可转让的单据，因此又称“不可转让海运单”（non-negotiable sea waybill）。即“不须以在目的港接受该单据作为收货条件，船主或其代理人可凭收货人收到的货到通知或其身份证明而向其交货”（引自联合国欧洲经济委员会）。

2. 性质和作用

海运单不是物权凭证，故而不可转让。收货人不凭海运单提货，而是凭到货通知提货。

3. 海运单与提单的区别和联系

（1）提单是货物收据、运输合同，也是物权凭证，海运单只具有货物收据和运输合同这两种性质，它不是物权凭证。

（2）提单可以是指示抬头形式，可通过背书流通转让：海运单是一种非流通性单据，海运单上标明了确定的收货人，不能转让流通。

（3）海运单和提单都可以是“已装船”（shipped on board）形式，也可以是“收妥备运”（received for shipment）形式。海运单的正面及各栏目格式和缮制方法与海运提单基本相同，只是海运单收货人栏不能做成指示性抬头，应缮制确定的具体收货人。

（4）提单的合法持有人和承运人凭提单提货和交货，海运单上的收货人并不出示海运单，仅凭提货通知或其身份证明提货，承运人凭收货人出示适当身份证明交付货物。

（5）提单有全式和简式提单之分，而海运单是简式单证，背面不列详细货运条款但载有一条可援用海运提单背面内容的条款。

（6）海运单和记名提单（straight B/L），虽然都具名收货人，不作背书转让，但它们有着本质的不同，记名提单属于提单的一种，是物权凭证，持记名提单，收货人可以提货却不能凭海运单提货。

4. 海运单的使用

海运单仅涉及托运人、承运人、收货人三方，程序简单，操作方便，有利于货物的转移。首先，海运单是一种安全凭证，它不具有转让流通性，可避免单据遗失和伪造提单所产生的后果。其次，提货便捷、及时、节省费用，收货人提货无须出示海运单，这既解决了近途海运货到而提单未到的常见问题，又避免了延期提货所产生的滞期费、仓储费等。再次，海运单不是物权凭证，扩大海运单的使用，可以为今后推行EDI电子提单提供实践的依据和可能。

海运单的使用范围如下。

（1）跨国公司的总分公司或相关的子公司间的业务往来。

（2）往来已久，充分信任，关系密切的伙伴贸易间的业务。

（3）在短途海运的情况下，往往是货物先到而提单未到，宜采用海运单。

5. 海运单的不足及解决办法

海运单在实践中也存在着一些问题，为此，国际海事委员会制定并通过了《海运单统一规则》。海运单的不足主要体现在以下两方面。

（1）进口方作为收货人，但不是运输契约的订约人，与承运人无契约关系，如果出口方发货收款后，向承运人书面提出变更收货人，则原收货人无诉讼权。

根据《海运单统一规则》规定，“托运人订立运输合同，不仅代表自己，同时也代表收货人，并且向承运人保证他有此权限”，“托运人具有将支配权转让收货的选择权，但应在承运人收取货物之前行使，这一选择权的行使，应在海运单或类似的文件上注明”。此规定既明确了收货人与承运人之间也具有法律契约关系，也终止了托运人在原收货人提货前变更收货人的权利。

（2）对出口托运人来说，海运单据项下的货物往往是货到而单未到，进口方已先行提货，如果进口收货人借故拒付、拖付货款、出口方就会有货、款两失的危险。为避免此类情况，可以考虑以银行作为收货人，使货权掌握在银行手中，直到进口方付清货款。海运单将会作为海运提单的替代单据，得到更加广泛的应用，了解海运单方面的知识，才能更好地适应国际贸易的不断发展。

3.2 其他主要运输单据

3.2.1 铁路运输单据

铁路运输可分为国际铁路联运和国内铁路运输两种方式，前者使用国际铁路货物联运运单，后者使用国内铁路运单。通过铁路对港、澳出口的货物，由于国内铁路运单不能作为对外结汇的凭证，故使用承运货物收据这种特定性质和格式的单据。现将国际铁路联运运单和承运货物收据分别介绍和说明如下。

（1）国际铁路货物联运运单

国际铁路货物联运所使用的运单是铁路与货主间缔结的运输契约。该运单从始发站随同货物附送至终点站并交给收货人，它不仅是铁路承运货物出具的凭证，也是铁路同货主交接货物、核收运杂费用和处理索赔与理赔的依据。由于国际铁路货物联运分为快运和慢运两种，故在运单及其副本上加有不同的标记。凡需快运的货物，则在运单及其副本的正反两面的上边与下边加印有红线；慢运货物则使用不加印红线的运单和运单副本。国际铁路货物联运运单副本，在铁路加盖承运日期戳记后发还给发货人，它是卖方凭以向银行结算货款的主要证件之一。

(2)承运货物收据

承运货物收据是在特定运输方式下所使用的一种运输单据，它既是承运人出具的货物收据，也是承运人与托运人签订的运输契约。我国内地通过铁路运往港、澳地区的出口货物，一般多委托中国对外贸易运输公司承办。当出口货物装车发运后，对外贸易运输公司即签发一份承运货物收据给托运人，以作为对外办理结汇的凭证。

承运货物收据的格式及内容和海运提单基本相同，主要区别是它只有第一联为正本。在该正本的反面印有“承运简章”，载明承运人的责任范围。该简章第二条规定由该公司承运之货物，在铁路、轮船、公路、航空及其他运输机构范围内，应根据各该机构规章办理，可见这种“承运货物收据”不仅适用于铁路运输也可用于其他运输方式。

3.2.2 航空运单

航空运单是承运人与托运人之间签订的运输契约，也是承运人或其代理人签发的货物收据。航空运单还可作为承运人核收运费的依据和海关查验放行的基本单据。但航空运单不是代表货物所有权的凭证，也不能通过背书转让。收货人提货不是凭航空运单，而是凭航空公司的提货通知单。在航空运单的收货人栏内，必须详细填写收货人的全称和地址，而不能做成指示性抬头。

航空运单共有正本一式三份：第一份正本注明“original-for the shipper”应交托运人；第二份正本注明“original-for the issuing carrier”，由航空公司留存；第三份正本注明“original-for the consignee”，由航空公司随机带交收货人；其余副本则分别注明“for airport of destination”，“delivery receipt”，“for second carrier”，“extra copy”等，由航空公司按规定和需要进行分发。

3.2.3 邮包收据

邮包收据是邮包运输的主要单据，它既是邮局收到寄件人的邮包后所签发的凭证，也是收件人凭以提取邮件的凭证，当邮包发生损坏或灭失时，它还可以作为索赔和理赔的依据。但邮包收据不是物权凭证。

3.2.4 多式联运单据

多式联运单据是多式联运合同的证明，是多式联运经营人收到货物的收据和凭以交付货物的凭证。根据发货人的要求，它可以做成可转让的，也可以做成不可转让的。

根据《联合国货物多式联运公约》的规定，多式联运单据应载明：货物类别；识别货物所必需的主要标志；货物外表状况；多式联运经营人的名称和主要营业场所；发货人名称；如指定收货人，收货人的名称；多式联运经营人接管货物的地点和日期；表示该单据可转让或不可转让的声明；多式联运单据的签发地点和日期；多式联运经营人或其授权人的签字；有关运费的说明；如签发多式联运单据，已确知其预期经过的路线，运输方式和转运地点。

课堂讨论

嘉兴五芳斋公司经青岛港向日本出口一批粽子。嘉兴五芳斋公司从船运公司代理人处拿到海运提单，但没有注意到提单上没有“on board”字样，在向银行议付时被拒付。嘉兴五芳斋公司该如何处理？

思政园地

卖家遇货代提单欺诈

1．案情简述

2023年7月末，辽宁某食品公司（简称卖家）与韩国某进口公司（简称买家）签订了鱿鱼丝购销合同，货值200万元人民币，价格条件为FOB，由韩方指定韩国M船务公司进行货物运输，付款方式为信用证付款，信用证条款中包括客检证核签条款。此后卖家接到买家通知，要求卖家与韩国M船务公司的中国代理——H国际货运代理公司联系运输事宜。2023年8月2日，卖家将货物交给H货代公司，H货代公司作为代理签发了承运人为韩国M船务公司的提单，提单上记载收货人为凭指示。随后，卖家持提单及信用证规定的其他文件申请银行议付，但开证行以卖家提交的客户检验人员签字与开证行预留签字不符予以拒付并退回单证。卖家急忙查货物去向，得知该批货物由中海公司实际承运，货物已被韩国M公司凭中海公司签发的海运单提走。卖家于是持提单找签发提单的H货代公司，但该公司称其是代理韩国M公司签发的提单，这在签发的提单时就已做了说明，故卖家应该向韩国M公司索赔损失。而此时无论是韩国M船务公司还是韩国买家都联系不上。卖家这才知道遭遇了欺诈，索赔无望，故寻求法律帮助以期能挽回部分损失。

2．律师提供的法律意见

根据卖家提供的提单等材料，本案实际存在两个海上货物运输合同法律关系。一个是卖家持有的中国H货代公司签发的货代提单，另外一个是韩国M船务公司持有的中海公司签发的海运提单。真正完成运输的中海公司签发的海运提单与卖方没有任何关系，其所记载的收货人是韩国M船务公司，故中海公司见海运提单交货没有任何过错，不应向卖家承担责任。

至于与卖家存在海上运输合同法律关系的韩国M船务公司和签发提单的大连H货代公司的责任承担问题，韩国M船务公司提走货物而后下落不明，明显构成欺诈，理当承担责任，这一点毋庸置疑。但向境外一下落不明的公司主张权利，最终胜诉也很难获得实际赔偿。因此，大连H货代公司在本案中是否应承担责任，直接关系到卖家索赔的损失能否最终实现。

综合分析本案的案情，结合相关法律规定，本所律师认为，韩国M船务公司系违规在中国境内经营无船承运业务，而且H货代公司签发的提单也未在商务部登记备案，以上违反了《中华人民共和国国际海运条例》第7条“经营无船承运业务，应当向国务院交通主管部门办理提单登记，并交纳保证金”的规定，同时违反了《国际货物运输代理业管理规定实施细则》第37条规定之“凡在我国境内签发的国际货运代理提单必须由国际货运代理企业报商务部登记，并在单据上注明批准编号”的规定。大连H货代公司明知其签发的提单未登记备案，属违法性质，却仍然签发提单，使得韩国M船务公司骗取货物的目的得以顺利实现。根据《中华人民共和国民法典》第167条“代理人知道或者应当知道代理事项违法仍然实施代理行为，或者被代理人知道或者应当知道代理人的代理行为违法未作反对表示的，被代理人和代理人应当承担连带责任”之规定，大连H公司应赔偿因此给卖家造成的损失。

卖家根据律师提供的法律意见与H货代公司进一步沟通，最终H货代公司同意支付卖家一定金额的款项以弥补卖家损失，双方达成和解。本案例提醒国际贸易卖家接受提单时应选择具有良好资质的船公司出具的海运提单，慎重接受货代提单。

任务 4 海运实务操作

4.1 托运订舱流程

托运订舱是货物托运人（shipper）或其代理人根据其具体需要，选定适当的船舶向承运人（即班轮公司或它的营业机构）以口头或订舱函电进行预约恰订舱位装货、申请运输，承运人对这种申请给予承诺的行为。

海运实务操作

订舱单（shopping order，S/O）上通常会有货名，重量及尺码、起运港、目的港、收发货人、船名等内容。承运人对这种申请（预约）给予承诺后，就会在舱位登记簿上登记，即表明承托双方已建立了有关货物运输的关系，并着手开始货物装船承运的一系列准备工作。

4.1.1 托运订舱流程

托运订舱流程如图5-1所示。

①出口企业（货主），在货证齐备后，填制订舱委托书，随附商业发票、装箱单等其他必备单据，委托货代代为订舱。有的还委托其代理报关及货物储运等事宜。

②货代接受订舱委托后，缮制集装箱货物托运单，随同商业发票，装箱单及其他必要单证一同向船公司办理订舱。

③船公司根据具体情况，如果接受订舱则在托运单的几联单据上编写与提单号码一致的编号，填上船名、航次并签署，即表明已经确认托运人的订舱，同时把配舱回单、装货单、S/O等与托运人有关的单据退还给托运人。

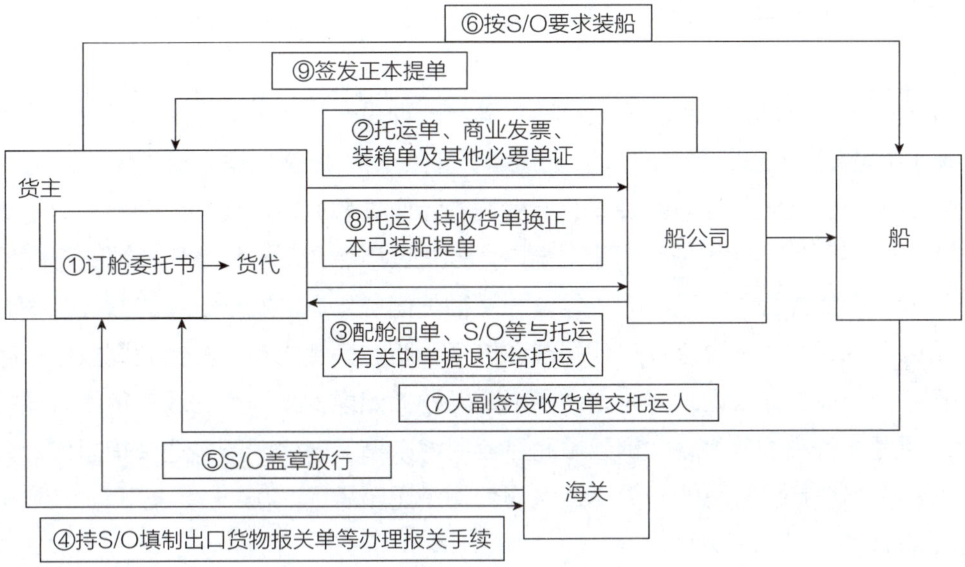

图5-1 托运订舱流程

④托运人持船公司签署的S/O填制出口货物报关单、商业发票、装箱单等连同其他有关的出口单证向海关办理报关手续。

⑤海关根据有关规定对货物进行查验，如同意，则在S/O上盖章，并将S/O退还给托运人。

⑥托运人持海关盖章的、由船公司签署的S/O要求船长装船。

⑦装船后，由船上的大副签署大副收据收货单，交给托运人。

⑧托运人持收货单向船公司换取正本已装船提单。

⑨船公司凭收货单签发正本提单并交给托运人凭以结汇。

4.1.2 选择货代

无船承运业务，是指无船承运业务经营者以承运人身份接受托运人的货载，签发自己的提单或者其他运输单证，向托运人收取运费，通过国际船舶运输经营者完成国际海上货物运输，承担承运人责任的国际海上运输经营活动，在完成货主与外商之间的国际贸易中起到重要的连接作用。部分有能力无船承运人可以帮助货主从指定出货的点到国外指定的仓库，完成一条龙的门到门的运输服务，甚至能够帮助货主解决无出口权的相关出口买单报关和目的港清关的所有运输途中所涉及操作和解决方案的问题。作为货主能否选择合适的货运代理，意味着与外商之间的合作是否能够顺利完成，所以对于生产的供应商来说也意味着体现一家供应商的销售服务能力，选择好的货运代理公司能够加固与外商之间合作信任的桥梁，而选择不当的货运代理公司可能会失去与外商合作的机会，要想选择合适的货运代理公司可以从以下几个方面逐步了解。

（1）选择信誉度较高的货代公司

出货前验证对方的营业执照，查询货代公司的无船承运人的代号和对外经济贸易部审批的国际货代相关证书号，或者是国家一级无船承运人代理的相关证书以及注册时间和注册资金等。

货代公司分为一级，二级，三级，四级等，一种是一般船公司会对一级货运代理公司（无船承运人）发放航线运价和舱位，另一种是船公司的指定代理，直接接触船公司，能够长期提供稳定的货源，并与船公司保持良好的合作关系的货运代理公司（类似一级无船承运人）。当一级的船公司代理拿到航线的价格以后，就会以一种薄利多销的形式发放给一些下属的二级货代公司，二级的货代公司将相关信息和运价发给三级的货代公司，依此类推。所以有的时候货主直接找船公司申请价格和舱位都会比一些货代公司放出来的价格高出很多，但选择货代公司的同时也容易出现问题，如果找到一家四级的货代公司托运，一旦出现问题，解决的效率就会相当慢而且容易将事情复杂化。所以选择货运代理公司的时候最好是选择信誉度较高的一级货运代理公司（无船承运人）。

（2）选择货运代理的条件

①首先要了解该公司的优势在哪一条航线，主要的优势船公司是哪一家，然后了解该船公司到客户的港口走的是哪一条航线，截关的时间，航行的天数，运价是否合适。

②了解该公司是否能够提供相关的代理报关以及拖车和提供仓库储存的能力，最好能够有自己的报关部门和拖车部门，这样的话能够让整个运输的过程更恰当地进行连接，在中间任何一个环节出现问题的时候，都由承运代理公司全权负责。

③查看该公司是否了解国际贸易的模式及其发展趋势、货物的流向等，如西欧和美国、加拿大、日本等工业化程度较高的国家，自己的货物出口到该国家是否目的港口，对自身企业的物品是否有特殊的限制或者需要办理特殊的相关证明，或者是到某条航线应当收取哪方面的附加费用，能够给货主预计成本带来方便。

④预配的船是直航船还是需要中转，在哪一个港口中转，中转的同时是否能够保证在当班船次中转完成，而不会在中转港出现甩柜的现象。

⑤了解货代公司的承运能力和服务范围是否能够接收一些特殊的产品，如化工产品、冷冻产品、食品、危险品、粉末以及液体状态的物品以及特殊柜、冷冻柜、干冻柜、平板柜、开顶柜等特殊服务（视自身企业产品而定）。一般合格的特殊物品承运者能够提供相关承运证明等文件。

⑥判断该货代公司是否能熟练操作海上货物运输的单证（提单、海运单、舱单、发货单、提货单、装箱单、港站收据、大副收据等），并确保其制作得正确、清晰和及时。

⑦判断该货代公司是否清楚海关手续和港口作业流程。在进出口贸易中，清关是货运代理的一项传统职能。客户应考虑货代作为海关代理的身份，在其履行职责的过程中，是否具有保护客户和海关当局双方责任的能力。货运代理应具备办理到离港手续、保税贮存、内陆结关等的代理能力，其中港口程序的运作能力是非常重要的。

⑧了解货代公司在客户所在的城市或者是港口是否有自己公司的直属分支机构或者是代理，是否能够完成门到门的运输服务，是否能够提供代理的联系方式和公司资料等。货代公司具备这些条件，可以极大程度避免一些意外因素的产生，如客户突然无力赎货或者

是客户恶意压价等问题发生的时候，能够在货代公司代理的协助下更好地控制物权，避免利益受到侵害。或者是当遇到需要为货物在目的地寻找新的买主或者是返运等问题时，能够得到更好的时效性处理。

4.2 计算运费

目前，集装箱货物海上运价体系较内陆运价更成熟。运价的计算基本上分为两个大类，一类是袭用件杂货运费计算方法，即以每运费吨为单位（俗称散货价），另一类是以每个集装箱为计费单位（俗称包箱价）。

4.2.1 件杂货基本费率加附加费

①基本费率——参照传统件杂货运价，以每运费吨为计算单位，多数航线上采用等级费率。②附加费——除传统杂货所收的常规附加费外，还要加收一些与集装箱货物运输有关的附加费。

4.2.2 包箱费率

包箱费率（box rates）以每个集装箱为计费单位，常用于集装箱交货的情况，即集装箱货运站—集装箱堆场或集装箱堆场—集装箱堆场条款，常见的包箱费率有以下3种表现形式。

①FAK包箱费率（freight for all kinds rates）即对每一集装箱，不细分箱内货类，不计货量（在重要限额之内）统一收取的运价。

②FCS包箱费率（freight for class）按不同货物等级制定的包箱费率，集装箱普通货物的等级划分与杂货运输分法一样，仍是1～20级，但是集装箱货物的费率差级大大小于杂货费率级差，一般低级的集装箱收费高于传统运输，高价货集装箱低于传统运输；对于同一等级的货物，重货集装箱运价高于体积货运价。可见，船公司鼓励人们把高价货和体积货装箱运输。在这种费率下，拼箱货运费计算与传统运输一样，根据货物名称查得等级、计算标准，然后去套相应的费率，乘以每运费吨，即得运费。

③FCB包箱费率（freight for class and basis）这是按不同货物等级或货类以及计算标准制定的费率。

关于运费的注意事项如下。

①关于海运费的构成，一般是“基本运费+附加费”，其中附加费就比较复杂了，像日本有CAF（汇率调整附加费），YAS（日元升值附加费，日本航线专用），EBS（紧急燃油附加费），欧洲有BAF（燃油附加费），CAF，安全附加费，苏伊士运河费，低硫附加费等，美国有DDC（目的港交货费）等，不同的航线附加费也不一样。

②船公司给货代的佣金的问题，不同的船公司佣金是不一样的，一般分两种。

a. 比例佣金，就是基本海运费的百分比。不同的船公司幅度也不一样，多的有5%，还有4%，目前比较多见的是2.5%（大多数船公司如此），最低的是0（如长荣海运）。

b. 定额佣金，就是不管海运费是多少，统一按小柜多少美元，大柜多少美元退给货代公司。同一个船公司不同航线定额佣金也不一样。如韩国、日本，东南亚等近洋航线是小柜佣金10美元，大柜佣金20美元；欧洲等远洋航线定额佣金是小柜20美元，大柜40美元。

知识链接

货代运价知多少

当货主向货代公司咨询海运运价时，货代公司的业务员除了报基本运价外还会告诉你，要加O、加B、加C、加D，或者还要加T、加A、加D等。初次接触海运运价的货主往往被弄得一头雾水。有些业务员对这些字母所具体表达的内容解释不清，只知道这是附加费用，是船公司要收的，但却弄不清为什么要收，这常常造成货主与货代公司之间的误会。

所谓附加费，就是基本运费以外的，由于在特殊情况下或者临时发生某些事件的情况下而加收的费用。现在船公司常收的附加费有以下几种。

（1）ORC（original receiving charge）“原产地接货费”。这是最早并专在广东地区征收的附加费用，与目前中国各港口所收的THC内容一样。所谓THC（terminal handling charge）就是“码头操作费”，也叫“码头处理费”。这是国际班轮公会和航线组织联合从2002年1月起向中国货主征收的附加费用。对此费用，货主与船公司之间存在较大的争议。货主认为按班轮条款，码头操作费应该已包含在运费里了，因此加收THC属于不合理收费，但船公司却称收取此项费用是降低成本的机制，用作抵消向码头经营商支付的装卸作业费用。这一争议至今未见解决，因而费用仍在照常收取。

（2）BAF（bunker adjustment factor）或BS（bunker surcharge），也被称为FAF（fuel adjustment factor）“燃油附加费”。这是由于燃油价格上涨，使船舶的燃油费用支出超过原核定的运输成本中的燃油费用，船公司在不调整原定运价的前提下，为补偿燃油费用的增加而加收的附加费。在已经征收燃油附加费的情况下，如果燃油价格又突然上涨，船公司可能不调整原燃油附加费而在正常收取燃油附加费以外还增收应急燃油附加费EBS（emergency adjustment surcharge）。

（3）CAF（currency adjustment factor）货币贬值附加费。这是由于国际金融市场的汇率发生变动，计收运费的货币贬值，为了弥补船公司在货币兑换过程中的汇兑损失而加收的附加费。货币贬值附加费一般以基本运费的百分比计收。随着汇率的变动，这项附加费的标准也在不断变化。

（4）PSS（peak season surcharge）“旺季附加费”。这是在每年运输旺季时，船公司根据运输供求关系状况而加收的附加费，也称高峰附加费。这是目前在集装箱班轮运输中出现得较多的附加费用。

（5）AMS“自动舱单系统”的英文缩写。现被称为自动舱单系统的录入费。“9·11”事件以后，因反恐需要，美国海关要求2003年2月1日开始，启程运往美国港口的集装箱货物，其承运人必须在国外港口装货前至少24小时以电子方式通过美国设置的“自动舱单系统”，向美国海关提交准确完整的货物申报单。现在所收的AMS，即自动舱单系统录入费。

（6）ISPS，《国际船舶及港口设施保安规则》的英文缩写。某些港口为转嫁引进和执行此规则所增加的成本，而向货主收取的安全附加费。

（7）DOC“文件费”。船公司对每一票货物都要收取的制作文件和文件流动的费用。

（8）此外还有以下费用。

港口附加费（port additional）、港口拥挤附加费（port congestion surcharge）、转船附加费（transshipment additional）、直航附加费（direct additional）、选港附加费（optional surcharge）、绕航附加费（deviation surcharge）、变更卸货港附加费（alteration of discharging port additional）、超额责任附加费（additional for excess of liability）、整体费率上调（general rate increase）、目的地交货费（destination delivery charge）、破冰费（ice surcharge）等，这些附加费会在不同的时间、不同的场合、不同的航线上发生。

由于附加费种类繁多，因此业务员在询价时千万要问清除了基本运价外还有哪些附加费用。

附加费（surcharge）及提单中各类附加费缩写、名称对照简析

为了保持在一定时期内基本费率的稳定，又能正确反映出各港的各种货物的航运成本，班轮公司在基本费率之外，为了弥补损失又规定了各种额外加收的费用。

（1）BAF，燃油附加费，大多数航线都有，但标准不一。

（2）SPS，上海港口附加费（船挂上港九区、十区）。

（3）FAF，燃油价调整附加费（日本航线专用）。

（4）YAS，日元升值附加费（日本航线专用）。

（5）GRI，综合费率上涨附加费，一般是南美航线、美国航线使用。

（6）DDC、IAC，直航附加费或者目的港交货费，美加航线使用。

（7）IFA，临时燃油附加费，某些航线临时使用。

（8）PTF，巴拿马运河附加费，美国航线、中南美航线使用。

（9）ORC，本地出口附加费，和SPS类似，一般在华南地区使用。

（10）EBS、EBA，部分航线燃油附加费的表示方式，EBS一般是澳洲航线使用，EBA一般是非洲航线、中南美航线使用。

（11）PCS，港口拥挤附加费，一般是以色列、印度某些港口及中南美航线使用。

（12）PSS，旺季附加费，大多数航线在运输旺季时可能临时使用。

4.3 填写订舱委托书

订舱委托书（booking note/Shipping order），简称托书，是进/出口商为了买卖商品，通过船公司和货代公司进行船运进行订舱的申请书。

出口货物托运及订舱委托书的填写

4.3.1 订舱委托书内容

订舱委托书没有固定格式，不同进出口公司缮制的托书不尽相同，但主要内容都要包含在内。其中主要包括托运人、收货人、装货港、卸货港、唛头、货物描述、货物毛重、货物体积、运费的支付方式、所订船期，订舱章以及其他需求，例如目的港免用箱期申请等。

4.3.2 订舱委托书注意事项

①确认委托书所载品名是不是危险品，是不是液体（对接载液体以及电池有特殊要求）。确认品名的另外一个作用就是查明货物是否对该产品存在海关监管条件。

②确认件数，确认货物尺寸体积是否超过装载装箱能力，确认是否有单件重量超过3吨的货物，如果超过3吨需要和仓库确认是否能有装箱能力。

③托书是预配舱单以及提单确认的初步依据，如果内容正确，可为提单确认省去许多麻烦。

④如需要投保、熏蒸、打托缠膜、拍照、换单、买单，要在订舱委托书显要位置注明。

⑤所订船期受到外商订购合同，备货时间，商检时间等制约，根据时间合理安排订舱日期。

⑥遇到拼箱出口未能按时出运，并未按时撤载，会产生亏舱费。

4.3.3 订舱委托书的基本内容

①托运人（shipper）的名称和营业所：此栏填写出口商或者信用证没有特殊规定的时候填写信用证受益人的名称和地址，如果信用证要求以第三方为托运人必须按信用证的要求予以缮制。

②收货人或指示（consignee or order）的名称：收货人的指定关系到提单能否转让，以及货物的归属问题，必须按照信用证的规定填写。

③被通知人（notify party）：如果来证说明哪一方为被通知人，那么将信用证中的申请人名称，地址填入提单的副本中，正本先保持空白。

④收货地点（place of receipt）：此栏只在转船运输时填写。

⑤海运船只（ocean vessel）：本栏按实际情况填写承担本次运输货物的船舶名称和航次。

⑥航次（voyage No.）：一般在提单上也会简写为V，指的是某条船的航次，通常出现在船名的后面。

⑦通知地址（notify address）：被通知人即进口方或者进口方的代理人，如信用证

有具体规定，必须严格按照信用证缮制。

⑧装货港（port of lading）：本栏填写实际装船的装运港的名称，即启运港。

⑨卸货港（port of discharge）：本栏填写承运人终止承运责任的港口。

⑩交货地点（place of delivery）：本栏只在转船运输时填写。

⑪托单的号码（D/R.NO.）：承运人或其代理人按承运人接收货物的先后次序及入货的位置编排的号码。

⑫提单的名称：必须注明“提单”（marine/ocean bill of lading ）的字样。

⑬标志和号码（marks and numbers）：又称唛头，是提单和货物联系的主要纽带，是收货人提货的重要依据，必须按信用证和合同的规定填写，如没有要求可直接写“N/M”。

⑭用大写字母填写表示集装箱或其他形式外包装的件数。

⑮提单签发的时间和地点：指货物实际装运的时间或已接受船方接管的时间。地点指的是货物实际装运的港口，或货物接受监管的地点。

⑯正本提单签发的份数（No. of original B/L），必须符合信用证规定的份数。

知识链接

如何在货代市场“大海淘金”？

如何找到合适的货代朋友呢？

一方面，只要你做外贸，在网上发布过外贸商业信息，嗅觉灵敏的货代公司很快就会找到你来毛遂自荐，相信很多外贸朋友都接到过这样的电话和传真。

另一方面，也可以在互联网上各类专业论坛去寻访，比如锦程物流网、阿里巴巴网的商业论坛里就有专门的物流板块，那是货代朋友聚集交流的地方。去看看他们的交流、评论，不但能增长国际货运知识，还能从中看出他们各自的水平和风格，进而与他们联系，了解情况酌情选择也是个好途径。

此外，在Google等搜索引擎上以你所在城市及主要出货港口，加上“海运”之类的词组进行搜索，也能找到很多货代公司的信息。

还有可以利用Google alert，设置好关键词，充分的利用Google灵活的搜索方法，可以找到最新的货代信息。

收集一些货代公司的信息后，如何从中选择？

主要看优势航线、价格和服务水平三方面。国际海运的航线很多，大致分为欧洲、地中海、美加、中东、印巴、东南亚、中南美和非洲等。船东公司有各自的主营航线，在这些主营航线上船次多、价格优惠、代理点多，服务相对有保障。自然，所合作的船东不同，货代也就形成了各自的优势航线。

根据所需的航线，可以分别选择不同的货代。因此，与货代交往认识的时候，往往第一句话就会问“做哪条线比较有优势”。在货代介绍之后，留心比较他们自报的航线运价，看看是否真的具备价格优势。价格比对时，还要注意，运费不但包括海运费，还有各类杂费，要问清楚货代所报价格的组成，以免误解。

一般，连同各种杂费的运费总开支，行话叫做“AllIn”价。“AllIn”价才是比较接近实际支出的价格，最有参考价值。

服务水平方面，初期主要在交谈中观察货代对国际运输和航线的专业知识了解程度，包括是否熟悉从订舱到报关出货的整个流程等各个细节。另外，还可以在网上以货代名字为关键词进行搜索，了解是否做过登记，是否得到船东认可等更多情况。初步接触感觉良好的，可以尝试合作一些小单，以便进一步磨合了解。

总结

本项目讨论了海运、陆运、空运、管道、邮政、大陆桥、集装箱与多式联运方式的国际货物运输，以及合同装运条款的制定与注意事项。

海运主要通过班轮运输和租船运输方式。班轮运输具有固定航线、固定停靠港口、固定船期和相对固定运费率的特点，装运货物的品种数量灵活，班轮运费的计算需查阅运价表；租船运输包括定程租船与定期租船，大宗货物常常采用租船运输，租船时要特别注意了解船运行市及租船合同与贸易合约的衔接。

海运提单是物权凭证。严格遵从海运出口托运程序，此外应留意海运事故的索赔事项。

陆运、空运、管道、邮政、大陆桥、集装箱与多式联运等，各具特点，运作程序各异，应在实践中熟练把握。

合同装运条款是对何时交货和如何交货等问题的规定，包括装运时间、装运港和目的港、分批装运和转船、滞期费和速遣费等条款。买卖双方应根据各自的实际情况，实事求是地做出安排。

知识演练

一、不定项选择题

1. 在定程租船方式下，装卸费采用的办法是（　　）。

A. 船方不负担装卸费　　B. 船方负担装卸费

C. 船方负担装货费，而不负担卸货费　　D. 船方只负担卸货费，而不负担装货费

2. 在规定装卸时间的办法中，使用最普遍的是（　　）。

A. 日或连续日　　B. 累计24小时好天气工作日

C. 连续24小时好天气工作日　　D. 24小时好天气工作日

3. 我国内地经由铁路供应港澳地区的货物，交银行收汇的运输凭证是（　　）。

A. 国际铁路联运单　　B. 国内铁路联运单

C. 承运货物收据　　D. 多式联运单

4. 为了统一提单背面条款的内容，不属于国际上先后签署的国际公约有（　　）。

A. 海牙规则　　B. 维斯比规则

C. 汉堡规则　　D. 国际商会500出版物

5. 下列表示“装船提单”的日期（　　）。

A. 货于5月24日送交船公司　　B. 货于6月4日开始装船

C. 货于6月4日全部装完　　D. 货于6月24日抵达日本

6. 航空运输的运费收取标准为（　　）。

A. 按M收取　　B. 按W收取

C. 按W/M收取　　D. 按W/M or A. V. 收取

7. 按提单上注明的收货人抬头，可以将提单分为（　　）。

A. 记名提单　　B. 不记名提单　　C. 指示提单　　D. 直达提单

8. 国际货物运输根据运输方式的不同，提单分为（　　）。

A. 直达提单　　B. 转船提单　　C. 联运提单　　D. 班轮提单

9. 提单根据承运人是否在提单上加列货物外表状况不良的批注，分为（　　）。

A. 清洁提单　　B. 不清洁提单　　C. 直达提单　　D. 转运提单

10. 提单的作用包括（　　）。

A. 提单是托运人与承运人之间订有运输合同的凭证

B. 提单是承运人从托运人处收到货物的凭证

C. 提单是托运人与收货人之间订有买卖合同的证明

D. 提单是代表货物权利的凭证

二、判断题

1. 航空运输比海运计算运费的起点低。（　　）

2. 定程租船情况下，船方不负担装卸费和理舱与平舱费。（　　）

3. 按惯例，速遣费通常为滞期费的一半。（　　）

4. 凡装在同一航次、同一条船上的货物，即使装运时间和装运地点不同，也不做分批装运。（　　）

5. 记名提单和指示提单同样可以背书转让。（　　）

6. 国际铁路货运联运的提单副本，可以作为发货人据以结算贷款的凭证。（　　）

7. 装运期就是交货期。（　　）

8. 清洁提单是指不载有任何批注的提单。（　　）

9. 航空运单可作为货物所有权凭证进行转让和抵押。（　　）

10. 记名提单比不记名提单风险大，故很少使用。（　　）

三、计算题

1. 我方向东京出口自行车100箱，每箱一件，每箱体积为20厘米×50厘米×120厘米，毛重为25千克，查运费表得知该货物计费标准为M，基本运费率为每运费吨280港元，另加燃油附加费30%，港口拥挤费10%。计算该批商品的运费是多少港元。

2. 我国大连运往某港口一批货物，计收运费标准W/M，共200箱，每箱毛重25公斤，每箱体积长49厘米，宽32厘米，高19厘米，基本运费率每运费吨60美元，特殊燃油附加费5%，港口拥挤费为10%，计算200箱应付多少运费。

3. 出口某商品10公吨，箱装，每箱毛重25公斤，体积20厘米×30厘米×40厘米，查表知该货为8级，计费标准为W/M，每运费吨运费80美元，另征收转船附加费20%，燃油附加费10%，计算该批商品的运费。

4. 我方出口箱装货物一批，报价为CFR利物浦，每箱35美元，英国商人要求改报FOB价。该批货物的体积为45厘米×40厘米×25厘米，每箱毛重为35公斤，商品计费标准为W/M，基本运费为120美元/运费吨，并加收燃油附加费20%，货币贬值附加费10%。请分析我方应如何报价（装运港：上海）。

四、案例分析题

1. 某农产品进出口公司向国外某贸易公司出口一批花生仁，国外客户在合同规定的开证时间内开来一份不可撤销信用证，证中的装运条款规定：“Shipment from Chinese port to Singapore in May，Partial shipment prohibited.”农产品进出口公司按证中规定，于2023年5月15日将200公吨花生仁在福州港装上“嘉陵”号轮，又由同轮在厦门港续装300公吨花生仁，2023年5月20日农产品进出口公司同时取得了福州港和厦门港签发的两套提单。农产品公司在信用证有效期内到银行交单议付，却遭到银行以单证不符为由拒付货物。

问：银行的拒付是否有理？为什么？

2. 我方与美国某客商以FOB条件出口大枣5000箱，5月份装运，合同和信用证均规定不允许分批装运。我方于2023年5月10日将3000箱货物装上“喜庆”轮，取得2023年5月10日的海运提单；又于2023年5月15日将2000箱装上“飞雁”号轮，取得5月15日的海运提单，两轮的货物在新加坡转船，均由“顺风”号轮运往旧金山港。

问：我方的做法是否合适？将导致什么结果？为什么？

06 项目 国际货物运输保险

学习目标

知识目标

- 了解保险的基本原则。
- 掌握海上货物运输保险承保的范围。
- 熟悉我国海陆空邮运输货物保险的险别。
- 了解伦敦保险协会海运货物条款。

技能目标

- 能梳理国际货物运输保险的办理过程。
- 能修改、填写海洋货物运输保险单据。

素质目标

- 培养家国情怀、法治思维和工匠精神。
- 培养风险防范意识和风险管理能力。

思维导图

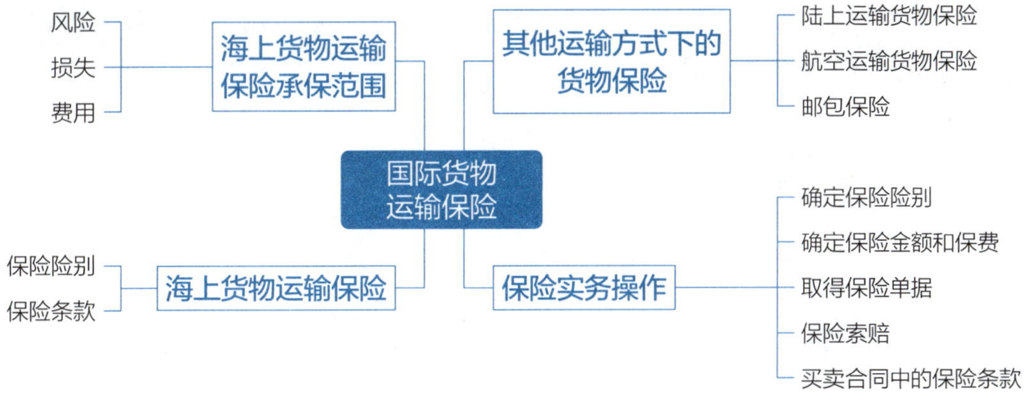

工作任务引入

订舱手续办理完毕。小章接下来的任务是办理投保手续，那么该如何办理呢？小章面临的任务是能够操作货运保险基本业务以及订立合同中的保险条款。那么小章又该如何实施呢？要了解国际货物运输保险的办理过程，练习修改和填写海洋货物运输保险单等单据。除此之外，小章的拓展任务是学会修改和填写陆上运输货物保险单。

任务 1 海上货物运输保险承保范围

保险是指被保险人向保险人提供一定的对价（保险费），保险人则对被保险人将来可能遭受的承保范围内的损失负赔偿责任。

保险的基本原则包括：最大诚信原则，强调投保人在做说明时要绝对诚实，实事求是，不能有欺骗行为；可保利益原则，是指保险人只允许对保险标的物具有可保利益的一方投保，对保险标的物具有可保利益的人才能与保险公司签订保险合同；补偿原则，是指发生保险责任范围的损失时，保险人应按照保险合同条款的规定履行赔偿责任；代位追偿原则，是指保险人可站在被保险人一方向责任方进行追偿。

在国际贸易中，海上运输货物的风险很大，这种风险所造成的损失不是买卖双方自身力量所能控制的，而一旦发生损失，将会影响贸易的正常进行。有鉴于此，保险同运输一样已经成为交易中不可缺少的组成部分。由于海上货物运输保险起源最早，比重最大，本任务以介绍海上货物运输保险为主，对其他货物运输保险仅做简要说明。

1.1 风险

货物运输保险保障的范围

海上的风险，一般指船舶、货物在海上运输中所发生的各种风险。在各国保险业务中，把海上货物运输的风险分成海上风险和外来风险。风险是造成损失的原因。这些风险，在保险业务中，都有其特定的含义和内容。

1.1.1 海上风险

海上风险（perils of the sea）包括自然灾害和意外事故。按照一般的解释，这些风险所指的大致内容如下。

（1）自然灾害

所谓自然灾害（natural calamity），并非指一切由于自然力量所造成的灾害，而是仅指恶劣气候（如暴风雨）、雷电、洪水、流冰、地震、海啸以及其他人力不可抗拒的灾害。

（2）意外事故

意外事故（fortuitous accidents at sea）不同于一般的事故，主要包括船舶搁浅、触礁、沉没、碰撞、火灾、爆炸以及失踪等具有明显海洋特征的重大意外事故。

1.1.2 外来风险

外来风险（extraneous risks）是指海上风险以外的各种风险，通常是由外来原因引起的，分为一般外来风险和特殊外来风险。

（1）一般外来风险

一般外来风险，仅指偷窃、破碎、渗漏、玷污、受潮受热、串味、生锈、钩损、短量、淡水雨淋等。

（2）特殊外来风险

特殊外来风险，主要是指由于军事、政治及行政法令等原因造成的风险，从而引起货物损失。如战争、罢工、交货不到、拒收等。如因政治或战争因素，运送货物的船只被敌对国家扣留而造成交货不到；某些国家颁布的新政策或新的管制措施以及国际组织的某些禁令，都可能造成货物无法出口或进口而造成损失。

以上所指的各类风险，均属海洋运输保险所承保的范围，买方或卖方可根据需要向保险公司投保。

1.2 损失

1.2.1 海上损失

海上损失（average），是指被保险货物在海运过程中，由于海上风险所造成的损坏或灭失。根据国际保险市场的一般解释，凡与海陆连接的陆运过程中所发生的损坏或灭失，也属海损范围。按损失程度可分为全部损失和部分损失。

（1）全部损失

全部损失（total loss）又称全损，指被保险货物的全部遭受损失，有实际全损和推定全损之分。

实际全损（actual total loss）是指货物全部灭失或全部变质而不再有任何商业价值。例如，货物沉没海底无法打捞，或水泥被水浸泡后变成硬块完全失去原有用途等。实际全损不仅指整船货物全部灭失，也包括：一张保单所保货物全部灭失，一张保单所保的分类货物完全损失，装卸中一个整件货物完全灭失，使用驳船时一条驳船所载货物完全灭失。

实际全损构成的条件主要是以下几项。

①保险标的物完全灭失，如船舶沉入海底；货物装卸时落入水中且不能捞回。

②保险标的物已丧失商业使用价值；如运输的茶叶经雨水或海水渍泡后，原物虽存但已无饮用价值。

③被保险人对丧失的保险标的物已不能再收回：如船舶被劫走，货物被扣押等。

④船舶失踪已达一定时期，如半年仍无音讯时，被保险人可向保险人要求赔偿。

推定全损（constructive total loss）是指货物遭受风险后受损，尽管未达实际全损的程度，但实际全损已不可避免，或者为避免实际全损所支付的费用和继续将货物运抵目的地的费用之和超过了保险价值。推定全损需经保险人核查后认定，构成条件如下：

①货损后，修复费用超过货物修复后的价值。

②货损后，整理和续运到目的地的费用超过货物到达目的地的价值。

③实际全损已不可避免，或为避免全损所需的施救费用将超过获救后的价值。

④被保险人失去货物所有权，而收回所有权所需支出的费用将超过收回后的货物价值。

（2）部分损失

不属于实际全损和推定全损的损失，为部分损失（partial loss）。按损失负担关系可分为共同海损和单独海损。

①共同海损（general average，GA）。共同海损是指在同一海上航程中，当船舶、货物和其他财产遭遇共同危险时，为了共同安全，有意地、合理地采取措施所直接造成的特殊牺牲、支付的特殊费用，由各受益方按比例分摊的法律制度。在船舶发生共同海损后，凡属共同海损范围内的牺牲和费用，均可通过共同海损清算，由有关获救受益方（即船方、货方和运费收入方）根据获救价值按比例分摊，然后再向各自的保险人索赔。共同海损涉及各方的利害关系，因此，共同海损的成立应具备以下的条件。

a. 船舶在航行中行将受到危险或已遭遇海难，情况急迫，船长为维护船货安全而必须采取的措施。

b. 海难与危险必须是真实的而不是推测的。

c. 共同海损行为一定是人为的、故意的。

d. 损失和开支必须是特殊的。例如，船舶顶强风开船，机器因超过负荷受损，不属于共同海损；而若船已搁浅，为脱浅而使机器超过负荷受损，则属于共同海损。

e. 所采取的共同海损行为必须合理。

f. 为了共同的而不是船方或某一货主货物单独的安全。

g. 属于共同海损后果直接造成的损失。例如，引海水灭火，凡有烧痕等的货物再被海水浸坏不算共同海损，原来完好而被海水浸坏的货物的损失应计入共同海损。

h. 共同海损行为原则上应由船长指挥，但在意外情况下，例如，船长病重、被俘，由其他人甚至敌国船长指挥，符合上述7个条件，也算共同海损。

例如，引海水入舱、将承运的货物抛入大海、自动搁浅等行为，在正常航行中都不得进行；但在船舶遇难时，为灭火而引海水入舱、为减轻船舶负荷而将全部或部分货物抛入大海或为进行船舶紧急修理而自动搁浅等，则均属合法行为。

因共同海损行为处理共同海损损失、理算共同海损的费用，称为共同海损理算，由专业理算机构或人员（海损理算师）接受委托进行。为处理共同海损费用所编制的报告称共同海损理算书，是受益方分摊共同海损和结算的依据。

②单独海损（particular average，PA）。海上运输中，因自然灾害或意外事故等直接导致由船舶或货物所有人各自负担的损失称为单独海损。单独海损与共同海损是相对而言的。造成单独海损的原因主要有以下几方面。

a. 自然灾害或意外事故。

b. 为了单方面的安全（船舶或货物）采取的措施。

c. 货物的自然特性。

这些原因所致的船舶或货物的损失，都属于应由船、货所有人各自负担的单独海损范围。

1.2.2 外来风险损失

外来风险指除海上风险以外的其他风险所造成的损失。这类损失，不按损失的程度区分，而是按造成损失的原因分类，分成一般外来原因所造成的风险损失和特殊外来原因所造成的风险损失，具体内容如下。

（1）一般外来原因所造成的风险损失

这类风险损失，通常是指偷窃、短量、破碎、淡水雨淋、受潮、受热、发霉、串味、玷污、渗漏、钩损和锈损等。

（2）特殊外来原因所造成的风险损失

这类风险损失，主要是指由于军事、政治、国家政策法令和行政措施等原因所致的风险损失，如战争和罢工等。

除上述各种风险损失外，保险货物在运输途中还可能发生其他损失，如运输途中的自然损耗以及由于货物本身特点和内在缺陷所造成的货损，这些不属于保险公司承保的范围。

1.3 费用

海上风险也会造成费用支出，主要有施救费用和救助费用。

施救费用（sue and labor expenses）是指被保险货物在遭受承保责任范围内的灾害事故时，被保险人或其代理人或保险单受让人，为了避免或减少损失，采取了各种抢救或防护措施而所支付的合理费用（无论有无效果都予以赔偿）。

救助费用（salvage charge）是指保险人或被保险人以外的第三者采取了有效的救助措施，在救助成功后，由被救方付给的报酬（无效果、无报酬）。

任务 2 海上货物运输保险

在国际保险市场上，各国的保险垄断组织或保险公司根据各自的需要制定了保险条款，如美国条款、法国条款，北欧、德国和日本等国家也有各自的条款，其中影响较大并具有代表性的是伦敦保险协会所制定的《协会货物条款》（Institute Cargo Clauses，ICC）。

中国人民保险集团股份有限公司（简称“中国人民保险公司”）也参照国际保险市场的一般习惯并结合我国保险工作的实际制定了《中国人民保险公司保险条款》，也称为《中国保险条款（China Insurance Clauses，CIC）》。《中国人民保险公司海洋运输货物条款》关于险别及责任范围的规定，同《CIC保险条款》的规定大体相同，分为基本险和附加险两类。基本险别可以单独投保，而附加险不能单独投保，只有在投保了一种基本险的基础上才能投保附加险。

CIC保险条款

2.1 保险险别

2.1.1 基本险

中国人民保险公司所规定的基本险别包括平安险、水渍险和一切险三种。

（1）平安险

平安险（free from particular average，FPA）是我国历史上的习惯叫法，其英文原意是“不负单独海损责任”。也就是说，被保险标的物所遭受的单独海损的损失，原则上不在保险人承保范围之内。但在长期实践的过程中对平安险的责任范围进行了补充和修订，当前平安险的责任范围已经超出只赔全损的限制。概括起来，平安险的责任范围包括了由自然灾害造成的单独海损以外的海上风险所造成的一切损失和费用。具体包括以下几个方面。

①被保险的货物在运输途中由于恶劣气候、雷电、海啸、地震、洪水等自然灾害造成整批货物的全部损失或推定全损。被保险的货物用驳船运往或运离海轮时，第一驳船所装的货物可视作一个整批。

②由于运输工具遭到搁浅、触礁、沉没、互撞，与流冰或其他物体碰撞及失火、爆炸等意外事故所造成的货物全部或部分损失。

③在运输工具已经发生搁浅、触礁沉没、焚毁等意外事故的情况下，货物在此前后又在海上遭受恶劣气候、雷电、海啸等自然灾害所造成的部分损失。

④在装卸或转运时由于一件或数件甚至整批货物落海所造成的全部或部分损失。

⑤被保险人对遭受承保责任内的危险货物采取抢救、防止或减少货损的措施所支付的合理费用，但须以不超过该批被毁货物的保险金额为限。

⑥运输工具遭遇海难后，在避难港由于卸货引起的损失及在中途港或避难港由于卸货、存仓和运送货物所产生的特殊费用。

⑦共同海损的牺牲、分摊和救助费用。

⑧运输契约中如订有“船舶互撞责任”条款，则根据该条款规定应由货方偿还船方的损失。

（2）水渍险

水渍险（with average or with particular average，WA or WPA）又称“单独海损险”，英文原意为“单独海损负责赔偿”。水渍险的责任范围除包括“平安险”的各项责任外，还包括被保险货物由于恶劣气候、雷电、海啸、地震、洪水等自然灾害所造成的部分损失。

（3）一切险

一切险（all risks）的责任范围：除包括“水渍险”的各项责任外，还包括被保险货物在海运途中由于一般外来风险造成的全部损失和部分损失，即一切险的责任范围包括“平安险”“水渍险”和11种一般附加险。一切险条款的责任范围很广泛，但不包括“战争险”（war risks）或“罢工险”（strikes risk），需要时须另行加保。

2.1.2　附加险

附加险是对基本险的补充和扩大，承保由外来风险所造成的损失。附加险包括一般附加险和特殊附加险，分别对应一般外来风险和特殊外来风险。由于货物种类繁多，各有特点，所以投保附加险的险别各异，投保人可根据需要选择投保一种或若干种附加险。附加险类别及介绍如表6-1所示。

表6-1　附加险类别及承保范围一览

附加险险别	类别	承保范围
一般附加险	偷窃、提不到货险（risks of theft，pilferage and non-delivery，TPND）	货物因遭偷窃，以及货物运抵目的地以后，货物全部或整件提不到货的损失
	淡水雨淋险（risk of fresh water，rain damage，FWRD）	因淡水、雨水、融雪，包括舱汗、船舱淡水管漏水等造成货物浸水而导致的损失
	短量险（risk of shortage）	通常指袋装或散装货的数量或重量短少的损失
	混杂、沾污险（risks of intermixture & contamination）	因混入杂质或被沾污所造成的损失，如油漆污染了地毯，矿砂、矿石等混进了泥土、草屑等
	渗漏险（risk of leakage）	流质或半流质货物因包装容器损坏发生渗漏造成货物短量的损失，或用液体浸泡的货物因液体流失而变质的损失
	碰损、破碎险（risk of clash & breakage）	易碎货物，如陶瓷器皿、玻璃花瓶、大理石等，因受压、碰撞和振动而出现破碎、凹瘪等的损失
	串味险（risk of taint of odour）	同舱装载的货物因受到异味的影响而使品质受到损坏，如茶叶、香料、药材等在运输过程中受到一起堆储的皮张、樟脑丸的影响而造成的串味损失
	受潮、受热险（risk of sweat and heating	航行途中，由于气温骤变或船上通风设备失灵使船上水汽凝结，货物受潮或受热所导致的损失

续表

附加险险别	类别	承保范围
一般附加险	钩损险（risk of hook damage）	装卸过程中使用钩子时，或因碰撞使货物遭受钩损，或因钩破包装使货物外漏、散失的损失，以及为修补、调换包装所支付的费用
	包装破裂险（risk of breakage of packing）	因运输或装卸不慎，包装破裂所造成的损失，以及为满足继续安全运输的需要而对包装进行修补或调换所支付的费用
	锈损险（risk of rust）	运输途中因货物生锈造成的损失
特殊附加险	战争险（war risk）	承保战争、类似战争、敌对行为、武装冲突或海盗引起的被保险货物的直接损失，各种常规武器，包括水雷、鱼雷、炸弹所致的损失，以及本条款责任范围内引起的共同海损的牺牲、分摊和救助费用
	罢工险（strikes risk）	承保由于罢工者、被迫停工工人或参加工潮、暴动、民众斗争的人员的行为，或任何人的恶意行为所造成的直接损失和上述行动或行为所引起的共同海损的牺牲、分摊和救助费用

以上11种一般附加险别属于“一切险”责任范围。如果已投保了一切险，另加保或不加保上述一般附加险都不改变一切险的责任范围，且即使再加保一般附加险也不另收保险费。但一般附加险必须在主要险别基础上加保，不能离开主要险别而单独投保。

特殊附加险除了海上货物运输战争险和海上货物运输罢工险以外，还包括：进口关税险（import duty risk）、舱面险（on deck risk）、黄曲霉素险（aflatoxin risk）、拒收险（rejection risk）、交货不到险（failure to deliver risk）、出口货物到香港（包括九龙在内）或澳门存仓火险责任扩展条款（fire risk extension clause for storage of cargo at destination Hong Kong，including Kowloon，or Macao，FREC）等共八种。

2.2 保险条款

2.2.1 承保责任的起讫期限

起讫期限是指从开始到结束，就是起止日期。保险责任的起讫又称承保责任期限，是指保险人承担责任的起讫时限。根据中国人民保险公司保险条款的规定，平安险、水渍险、一切险三种基本险的责任起讫采用了国际保险业中惯用的“仓至仓条款”（warehouse to warehouse clause，W/W）。

（1）“仓至仓”条款

保险责任自被保险货物运离保险单所载明的起运港（地）仓库或储存所开始，包括正常运输过程中的海上、陆上、内河和驳船运输在内，直到该货物抵达保险单所载明的目的港（地）收货人的最后仓库或储存所或被保险人用作分配、分派或非正常运输的其他储存所为止。如未抵达上述仓库或储存所，则以被保险货物在最后卸载港全部卸离海轮后满60天为止。如在上述60天被保险货物需转运至非保险单所载明的目的地时，则于货物开始转运时终止。

（2）水上风险

在《中国人民保险公司海洋运输货物保险条款》中，战争险的责任起讫不采用“仓至仓”条款，而是以“水上风险”为限，即自被保险货物装上保险单所载明启运港的海轮或驳船时开始，直至卸离保险单所载明目的港的海轮或驳船时为止。如果不卸离海轮，则以货物到达目的港当日午夜起15天为限。如果在中途港转船，不论货物在当地是否卸离，保险责任以海轮到达该港或卸货地点的当日午夜起算15天为止，到再装上海轮时保险责任恢复有效。

2.2.2 除外责任

平安险、水渍险、一切险三种基本险别中都明确规定了除外责任（exclusion）。所谓除外责任是指保险公司明确规定不予承保的损失或费用。《中国人民保险公司海洋运输货物保险条款》规定的除外责任主要包括以下几个方面。

①被保险人的故意行为或过失所造成的损失。

②属于发货人责任所引起的损失。

③在保险责任开始前，被保险货物已存在的品质不良或数量短缺所造成的损失。

④被保险货物的自然损耗、本质缺陷、特性以及市价跌落、运输延迟所引起的损失。

⑤海洋运输货物战争险条款和货物运输罢工险条款规定的责任范围和除外责任。海运战争险的除外责任规定，保险公司对于敌对行为中使用原子或热核制造的武器、因执政者或其他武装集团的扣押、拘留引起的承保航程的丧失和损失是不负责赔偿的。

知识链接

在国际保险市场上，英国伦敦保险协会所制定的《协会货物条款》(ICC)，包括六种险别，即ICC（A）、ICC（B）、ICC（C）、战争险、罢工险及恶意损害险。以上六种险别中，(A）险相当于《中国保险条款》中的“一切险”，其责任范围更为广泛，故采用承保“除外责任”之外的一切风险的方式表明其承保范围。(B）险大体上相当于“水渍险”。(C）险相当于“平安险”，但承保范围较小些。(B）险和（C）险都采用列明风险的方式表示其承保范围。六种险别中，只有恶意损害险，属于附加险别，不能单独投保，其他五种险别的结构相同，体系完整。因此，除（A）、(B)、(C）三种险别可以单独投保外，必要时，“战争险”和“罢工险”在征得保险公司同意后，也可作为独立的险别进行投保。

保险期限也称保险有效期，是指保险人承担保险责任的起止期限。英国伦敦保险协会《海运货物保险条款》对保险期限的规定，同我国《海洋运输货物保险条款》对期限的规定大体相同，也是“仓至仓”。ICC（A）、ICC（B）、ICC（C）保险责任起讫的规定，主要反映在运输条款、运输合同终止条款、航程变更条款三个条款之中。

本节重点介绍ICC（A）、ICC（B）、ICC（C）条款。

ICC条款

（1）ICC（A）条款的承保风险与除外责任

ICC（A）的承保风险：ICC（A）大体相当于中国人民保险公司所规定的一切险，其责任范围最广。协会对ICC（A）采用“一切风险＋除外责任”的办法，即除了“除外责任”项下所列风险保险人不予负责外，其他风险均予负责。

ICC（A）的除外责任包括以下几个方面。

①一般除外责任。一般除外责任归因于被保险人故意的不法行为造成的损失或费用；自然渗漏、自然损耗、自然磨损、包装不足或不当所造成的损失或费用；保险标的物内在缺陷或特性所造成的损失或费用；直接由于延迟所引起的损失或费用；由于船舶所有人、租船人经营破产或不履行债务所造成的损失或费用；由于使用任何原子或核武器所造成的损失或费用。

②不适航、不适货除外责任。所谓不适航、不适货除外责任是指保险标的物在装船时，如被保险人或其受雇人已经知道船舶不适航，以及船舶、装运工具、集装箱等不适货，保险人不负赔偿责任。

③战争除外责任。战争除外责任包括：由于战争、内战、敌对行为等造成的损失或费用；由于捕获、拘留、扣留等（海盗除外）所造成的损失或费用；由于漂流水雷、鱼雷等造成的损失或费用。

④罢工除外责任。罢工者、被迫停工工人造成的损失或费用，以及由于罢工、被迫停工所造成的损失或费用等。

（2）ICC（B）条款的承保风险与除外责任

①ICC（B）的承保风险。ICC（B）大体相当于中国人民保险公司所规定的水渍险，它比ICC（A）责任范围小，故采用“列明风险”的方法，即在条款的首部开宗明义地把保险人所承保的风险一一列出。因此，ICC（B）承保的风险是当灭失或损失合理归因于下列原因之一者时：

a. 火灾、爆炸；b. 船舶或驳船触礁、搁浅、沉没或倾覆；c. 陆上运输工具倾覆或出轨；d. 船舶、驳船或运输工具同水以外的外界物体碰撞；e. 在避难港卸货；f. 地震、火山爆发、雷电；g. 共同海损牺牲；h. 抛货；i. 浪击落海；j. 海水、湖水或河水进入船舶、驳船、运输工具、集装箱、大型海运箱或贮存处所；k. 货物在装卸时落海或摔落造成整件的全损。

②ICC（B）的除外责任。它与ICC（A）条款的除外责任基本相同，但有下列两点区别：在ICC（A）中，仅规定保险人对归因于被保险人故意的不法行为所致的损失或费用，不负赔偿责任；而在ICC（B）中，则规定保险人对被保险人以外的其他人的故意非法行为所致的风险不负责任。

（3）ICC（C）条款的承保风险与除外责任

①ICC（C）的承保风险。ICC（C）的承保风险比ICC（A）和ICC（B）要小得多，它只承保“重大意外事故”，而不承保“自然灾害及非重大意外事故”，其具体承保风险

包括：a. 火灾、爆炸；b. 船舶或驳船触礁、搁浅、沉没或倾覆；c. 陆上运输工具倾覆或出轨；d. 船舶、驳船或运输工具同水以外的外界物体碰撞；e. 在避难港卸货；f. 共同海损牺牲；g. 抛货。

②ICC（C）的除外责任。ICC（C）的除外责任与ICC（B）完全相同。

任务 3 其他运输方式下的货物保险

我国在海洋运输的货物保险的基础上，制定了《陆上运输货物保险条款》《航空运输货物保险条款》和《邮包保险条款》等。现分别简述如下。

3.1 陆上运输货物保险

根据中国人民保险公司的《陆上运输货物保险条款》（1981年1月1日修订），陆上运输货物保险的基本险别分为陆运险（overland transportation risks）和陆运一切险（overland transportation all risks）两种。

此外，还有适用于陆运冷藏货物的专门保险：陆上运输冷藏货物险（也属基本险性质）以及陆上运输货物战争险（适用于火车运输）、陆上运输货物罢工险等附加险。

3.1.1 陆运险的责任范围

陆运险的承保责任范围与海洋运输货物保险条款中的“水渍险”相似，包括被保险货物在运输途中遭受暴风、雷电、洪水、地震等自然灾害，或由于陆上运输工具（主要是指火车、汽车）遭受碰撞、倾覆或出轨，或在驳运过程中驳运工具触礁、搁浅、沉没，或由于遭受隧道坍塌、崖崩或火灾、爆炸等意外事故所造成的全部或部分损失。另外，被保险人对遭受承保责任内风险的货物采取抢救，防止或减少货损而支付的合理费用，保险公司也负责赔偿。

3.1.2 陆运一切险的责任范围

陆运一切险的责任范围除包括上述陆运险的责任外，保险公司对被保险货物在运输途中由于一般外来原因造成的短少、短量、偷窃、渗漏、碰损、破碎、钩损、淡水雨淋、生锈、受潮、发霉、串味、沾污等全部或部分损失，也负赔偿责任。

3.1.3 陆上运输货物保险的责任起讫、索赔时效和除外责任

（1）责任起讫

保险责任的起讫期限与海洋运输货物保险基本相同，也采用“仓至仓”条款。即被保险货物运离保险单所载明起运地仓库或储存处时起生效，直至该项货物运至保险单所载明的目的地最后仓库或储存处时为止，包括正常运输过程中的水上驳运。但被保险货物到达最后货站后，如未及时入库，保险责任以卸货当日24时起算满60天为止。

（2）索赔时效

陆上运输货物险的索赔时效为：从被保险货物在最后目的地车站全部卸离车辆后起算，最多不超过2年。

（3）除外责任

陆上运输货物险的除外责任与海运除外责任基本相同，包括以下几个方面。

①被保险人的故意行为或过失所造成的损失。

②属于发货人所负责任或被保险货物的自然消耗所引起的损失。

③由于战争、工人罢工或运输延迟所造成的损失。

3.2 航空运输货物保险

根据中国人民保险公司的规定，航空货物运输险也包括两种基本险别，即航空运输险（air transportation risks）和航空运输一切险（air transportation all risks）及各种附加险，其承保范围分别类似于海运相对应的“水渍险”和“一切险”。

航空货物运输保险的保险责任起讫也采用“仓至仓条款”，与海运、陆运货物保险“仓至仓条款”不同的是，如果货物运达保险单所载明的目的地而未运抵收货人仓库或储存处，则以被保险货物在最后卸离飞机满30天时责任终止。如在上述30天内被保险货物需转达到非保险单所载明的目的地时，则自该项货物开始转运时责任终止。

3.3 邮包保险

邮包保险也有邮包险（parcel post risks）和邮包一切险（parcel post all risks）两种基本险，其承保范围与前两种货运保险相同。保险责任的起讫是自被保险邮包所载明的起运地点寄件人的处所运往邮局开始生效，直至被保险邮包运达保险单所载明的目的地邮局发出通知书给收件人的当日午夜起满15天为止，但在此期限内，邮包一经递交至收件人所处时，保险责任即告终止。

任务 4 保险实务操作

保险条款也是进出口贸易合同中的主要条款之一。其内容繁简不一，主要取决于买卖双方的成交条件和所使用的贸易术语。例如，按FOB条件成交，运输途中的风险由买方承担，买方为了转嫁风险，就需要自行办理货运保险，并支付保险费。合同的保险条款相对简单，仅说明由买方办理即可。

4.1 确定保险险别

一般情况下，一笔交易约定由哪一方办理保险，就在哪一方的保险公司办理保险业务，并选择相应的保险条款。在按CIF和CIP条件成交时，由卖方办理保险，但货物运输途中的风险却由买方承担。买方一般会自己选择一个信任的保险公司和熟悉的保险条款，并要求在合同中将保险公司的名称及其所使用的保险条款具体订明，让卖方去办理保险。

保险实务操作

保险险别不但规定了保险公司的承保责任范围，也确定了投保人的保险费用的支出。因此，选择险别时，所选险别既要能够提供足够的保险保障，又要能够节省保险费。为了准确的选择保险险别，需要考虑如下要素。

考虑货物的性质和特点：例如，灯泡、灯管、热水瓶、玻璃仪器以及玻璃杯等玻璃制品类，特别容易发生破碎损失，因此应在投保平安险或水渍险的基础上加保碰损破碎险。而纸张制品如果被水浸湿，会极大地影响其价值，也容易因玷污而受损，因此一般需投保一切险。

考虑货物的包装：不同的货物使用的包装也不同，各种包装容易遭受的损失也不同。例如，原油、成品油类商品，如果通过散装运输，容易发生短量和玷污损失，需要投保散装油类险；如果是用桶装或瓶装运输，则可能发生渗漏现象，应在投保平安险或水渍险的基础上加保渗漏险。

考虑运输路线和船舶停靠港口：航行路线和停靠港口不同，货物可能遭受到的风险和损失也不同。某些航线途经气候炎热地区，如果船舶通风不良，就会出现货损。而在政局不稳已经发生战争的海域内航行，货物受到意外损失的可能性就更大。

货物的残损规律：同一类或相似商品、包装在性质和包装上有很多共同点，收集分析以往的货物残损情况，找出容易发生货损的因素并进行整理归纳，作为选择险别时的重要参考。

4.2 确定保险金额和保费

投保金额，或称保险金额。它是保险人所应承担的最高赔偿金，也是核算保险费的基础。保险金额一般应由买卖双方经过协商确定，投保人可以自行选择保险金额。如果合同中未作规定，则依据国际惯例，投保金额按发票上的CIF或CIP价格加10%的预期利润计算。但是，各国市场情况不尽相同，对进出口贸易的管理办法也各有异。中国人民保险公司承保出口货物的保额，一般按出口成本加运费、保险费，依据国际保险市场习惯，通常按CIF或CIP总值加10%计算，即按CIF发票金额的110%计算。所加的百分率称为保险加成率。它作为买方的经营管理费用和预期利润加保，在CIF或CIP出口合同中，如买方要求以较高加成率计算保险金额投保时，在保险公司同意承保条件下，我方也可接受。

国际货物运输保险操作

保险金额的计算公式为：

保险金额=CIF价格×（1+投保加成率）

CIF价与其他术语价格之间的转换公式如下：

CFR=CIF×[1-保险费率×（1+投保加成率）]

CIF=CFR/[1-保险费率×（1+投保加成率）]

保险费是指被保险人参加保险时，根据其投保时所订的保险费率，向保险人交付的费用。保险费率是指按保险金额计算保险费的比例。投保人交付保险费是保险合同生效的前提条件。

计收保险费的公式是：

保险费=保险金额×保险费率

如按CIF或CIP价加成投保，则上述公式应改为：

保险费=CIF（或CIP）价格×（1+投保加成率）×保险费率

知识链接

保险单

保险单是投保人向保险人提出投保的书面申请，保险单的主要内容大多有如下内容：

中国人民保险公司

THE PEOPLE'S INSURANCE COMPANY OF CHINA

总公司设于北京　　一九四九年创立

Head office: BEIJING　　Established in 1949

保险单

INSURANCE POLICY

保险单号次　　发票号码

POLICY NO. INVOICE NO.____________

中国人民保险公司（以下简称本公司）

THIS POLICY OF INSURANCE WITNESSES THAT THE PEOPLE'S INSURANCE COMPANY OF CHINA (HEREINAFTER CALLED "THE COMPANY")

根据______________________________（以下简称被保险人）的要求，由被保险人向本公司缴付约定的保险，按照本保险承保险别和背面所载条款下列特款承保下述货物运输保险，特立本保险单

AT THE REQUEST OF______________________________(HEREINAFTER CALLED "THE INSURED") AND IN CONSIDERATION OF THE AGREED PREMIUM PAID TO THE COMPANY BY THE INSURED UNDERTAKES TO INSURE THE UNDERMENTIONED GOODS IN TRANSPORTATION SUBJECT TO THE CONDITION OF THIS POLICIES PER THE CLAUSES PRINTED OVELEAF AND OTHER SPECIAL CLAUSES ATTACHED HEREON

标记 MARKS&NOS	包装及数量 QUANTITY	保险货物项目 DESCRIPTION OF GOODS	保险金额 AMOUNT INSURED

总保险金额

TOTAL AMOUNT INSURED: ______________________________

保险 费率 转载运输工具

PREMIUM AS ARRANGED RATE AS ARRANGED PER CONVEYANCE S.S.

____

开航日期 自 至

SLG.ON OR ABT. AS PER BILL OF LANDING FROM__________TO__________

承保险别：

CONDITIONS

____

所保险别，如遇出险，本公司凭本保险单及其他有关证件给付赔款。

CLAMIS, IF ANY, PAYABLE ON SURRENDER OF THIS POLICY TOGETHER WITH OTHER RELEVANT DOCUMENT

所保货物，如发生本保险单项下负责赔偿的损失或事故。

IN THE EVENT OF ACCIDENT WHEREBY LOSS OR DAMAGE MAY RESULT IN A CLAIM UNDER THIS POLICY IMMEDIATE NOTICE

应立即通知本公司下述代理人查勘。

APPLYING FOR SURVEY MUST BE GIVEN TO THE COMPANY'S AGENT AS MENTIONED HEREUNDER:

中国人民保险公司宁波分公司
THE PEOPLE'S INSURANCE CO.OF CHINA NINGBO BRANCH
GENERAL MANAGER

____

赔款偿付地点
CLAIM PAYABLE AT/IN ______________________
日期
DATE ______________________
地址：中国宁波中山东一路23号
TEL: 3234305 3217466-44 TELEX 33128 PICCS CN。
Address: 23 Zhongshan Dong Yi Lu Ningbo.China.cable: 42001 Shanghai

一般地，国际贸易中经常使用的是保险单，使用保险单时必须注意以下重要事项。

①保险单据格式要依据合同与信用证办理。

②明确由谁办理保险手续，其实贸易术语的选择已经决定了投保人、受让人，最好还是在合同中进一步明确，如在FOB、FCA、CFR、CPT术语下，合同的保险条款指定由买方办理保险；而在CIF、CIP术语下，指定由卖方办理保险。

③在采用信用证结算货款时，保险单据的形式与内容必须做到“单单一致、单证一致”，否则将影响结汇。

④投保的日期不应迟于装运的日期，即保单的签发日期不应迟于提单的签发日期。

⑤在CIF、CIP等术语下，是由出口商代为进口商投保，进口商作为被保险人、保单的受让人，出口商在办理投保、缴纳保费、获得保单后，再向买方或银行交单（议付）时，万万不可忘记对保单加以背书（往往是空白背书），转让保单的受让人为进口商，以便货物在运输过程中一旦遭受了保险人承保责任内的货损时，进口商可凭此向保险人提出索赔。

4.3 取得保险单据

保险单据（insurance documentation）具体规定了保险人和被保险人之间的权利

和义务，既是保险人对被保险人的承保证明，又是保险人和被保险人之间订立契约的证明。因此，在被保险货物因承保的危险而发生灭失或损害时，保险单据是向被保险人索赔的主要依据，也是保险人理赔的主要依据。

目前，国际保险市场上习惯使用的保险单据，主要有以下几种。

4.3.1 保险单

保险单（insurance policy），俗称“大保单”，是保险人与被保险人或投保人之间订立保险合同的书面证明，主要载明保险合同双方当事人的权利、义务及责任。我国按CIF条件出口的货物，中国人民保险公司开出的保险单，除载明被保险人名称、保险货物名称、运输工具种类和名称、承保险别、开航日期及起讫地点、保险金额及偿付地点等项目外，还附有保险人的责任范围以及保险人与被保险人的权利和义务等方面的详细条款。

4.3.2 预约保险单

预约保险单（open policy）是保险人承保被保险人在一定时期内分批发运的货物所出立的保险单。在预约保险单内，应载明保险货物的范围、险别，保险费率、每批运输货物的最高保险金额以及保险费的结算办理等内容。凡属预约保险范围内的进出口货物，被保险人应在获悉每批货物启运时，立即以启运通知书或其他书面形式将该批货物的名称、数量、保险金额、运输工具的种类和名称、航程起讫地点、开航日期等情况通知保险人，即自动按预约保险单所列条件保险，保险人可不再签发每批货物的保险单。在我国，这种预约保险单仅适用于以FOB或CFR条件成交的进口货物的保险业务。

4.3.3 保险凭证

保险凭证（certificate of insurance）俗称“小保单”，是保险人对货物已接受保险的一种证明文件。保险凭证是简化的保险单，仅载明被保险人名称、被保险货物名称及数量、船名、航程、开航日期、险别、保险期限和保险金额等必要的项目，而对保险公司与被保险人的权利和义务则不予载明，仍以正式保险单详细的保险条款为准。在使用上，保险凭证与保险单具有同等法律效力。

4.3.4 联合凭证

联合凭证（combined certificate）是一种将发票和保险单相结合的，比保险凭证更为简化的保险单据。保险公司仅将承保险别、保险金额、保险和理赔代理人名称和地址以及保险编号加注在进出口公司开具的出口货物发票上，作为已经保险的证明，而其他项目均以发票所列明者为准。目前，这种单据仅适用于对港澳地区部分华商和少部分新马（新加坡和马来西亚）地区的业务，且只有信用证表明可以接受联合凭证时，才能使用这种单据。

知识链接

大保单与小保单

大保单是指正式的保险单，简称“保单”，主要与小保单对应，是最正式的保险单据形式，也是国际贸易中使用最广的一种保险单据，还是保险人和被保险人之间成立保险合同成立的正式凭证。

小保单是保险凭证的简称，又称保险条。保险凭证是保险人签发给投保人的，表明其已接受其投保的证明文件，是一种简化的保险单。凡保险凭证上没有列明的内容均以同类的大保单为准。小保单的法律效力与大保单相同，但不能作为对保险人提出诉讼的依据，因而在国际市场上使用不多。在实务中，小保单一般由保险人签发，也可由保险经纪人作为预约保险单代为签发。

4.4 保险索赔

保险索赔是指当被保险的货物发生属于保险人承保范围内的损失时，保单的受让人凭保单向保险人提出索要赔偿的行为。保险人则依据保单所承担的赔偿责任范围办理赔偿。

被保险人向保险人索赔时应做好如下工作。

①报损通知。

②采取必要的施救措施。

③收集证明。

④提供必要的索赔单据（主要包括保单正本、检验报告、权益证明、船方对货损的证明等）。

⑤在索赔时效内提出索赔（CIC规定为两年）。

⑥代位追偿权。如果被保险货物的损失应由第三者负担赔偿责任，被保险人从保险公司取得赔偿后，应将向第三者追偿的权益转让给保险公司。由保险公司取代被保险人的地位向第三者追偿。

⑦委付权。对于推定全损，但非实际全损，被保险人具有委付权。当被保险人对货物损失要求按全损赔偿时，要将残余货物委付（转移）给保险公司，保险人接受委付，即按全损赔偿；当被保险人不提出“委付通知”，保险人只能按部分损失赔偿，被保险人保留对残余货物的所有权。

4.4.1 出口货物的索赔

属于中国人民保险公司承保的出口货物，在到达国外目的港（地）以后发现残损时，对方（进口方）向保险单所载明的国外理赔代理人提出索赔申请。中国人民保险公司在世界各主要港口和城市，均设有委托国外检验代理人和理赔代理人两种机构。前者负责检验货物损失，收货人取得检验报告后，附同其他单证，自行向出单公司索赔；后者可在授权的一定金额内，直接处理赔案，就地给付赔款。

4.4.2 进口货物的索赔

只有属于中国人民保险公司承保的进口货物，我国进口方才可向保险公司提出索赔申请。当进口货物运抵我国港口、机场或内地后发现有残损短缺时，应立即通知当地保险公司，会同当地国家商检部门联合进行检验。若经确定属于保险责任范围的损失，则由当地保险公司出具《进口货物残短检验报告》。同时，对于涉及国外发货人、承运人、港务局、铁路或其他第三者所造成的货损责任，只要由收货人办妥向上述责任方的追偿手续，保险公司即予赔款。但对于属于国外发货人的有关质量、规格责任问题，根据保险公司条款规定，保险公司不负赔偿责任，而应由收货人请国家商检部门出具公证检验书，然后由收货单位通过外贸公司向发货人提出索赔。

思政园地

陕西典型理赔案件：出口信用保险支持企业出口行稳致远

2024年3月，陕西省保险行业协会正式发布2023年度陕西保险业“十大典型理赔案件”，其中来自中国出口信用保险公司陕西分公司（以下简称中国信保陕西分公司）的“短期出口信用保险中小企业综合保险”入选“十大典型理赔案件（财产险篇）”。

本案中，企业Q向境外买方出运了6票纺织品，合同金额折合人民币约555万元。按照合同约定，买方应于提单日后90天内支付货款，买方收货后拖欠货款。因自追无效，企业Q遂向中国信保陕西分公司申请索赔，索赔金额折合人民币约555万元。中国信保陕西分公司于2023年3月受理索赔申请后，快速开展海外调查审理，6月初出具赔付意见，对于买方未支付的货款按照保单约定赔付，支付赔款折合人民币约416万元。

2024年一季度，陕西跨境流动活跃度提升，外贸新业态、新模式蓬勃发展。在充满不确定性的国际市场环境中，企业面临着各种各样的未知风险。因此，通过恰当的保险手段做好风险规避能够帮助企业在国际市场的激烈竞争中减少后顾之忧，更加专注业务本身。

2024年，陕西省以扩大对外开放为导向，深度融入共建“一带一路”大格局，对外开放范围更大、领域更宽、层次更深。中国信保陕西分公司精准落实支持外贸企业相关政策，切实分担了出口企业在国际市场中可能面临的各种风险，以保险力量助力出口企业行稳致远。

资料来源：发现“金”力量|解读陕西典型理赔案件：出口信用保险支持企业出口行稳致远. 央广网[EB/OL]. (2024-5-11) [2024-09-12] https://www.cnr.cn/sxpd/qs/20240511/t20240511_526701065.shtml.

4.5 买卖合同中的保险条款

其他货运保险条款

合同中的保险条款根据买卖合同采用的贸易术语不同而有所不同。

①以EXW、FAS、FOB、FCA、CFR、CPT价格术语成交的合同，其保险条款可定为：

Insurance to be covered by the buyers. “保险由买方办理”

②以DAP、DPU、DDP价格术语成交的合同，其保险条款可定为：

Insurance to be covered by the sellers. “保险由卖方办理”

③以CIF、CIP价格术语成交的合同，其保险条款可定为：

Insurance is to be covered by the Sellers for 110% of the invoice value against All Risks / War Risk / Strikes Risk as per Ocean Marine Cargo Clauses of the People's Insurance Company of China dated Jan. 1, 1981. If other coverage or an additional insurance is required, the Buyers must have the consent of the Sellers before shipment, and the additional premium is to be borne by the Buyers.

由卖方按发票金额110%投保一切险及战争险，罢工险，按照1981年1月1日中国人民保险公司的《海洋运输货物保险》和《战争、罢工险条款》负责。如买方需增加保险额及/或需加保其他险，可于装船前提出，经卖方同意后代为投保，其费用由买方负担。

总结

在国际贸易中，为了使货物可能遭到的意外损失得到补偿，合同的一方当事人需要按合同规定向保险公司办理保险手续。投保人同保险公司订立保险契约，被保险人（买方或卖方）要对一批或若干批货物向保险人（保险公司）按照一定金额投保一定的险别并缴纳保险费，从而将货物的风险交由保险公司承担。

海上风险包括一般海上风险与外来风险，由海上风险所造成的损失，称为海损。按照损失程度不同，海损可分为全部损失和部分损失；按照损失的性质不同分为共同海损和单独海损。海上损失还包括费用上的损失，如施救费用和救助费用。

除了海上货物运输保险以外，国际货物运输保险包括陆地货物运输保险（包括铁路货运和公路货运保险）、航空货物运输保险、邮包货物运输保险等多种形式。保险公司不是一切风险都予承保，它也规定了一系列的除外责任，如货物自身的缺陷、运输的延迟、使用化学武器造成的损失等。

为了明确买卖双方在货运保险方面的责任，应在合同中订立保险条款，对投保人、保险人、险别、保险金额等事项加以规定。合同的保险条款主要包括投保人、保险公司、保险险别、保险费率及保险金额等事项的约定。

知识演练

一、单项选择题

1. 在保险人所承保的海上风险中，淡水雨淋、渗漏属于（　　）。

A. 自然灾害　B. 意外事故　C. 一般外来风险　D. 特殊外来风险

2. 在海运过程中，被保险货物被海盗劫持造成的损失属于（　　）。

A. 实际全损　B. 推定全损　C. 共同海损　D. 单独海损

3. 船舶搁浅时，为使船舶脱险而雇用驳船强行脱险所支出的费用，属于（　　）。

A. 实际全损　B. 推定全损　C. 共同海损　D. 单独海损

4. 某外贸公司出口茶叶5吨，在海运途中遭受暴风雨，海水涌入舱内，致使一部分茶叶发霉变质，这种损失属于（　　）。

A. 实际全损　B. 推定全损　C. 共同海损　D. 单独海损

5. 战争、罢工风险属于（　　）。

A. 自然灾害　B. 意外事故　C. 一般外来风险　D. 特殊外来风险

6. 我公司按CIF条件出口棉花300包，货物在海运途中因货舱内水管渗漏，致使50包棉花遭水渍受损，在投保下列哪种险别时，保险公司负责赔偿（　　）。

A. 平安险　B. 水渍险　C. 战争险　D. 一切险

7. 根据我国《海洋货物运输保险条款》的规定，承保范围最小的基本险别是（　　）。

A. 平安险　B. 水渍险　C. 一切险　D. 罢工险

8. 我公司按FOB进口一批玻璃器皿，在运输途中的装卸、搬运过程中，部分货物受损。要得到保险公司赔偿，我公司应该投保（　　）。

A. 平安险　B. 一切险

C. 破碎险　D. 一切险加破碎险

9. 根据现行伦敦保险协会《海运货物保险条款》的规定，采用“一切风险减除外责任”的办法表示的险别是（　　）。

A. ICC（A）　B. ICC（B）　C. ICC（C）　D. ICC（D）

10. 根据“仓至仓”条款的规定，从货物在目的港卸离海轮时起满（　　）天，不管货物是否进入保险单载明的收货人仓库，保险公司的保险责任均告终止。

A. 15　B. 30　C. 10　D. 60

二、多项选择题

1. 在海上保险业务中，构成被保险货物“实际全损”的情况有（　　）。

A. 保险标的物完全灭失

B. 保险标的物丧失已无法挽回

C. 保险标的物发生变质，失去原有使用价值

D. 船舶失踪达到一定时期

2. 我公司以CFR条件进口一批货物，在海运途中部分货物丢失。要得到保险公司赔偿，我公司可投保（　　）。

A. 平安险　　B. 一切险

C. 平安险加保偷窃提货不着险　　D. 一切险加保偷窃提货不着险

3. 根据我国现行《海洋货物运输保险条款》的规定，能够独立投保的险别有（　　）。

A. 平安险　　B. 水渍险　　C. 一切险　　D. 战争险

4. 根据英国的《协会货物条款》的规定，下列险别中，可以单独投保的是（　　）。

A. ICC（A）　　B. ICC（B）　　C. ICC（C）　　D. ICC（D）

5. 根据我国现行《海洋货物运输保险条款》的规定，下列损失中，属于水渍险承保范围的有（　　）。

A. 由海啸造成的被保货物的损失

B. 由于下雨造成的被保货物的损失

C. 由于船舱淡水水管渗漏造成的被保货物的损失

D. 由于船舶搁浅造成的被保货物的损失

三、判断题

1. 海上保险业务中的意外事故，仅局限于发生在海上的意外事故。（　　）

2. 船舶失踪达到半年以上可作推定全损处理。（　　）

3. 单独海损是由承保风险所直接造成的被保险货物的部分损失。（　　）

4. 共同海损是部分海损中的一种。（　　）

5. 共同海损要由受益各方根据获救利益大小按比例分摊。（　　）

6. 当被保险货物遭受承保范围内的灾害事故时，由保险人或被保险人以外的第三者采取救助行为而花费的费用叫施救费用。（　　）

7. 因为共同海损属于部分海损，所以，在投保平安险的情况下，对于由于自然灾害产生的共同海损，保险公司是不负责赔偿的。（　　）

8. “一切险”的承保范围包括由自然灾害、意外事故以及一切外来风险所造成的被保险货物的损失。（　　）

9. 保险公司对战争险的责任起讫与基本险的责任起讫相同，都采用“仓至仓”条款。（　　）

10. 根据英国“协会货物条款”的规定，三种基本险按由小到大的顺序应为：ICC（C）、ICC（B）、ICC（A）。（　　）

四、案例分析题

1. 某外贸公司按CIF术语出口一批货物，装运前已向保险公司按发票总值 110%投保平安险，6月初货物装完顺利开航。载货船舶于6月13日在海上遇到暴风雨，致使一部分货物受到水渍，损失价值2100美元。数日后，该轮又突然触礁，致使该批货物又遭到部分损失，价值为8000美元。

问：保险公司对该批货物的损失是否赔偿？为什么？

2．温州L公司（卖方）与英国K公司（买方）以CIF伦敦价格签订了一份出口一万吨大米的合同，货物由承运人某远洋运输公司C从温州装船运输，货物运输中由保险公司D办理了海洋运输货物保险。运输途中，因海员过失，延迟30天才到达目的港，并使1/3大米变质，英国K公司因此提出索赔。

问：B应向谁索赔？

07 项目 国际贸易支付

学习目标

知识目标

- 了解汇票、本票、支票等基本支付工具。
- 熟悉汇付、托收和信用证等支付方式的内容。
- 掌握汇付、托收和信用证等支付方式的业务流程。

技能目标

- 能阐释汇票、本票、支票等结算工具在工作中的使用。
- 能结合实际贸易情景，使用汇付、托收、信用证等支付方式。

素质目标

- 培育并践行“敬业、诚信”的社会主义核心价值观。
- 培养金融安全思维。

思维导图

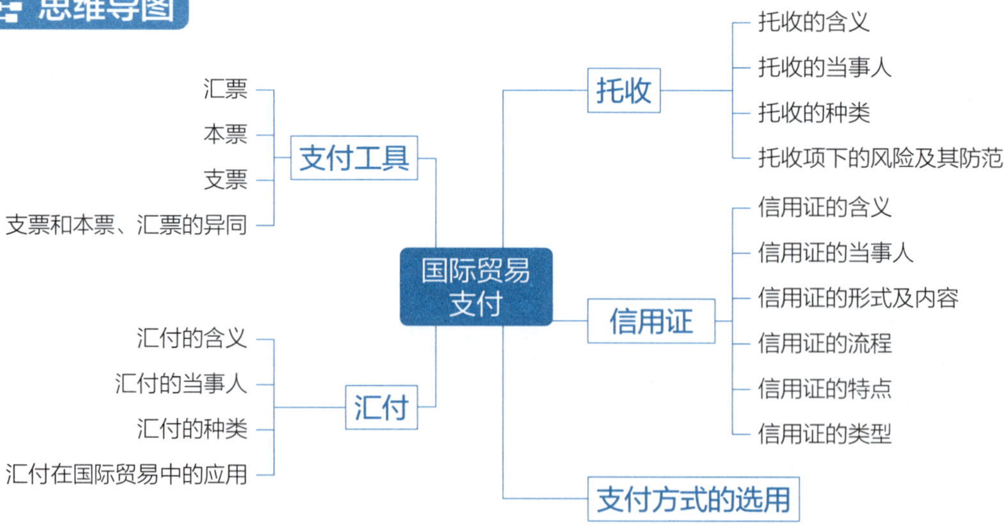

工作任务引入

为了保障双方的利益，双方就采用何种方式进行货款结算进行了协商。小章需全面了解货款结算的方式及其优缺点，这就是合同中的支付条款。

任务 1 支付工具

国际贸易货款结算中，收付双方处于不同的国度和法律制度下，主要通过银行进行结算以确保支付过程的安全便捷。票据是结算中基本的支付工具，主要包括汇票、本票和支票，是指由出票人签发的、约定自己或者委托付款人在见票时或指定的日期向收款人或持票人无条件支付一定金额的有价证券。

1.1 汇票

1.1.1 汇票的含义

汇票（bill of exchange；Draft）是一方向另一方签发的，要求见票时或在将来的某个时间，对某人、其指定的人或持票人支付一定金额的无条件的书面支付命令。

汇票有三个基本当事人：出票人、受票人、收款人。

出票人（drawer）：是开立票据并将其交付给他人的法人、其他组织或者个人。

受票人（drawee/payer）：又叫“付款人”，是指受出票人委托，支付票据金额的人、接受支付命令的人。进出口业务中，通常为进口商或银行。

收款人（payee）：是凭汇票向付款人请求支付票据金额的人。

汇票的基本内容有八项，即汇票号码、日期、金额、付款期限、收款人、出票条款、付款人（payer、drawee）、出票人。

1.1.2 汇票的种类

（1）按出票人的不同，汇票可分为商业汇票和银行汇票

①商业汇票（commercial bill）是指由出口商签发，向进口商或银行收取款项的汇票。出票人是商号或个人，付款人是商号、个人，也可以是银行。

②银行汇票（banker's bill）是指出票人是银行，受票人也是银行的汇票。

在国际贸易中，通常使用的是商业汇票。在托收方式下，使用出票人是工商企业和个人，付款人是其他工商企业、个人的商业汇票；在信用证支付方式下，使用出票人是工商企业或个人，付款人是银行的商业汇票。

（2）按照有无随附商业单据，可分为光票和跟单汇票

①光票（clean bill）是指出票人在开出汇票时不附带任何商业单据的汇票。银行汇票多为光票。

②跟单汇票（documentary bill）是指附带有商业单据的汇票。商业汇票一般为跟单汇票。附带单据包括：提单、商业发票、装箱单等。

（3）按照付款时间的不同，汇票可分为即期汇票和远期汇票

①即期汇票（sight bill）是指规定付款人见票后即需付款的汇票。

②远期汇票（time bill，usance bill）是指在一定的期限或特定日期付款的汇票。在实际业务中，远期汇票付款时间的表示方法主要有如下几种。

a. 规定见票后若干天付款（at × × × days after sight）。

b. 规定出票后若干天付款（at × × × days after date of draft）。

c. 规定在提单签发日后若干天付款（at × × × days after date of B/L）。

d. 规定在某一特定日期付款（fixed date）。

思享汇

请分组做角色扮演，完成即期汇票和远期汇票的流程，说明其中的差异。

（4）在远期汇票中按承兑人的不同，可分为银行承兑汇票和商业承兑汇票

①银行承兑汇票（banker's acceptance bill）是指汇票的付款人为银行，由银行在汇票上承兑的远期汇票。

②商业承兑汇票（commercial acceptance bill）是指汇票的付款人为企业，由该企业在汇票上承兑的远期汇票。

在托收支付方式下，如买卖合同中规定远期付款，即卖方开具远期汇票，该汇票经进口商承兑后就成为商业承兑汇票；在信用证支付方式下，如买卖合同中规定远期付款，即卖方开具远期汇票，该汇票经银行承兑后就成为银行汇票，交付给收款人。

1.1.3 汇票的使用

汇票的使用就是汇票的处理手续，主要包括出票、提示、承兑、付款、背书、拒付与追索等。

（1）出票

出票（issue）是指出票人签发汇票并将其交给收款人的行为。通过出票设立债权，出票人成了票据的主债务人，它担保汇票被付款人承兑或付款，倘若付款人拒付，持票人可向出票人追索票据，出票人就得自行清偿债务。

（2）提示

提示（presentation）是指持票人向付款人出示汇票，要求其承兑或付款的行为。付款人见到汇票，即为见票（sight）。提示分为两种：①承兑提示，即持远期汇票要求付款人承诺到期付款的提示。②付款提示，即持即期汇票或到期的远期汇票要求付款人付款的提示。不论是承兑提示还是付款提示，均应在规定的时间内进行，否则丧失追索权。

（3）承兑

承兑（acceptance）是指远期汇票付款人在持票人作承兑提示时，明确表示同意按出票人的指示来付款的行为。承兑包括两个动作：一是付款人在汇票上写“承兑”（accepted）字样、并注上日期和签名；二是把承兑的汇票交还持票人或另制承兑通知书交给持票人。付款人收到汇票后三日内承兑或拒绝承兑。远期汇票一经承兑，付款人成为承兑人，是汇票的主债务人，而出票人则退居为从债务人。持票人可将汇票在市场上背书转让，使其流通。

（4）付款

付款（payment）是指即期汇票的付款人和远期汇票的承兑人接到付款提示时，履行付款义务的行为。持票人获得付款时，应在汇票上签收，并将汇票交给付款人存查。汇票一经付款，汇票上的债权债务即告结束。

（5）背书

在国际市场上，汇票又是一种流通工具，可以流通转让。背书（endorsement）是指转让票据权利的一种法定手续，即持票人在汇票背面签上自己的名字或再加上受让人的名字，并把汇票交给受让人的行为。背书后，原持票人成为背书人，担保受让人所持汇票得到承兑和付款，否则，受让人有权向背书人追索清偿债务。与此同时，受让人成为被背书人，取得了汇票的所有权，可以再背书再转让，直到付款人付款把汇票收回。对于受让人来说，在他前面的所有背书人和出票人都是他的“前手”；对于出让人来说，在他后面的所有受让人都是他的“后手”。后手有向前手追索的权利。汇票转让次数越多，为汇票权利作担保的人也越多。

背书的方式主要有以下三种。

①限制性背书，即不可转让背书。

②空白背书，也称不记名背书，票据背面只有背书人名称而无受让人签名。此类背书只凭交付即可转让。

③记名背书，指汇票背面既有背书人签名，又有被背书人签名，对于这种背书，受让人可继续背书将汇票转让。

（6）拒付与追索

拒付（dishonor）是指持票人提示汇票要求承兑或付款时遭到拒绝承兑或付款的行为，又称退票。破产、死亡、避而不见，也属于此范围。遭到拒付后，持票人有权通知其前手，直至通知到出票人，这种行为被称为拒付通知。之后由公证人作出证明拒付事实的文件，这个文件被称为拒绝证书。不能提供拒绝证书的，则丧失对其前手的追索权。

追索（right of recourse）是一种权利，是汇票遭到拒付时，持票人对背书人、出票人及其他票据债务人行使请求偿还汇票金额、利息及费用的权利。

课堂讨论

甲交给乙一张经付款银行承兑的期票作为向乙订货的预付款，乙在票据上背书后转让给丙，以偿还原来欠丙的款项。丙于汇票到期日向承兑银行提示取款，恰遇当地法院公告该银行当天起进行破产清理，因而退票。丙随即向甲追索，甲以乙所交货物质量次为由拒绝，并称已于10天前通知银行止付，止付通知及止付理由也同时通知了乙。在此情况下，丙再次向乙追索，乙以票据系甲开立为由推诿不理。丙遂向法院起诉，被告为甲、乙与银行三方。你认为法院将如何判决？为什么？

1.2 本票

1.2.1 本票的含义

根据我国《票据法》规定，本票（promissory note）是出票人签发的，承诺自己在见票时无条件支付确定的金额给收款人或持票人的票据。本票的基本当事人只有出票人和收款人2个。

1.2.2 本票的种类

（1）依据签发人的不同，可分为银行本票与商业本票

银行本票（trader's promissory note）的出票人是银行，商业本票（banker's promissory note）的出票人是工商企业。我国《票据法》中规定的本票是银行本票，并且只有经中国人民银行审定的银行及其他金融机构才能签发本票。

（2）依据付款期限的不同，可分为即期本票与远期本票

即期本票是见票即付的本票，远期本票是在固定的日期或确定的将来时间支付的本票。

由于银行本票有信用保障，而且大多为即期银行本票，而远期银行本票可以贴现，所以在国际贸易结算中，使用本票作为支付工具时往往是采用银行本票。商业本票也称为一般本票，由于其信用保证欠缺而很难流通，而且远期的商业本票一般不具备贴现的条件。我国《票据法》所言本票只限银行本票，并且规定：“本票自出票日起，付款期限最长不得超过二个月。”

1.3 支票

1.3.1 支票的含义

根据我国《票据法》第81条规定，支票（cheque，check）是由出票人签发的，委托办理支票存款业务的银行或其他金融机构在见票时无条件支付确定的金额给收款人或持票人的票据。支票的当事人有3个。

出票人：填写支票的人，必须是付款人银行的储户。

受票人：支票的付款人，是一家银行，可提供支票。

收款人：有权获得支票上的款项的当事人。

思政园地

出票人签发支票时，在付款行的存款额度应不低于支票的票面金额。如存款不足，持票人会遭拒付，这种支票称为空头支票（bad check）。支票的主债务人是出票人而不是其开户银行，出票人对其开出的空头支票要承担违背《中华人民共和国票据法》的法律责任。

1.3.2 支票的种类

（1）记名支票

记名支票（order check），是出票人在收款人栏中注明“付给某人”“付给某人或其指定人”。这种支票转让流通时，须由持票人背书，取款时须由收款人在背面签字。

（2）无记名支票

无记名支票（bearer check），又称空白支票、来人支票，支票上不记载收款人姓名，只写“付来人”，取款时持票人无须在支票背后签章，即可支取。此项支票仅凭交付而转让。

（3）划线支票

划线支票（cross check），是在支票正面划两道平行线的支票。支票的持票人不能凭票提取现金，而只能委托银行收款入账。划线支票比一般支票更安全，若支票遗失或被窃，失主可以通过银行查寻票款的下落，然后向冒领者讨还票款。在实际业务中，根据当事人的不同需要，支票既可以由出票人划线，也可以由收款人划线，还可以由代收银行划线。

两道平行线之间可以做出各种标记以便对划线支票的使用做出各种限制。一般划线支票，除由出票人、收款人或代收银行在支票正面画两道平行线外，还在平行线中加列“××公司”（××Company）、“不可流通”（not negotiable）字样，凡加列这类文句的划线支票，可由持票人委托任何一家银行收款入账，但若在平行线中加列“请收收款人账户”或加列“不可流通、请收收款人账户”字样的划线支票，则只能由支票的收款人委托其往来银行收款入账。

（4）保付支票

保付支票（confirmed check），是指为了避免出票人开空头支票，收款人或持票人可以要求付款银行在支票上加盖“保付”印记，以保证到时一定能得到银行付款。支票一经保付，付款责任即由银行承担，出票人、背书人都可免予追索。付款银行对支票保付后，即将票款从出票人的账户转入一个专户，以备付款。所以，保付支票提示时不会退票。

（5）银行支票

银行支票（bank check），是指由银行签发，并由银行付款的支票，也是银行即期汇票。银行代顾客办理票汇汇款时，可以开立银行支票。

（6）商业支票

商业支票（commercial check），是指由于企业或个人签发的，命令其账户银行支付一定金额给第三方的支票。

（7）旅行支票

旅行支票（traveller's check），是指银行或旅行社为旅游者发行的一种固定金额的支付工具，是旅游者从出票机构用现金购买的一种支付手段。

1.4 支票和本票、汇票的异同

支票、本票和汇票都属于票据范畴，都是可以转让的债权凭证。在经济活动中，均可为支付和信用工具。按照我国《票据法》的解释，这三种票据的主要区别体现在以下几个方面。

金融票据

①当事人：支票和汇票有三个，即出票人、付款人和收款人，本票有两个，即出票人和收款人。

②性质：支票和汇票属于委托支付证券，本票属于自付证券。

③到期日：支票为见票即付，汇票和本票除此之外，还有定日付款、出票后或见票后定期付款等。

④承兑：远期汇票需承兑，本票无须承兑，支票均为即期，无须承兑。

⑤出票人与付款人的关系：汇票的出票人与付款人之间无资金关系；本票的出票人与付款人是同一个人；支票的出票人与付款人之间有资金关系，即出票人在付款人处有存款。

案例思考

2023年3月18日，国内某外贸公司（卖方）与香港D商社（买方）签订了一份金额为10万美元的贸易合同，合同规定：由买方开出即期不可撤销的信用证向卖方付款。但过了合同约定的开证日期仍未见买方开来信用证，卖方多次查询，对方才告知“因开证行与卖方银行并无业务代理关系，故此证已由有代理关系的某地银行开并转交”。此时船期已到，因合同规定货物需直接运抵加拿大，而此航线每月只有一班船，若错过这一次船期，则要推迟至下一个月才能装船，这样将造成利息和费用的损失。这时，买方提出改用电汇方式把货款汇来，以促成该笔生意。鉴于以上情况，卖方只好同意并要求对方提供汇款凭证传真件，确认后马上发货。次日，买方便传来了银行的汇款凭证，卖方财务人员持该汇款传真件到银行核对签字无误后以为款项已汇出，便放心地安排装船。但出运后10多天，卖方才发觉货款根本未到账，大呼上当。原来，买方资信甚差，经营作风恶劣，瞄准卖方急于销货的心理，先购买一张小额汇票，涂改后，再传真过来，冒充电汇凭证，蒙骗卖方，使其遭受重大的经济损失。

❓请问：该案例带给我们什么教训？你如何分析？

任务 2 汇付

国际贸易支付方式是国际间因商品交换而发生的以贷款为主要内容的债权债务清算方式。不同的支付方式包含着不同的支付时间、地点和方法。国际贸易支付方式是商品生产和流通高度发展的产物，随着国际间商品交换的加强和扩大，贷款的收付已由现货交易逐渐演变为以买卖双方通过银行或其他中介进行结算为特征的各种支付方式。常用的支付方式有汇付、托收和信用证。

汇付

2.1 汇付的含义

汇付（remittance），是汇出行应汇款人的要求，以一定的方式，把一定的金额，通过汇入行或解付行支付给收款人的一种结算方式。

知识链接

国际结算方式的具体内容包括：①买卖双方为了保证买方可靠地获得代表货物所有权的单据及卖方安全地收汇，所采取的交单与付款方式；②结算过程中，买方、卖方和相关银行之间各自权责的确定；③订明具体的付款时间、使用货币、所需单据和凭证；④相关银行之间的汇款头寸划拨安排；⑤交易双方为了加速资金的周转，以提高经营效益，结合结算的方式，争取银行融资的安排。

按照资金的流向和结算工具传送的方向可以分为顺汇和逆汇两大类。

①顺汇（remittance），又称汇付法，它是由付款人（债务人）主动将款项交给银行，委托银行采用某种结算工具支付一定金额给收款人（债权人）的结算方式。由于在这种结算方式下资金的流动方向与结算工具的传递方向相同，故称顺汇法，如汇款方式。如图7-1所示为顺汇的业务流程。

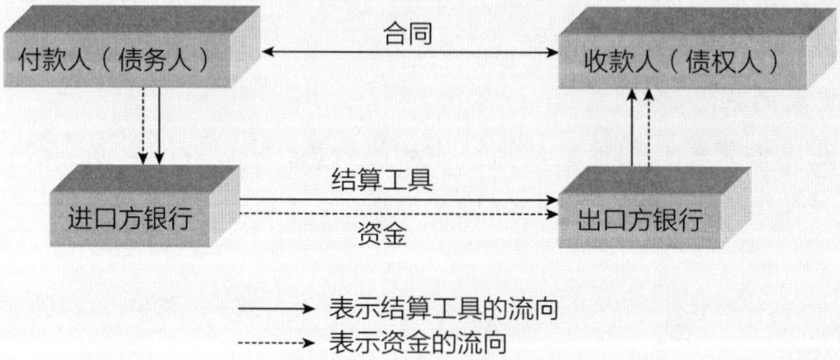

图7-1 顺汇方式流程

②逆汇（reverse remittance），又称出票法，是由收款人（债权人）出具汇票，委托银行向国外的付款人（债务人）收取一定金额的结算方式。由于在这种结算方式下资金的流动方向与结算工具的传递方向相反，故称逆汇法，如托收方式和信用证方式。其基本流程如图7-2所示。

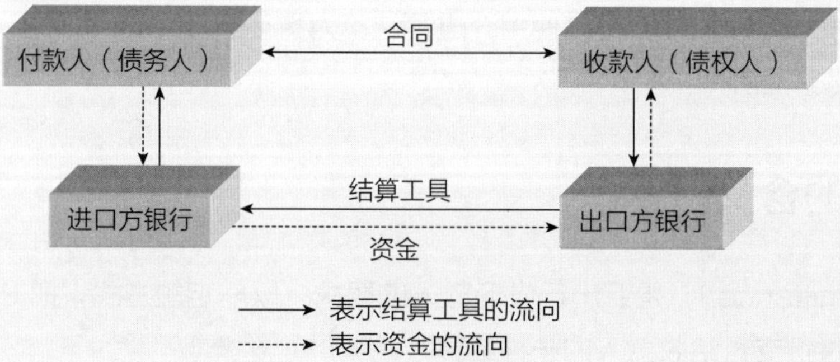

图7-2 逆汇方式流程

2.2 汇付的当事人

汇款方式一般有四个基本当事人：汇款人、收款人、汇出行和汇入行。

（1）汇款人

汇款人（remitter），指向银行交付款项并委托银行将该款交付给收款人的人。在国际贸易中，汇款人通常是进口商，也可称其为买方或债务人。

(2)收款人

收款人(payee),指被汇款人委托银行交付汇款的对象。在国际贸易中,收款人即出口商,也可称其为受益人。

(3)汇出行

汇出行(remitting bank),它是受汇款人的委托,汇出款项的银行。通常是汇款人所在地的银行或进口方银行。

(4)汇入行

汇入行(paying bank),指受汇出行的委托,将一定货币金额解付给汇款通知书上指定的受益人的银行,又称解付行,通常是出口地的银行。

2.3 汇付的种类

根据汇出行通知汇入行付款的方式,或支付委托书、汇款委托书的传递方式,汇付可以分为电汇、信汇和票汇三种方式。

2.3.1 电汇

电汇(telegraphic transfer, T/T)是汇出行应汇款人的申请,用加押电报(cable)、电传(telex)或通过环球同业银行金融电信协会(SWIFT)给在另一个国家的分行或代理行(即汇入行)指示解付一定金额给收款人的一种汇款方式。通常使用电传和SWIFT的居多。该方式的最大优点是资金调拨速度快、安全。在三种汇款方式中,电汇是最快捷的方式,因此目前使用最普遍。但电汇的费用较高,电汇收费高于信汇和票汇,成本较高。

在进出口贸易中,电汇业务流程如图7-3所示。

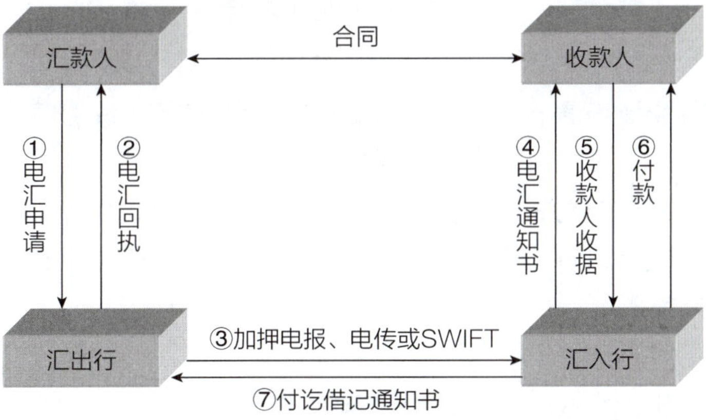

图7-3 电汇业务流程

①汇款人填写汇款申请书,交款项、汇费,并在申请书上说明使用电汇方式。

②汇出行审核后，汇款人取得电汇回执。

③汇出行发出加押电报/电传/SWIFT给汇入行，委托其解付款项给收款人。

④汇入行收到并核对密押后，缮制电汇通知书，通知收款人收款。

⑤收款人收到通知书后在收据联上盖章，交汇入行。

⑥汇入行借记汇出行账户，并解付款项给收款人。

⑦汇入行将付讫借记通知书寄给汇出行，并通知汇出行款项已解付完毕。

2.3.2 信汇

信汇（mail transfer，M/T）是汇出行应汇款人的要求，以邮寄或快邮方式将信汇委托书（M/T advice）或支付授权书（payment order）寄给汇入行，授权其解付一定金额给收款人的一种汇款方式。信汇委托书上一般不加密押，而加具有权签字人的签字，汇入行凭汇出行的印鉴核对签字无误后，即行解付。信汇因其速度慢、费用低而且安全性较差，目前实务中较少使用。

信汇的业务程序比较简单，在进出口贸易中，信汇业务流程如图7-4所示。

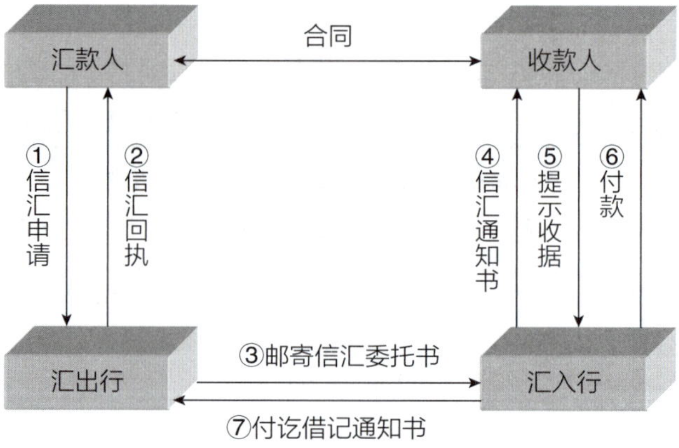

图7-4 信汇业务流程

①汇款人填写汇款申请书，交款项、汇费，并在申请书上说明使用信汇方式。

②汇出行审核后，汇款人取得信汇回执。

③汇出行根据汇款申请书缮制信汇委托书或支付委托书，邮寄给汇入行。

④汇入行收到后，核对印鉴无误，将信汇委托书的第二联信汇通知书及第三、四联收据正副本一并通知收款人。

⑤收款人凭收据取款。

⑥汇入行借记汇出行账户，并解付款项给收款人。

⑦汇入行将付讫借记通知书寄给汇出行，通知汇出行款项已解付完毕。

从图7-4可以看出信汇业务程序与电汇基本相同，仅在第三步不同：汇出行邮寄信汇委托书或支付委托书给汇入行，而不是采用电信方式授权。

2.3.3　票汇

票汇（remittance by bank demand draft，D/D）是汇出行应汇款人的申请，代汇款人开立以其分行或代理行为解付行的银行即期汇票（bank demand draft），汇款人自行寄送给收款人或自己携带出国，收款人凭此票到指定付款地银行取款的一种汇款方式。其特点是方便、灵活。

票汇业务流程与电汇和信汇稍有不同，如图7-5所示。

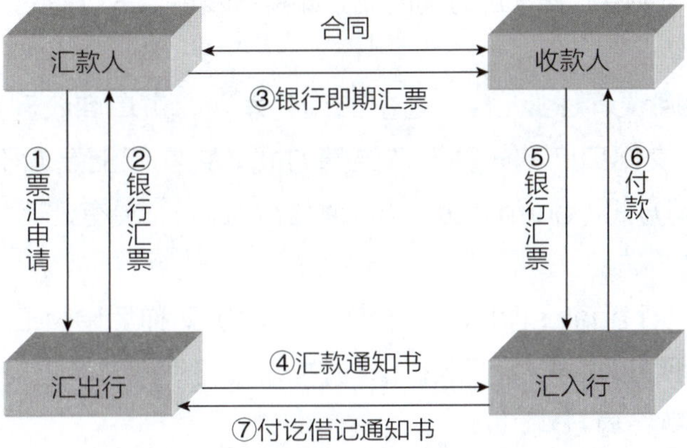

图7-5　票汇业务流程

①汇款人填写汇款申请书，交款项、汇费，并在申请书上说明使用票汇方式。

②汇出行作为出票行，开立银行即期汇票交给汇款人。

③汇款人将汇票寄给收款人。

④汇出行将汇款通知书，又称票根，即汇票一式五联中的第二联寄给汇入行。汇入行凭此联与收款人提交的汇票正本核对。近年来，银行为了简化手续，汇出行已不再寄汇款通知书，汇票从一式五联改为一式四联，取消汇款通知书联。

⑤收款人提示银行即期汇票要求付款。

⑥汇入行借记汇出行账户，并解付款项给收款人。

⑦汇入行将付讫借记通知书寄给汇出行，通知汇出行款项已解付完毕。

课堂讨论

出口合同中规定的付款条件为装运月前15天电汇付款，但买方延至装运月中才从邮局寄来一张银行汇票。为保证按期交货，出口企业于收到该汇票的次日即将货物托运，同时委托银行代收票款。1个月后，接银行通知，因该汇票系伪造，已被退票。此时，货已抵达目的港，并已被买方凭出口企业自行寄去的单据取走。事后追偿，对方已人去楼空。对此损失，出口方的主要教训何在？

2.4 汇付在国际贸易中的应用

在国际贸易中，使用汇款方式结清买卖双方债权债务，多用于订金、运杂费用、佣金、小额货款或货款尾数的支付。根据货款交付和货物运送先后时间的不同，主要有预付货款、货到付款和交单付现三种方式。

（1）预付货款

预付货款（payment in advance）是指买方先将货款通过银行汇交卖方，卖方收到货款后，根据买卖合同规定，在一定时间内或立即将货发运至进口商的一种汇款结算方式。

（2）货到付款

货到付款（cash on delivery）是出口商先发货，进口商收到货物后，立即或在一定期限内将货款汇交出口商的一种汇款结算方式。它实际上是属于赊销交易（sold on credit）或记账赊销方式（open account transaction），具有延期付款的性质。

（3）交单付现

交单付现（cash against documents，CAD）又称凭单付汇，是进口商通过银行将款项汇给出口商所在地银行（汇入行），并指示该行凭出口商提交的货运单据即可付款给出口商的一种汇款结算方式。

知识链接

“前T/T”与“后T/T”

“前T/T”

“前T/T”又称预付货款，是一种出口商在发货前就已经收到了货款，然后在合同约定的时间内，将货物发给进口商的交易方式。

从现实的观点来看，预付货款显然是对出口商有利的贸易种类。这有如下几种原因。

（1）出口商在发货前就已经收到了货款，实际上等于得到了进口方的无息贷款，其出口的风险程度已获得控制。

（2）出口商实际上接受了进口方的购货担保，掌握了出口的主动权。

（3）在出口贸易中，国内还有一种沿用内贸的做法，即先付30%~40%的定金，工厂开工生产，等货物出运后，再付出余下的60%~70%货款。

从理论上来说，预付货款是一种对于进口商较为不利的贸易方法，理由有如下几点。

（1）货物未到手就付款，等于向对方提供了无偿信贷，造成了利息损失。

（2）进口商实际承担了贸易中的风险，即出口商可能在付款后不按时、按质、按量地发货，可能收不到合同所规定的货物，使自己处于被动的地位。因此，在国际贸易中，选择“前T/T”的交易方式完全是处在买卖双方相互信任的基础上。

“后T/T”

所谓“后T/T”，是汇款的另一种交易方式，又叫“货到付款”或“赊销方式”。一般是指签署合同后，出口商先发货，进口商收到货物后，再付款的结算方式，又叫“延期付款”或者“赊账交易”，也有人称作“open account transaction”。

货到付款，即“后T/T”，是一种较为有利于进口商，而不利于出口商的结算方式。不利于出口商的主要表现形式在于资金的占用和风险的承担这两个方面。具体的过程，往往是货款的收回，在进口商收到货物的一段时间之后，进口商无偿，或只承担较低的利息即可占用出口商的资金，并且风险的承担也是出口方。

因为出口商要承担进口方可能不付款、不按时付款或不付足款的风险，假如进口商收到货物后，认为货物的质量不符合合同规定的要求，或者等进口商收到货物后，市场行情发生了变化，进口商可以拖延付款，或者少付，甚至不付货款，风险可能完全由出口方承担。

案例思考

宁波市某进出口公司对外推销某种货物，该商品在新加坡市场的销售情况日趋向上，逐渐成为抢手货。新加坡贸发公司来电订购大批商品，但坚持用汇付方式支付。此时，在宁波公司内部就货款支付方式问题产生不同的意见，一些业务员认为汇付的风险较大，不宜采用，而有的业务员认为汇付方式对公司较为有利，主张采用。

请问：如果你是出口公司的业务员，应如何选择恰当的支付方式？并说明理由。

任务 3 托收

3.1 托收的含义

托收（collection）是由债权人（出口商）提交凭以收款的金融票据或商业单据，委托银行（出口国的银行）通过其在国外的分行或代理行，向债务人（进口商）收回款项的一种国际结算方式。《托收统一规则》（Uniform

托收

Rules for Collection，URC522）（国际商会522出版物）规定，托收意指银行根据所收到的指示，处理金融单据或商业单据，以求：

①获得付款及或承兑；

②凭付款及或承兑交单；

③按其他条件交单。

上述所提的“金融单据（financial documents）”是指汇票、本票、支票或其他用于取得付款的类似凭证；“商业单据（commercial documents）”是指发票、运输单据、物权单据或其他类似单据，或除金融单据以外的任何其他单据。

从定义可以看出，银行在托收业务中只是受托代理人，只提供完善的服务，并不保证收回货款。所以托收方式与汇款方式一样，都基于商业信用，能否收回货款，完全靠买卖双方的商业信用。托收结算方式是由出口商以开具票据的方式，委托当地银行向进口商收取款项。因此结算工具的传递方向与资金流动方向相反，故称之为“逆汇法”。托收是国际结算的基本方式之一。其业务流程如图7-6所示。

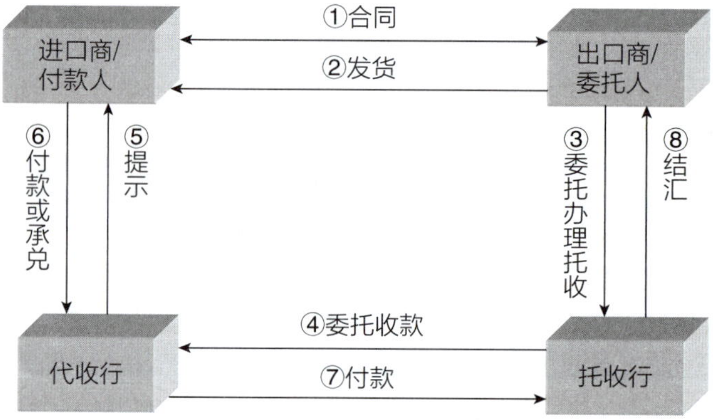

图7-6 托收业务基本流程

3.2 托收的当事人

托收业务一般涉及以下四种当事人。

（1）委托人

委托人（principal）是将单据委托给银行向国外付款人收款的人，即委托银行办理托收业务的当事人，在国际贸易中通常是出口商。托收申请书（application for collection）是指委托人向托收行做出的，要求其托收款项的申请，一般为书面申请。托收申请书构成委托人与托收行之间的一项契约。

（2）托收行

托收行（remitting bank）又称为寄单行，是指受委托人的委托而办理托收的银行，在国际贸易通常是出口地银行（exporter's bank）。托收行一方面受委托人委托，受理托收业务；另一方面通过寄单委托其国外联行或代理行，代为向付款人收款。

（3）代收行

代收行（collecting bank）是指受托收行的委托，参与办理托收业务的银行，也是受委托向付款人收取款项的银行。在国际贸易中通常是进口地银行（Importer's bank）。它可以是托收汇票的收款人，也可以是托收汇票的被背书人。

（4）付款人

付款人（drawee）是指代收行接受托收行的委托向其收取款项的人，在国际贸易中，通常是进口商（importer）或买方（buyer）。

此外，《托收统一规则》还规定增加了一个当事人，即提示行（presenting bank），是向付款人提示汇票和单据的银行。代收行可以委托与付款人有往来账户关系的银行作为提示行，也可以自己就是提示行。在托收四个当事人中，具体的关系如图7-7所示。

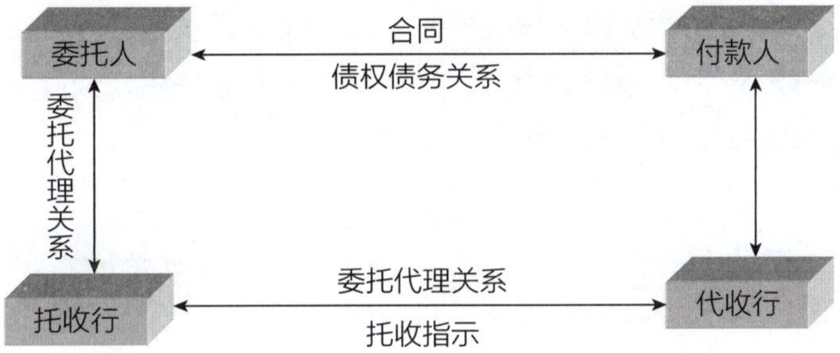

图7-7 托收业务中的当事人之间的契约关系

3.3 托收的种类

根据托收单据不同，托收结算方式分为光票托收和跟单托收。

（1）光票托收

光票托收（clean collection）是指金融单据的托收，即卖方仅开立汇票而不附带任何货运单据，委托银行收取款项的一种托收结算方式。它不涉及货权的转移或货物的处理，处理比较简单，一般只用于贸易从属费用和非贸易款项的收取。

（2）跟单托收

跟单托收（documentary collection）是指伴随货运单据的托收，可能使用汇票，也可能因进口商为避免印花税的负担而不使用汇票。跟单托收最实质的要件是代表物权的货运单据。国际贸易中货款的托收大多采用跟单托收。

根据银行交单条件的不同，跟单托收可分为付款交单和承兑交单两种。

知识链接

印花税是指当一些特定的纸质文件、合同、票据和发票等文书的交易发生时，国家依法规定征收的税款。印花税的范围包括票据印花税、合同印花税、股票印花税、不动产交易印花税和保险费印花税等。其中，票据印花税是指银行、企业在开具各种票据（如汇票、支票等）时应缴纳的税金。纳税人要按照国家规定的标准和税率缴纳印花税，不得以任何方式逃避、拖延或少缴税款。

①付款交单。付款交单（documents against payment，D/P）是指被委托的代收行必须在进口商付清票款以后，才能将货运单据交给进口商的一种托收方式。付款交单的特点是先付款后交单，付款人付款之前，出口商仍然掌握着对货物的支配权，因此其风险较小。

根据托收汇票付款期限的不同，付款交单又有即期付款交单和远期付款交单之分。

a．即期付款交单，即期付款交单（D/P at sight）指委托人开立即期汇票（向欧洲大陆国家的托收免开汇票，以发票替代），在代收行向付款人提示汇票后，付款人只有立即付清货款才能获得货运单据。其业务流程如图7-8所示。

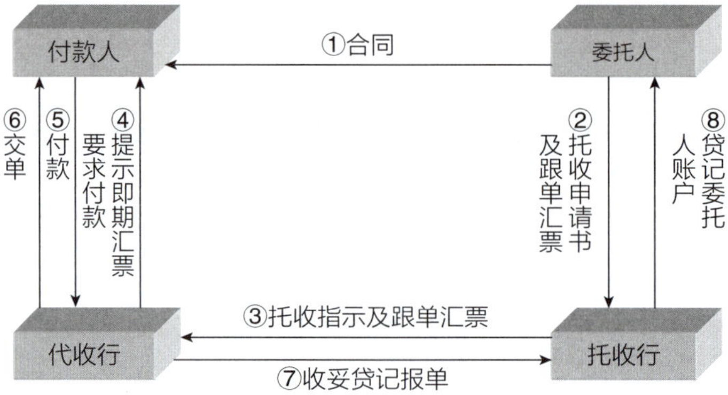

图7-8 即期付款交单操作流程

ⓐ买卖双方签订进出口合同，买方为付款人，卖方为委托人，合同中规定以即期付款交单的方式结算货款。

ⓑ委托人按合同规定装运后，填写委托申请书，开立即期汇票，连同货运单据交给托收行，请求代收货款。

ⓒ托收行根据托收申请书缮制托收委托书，连同汇票、货运单据交进口地代收行代收货款。

ⓓ代收行按照委托书的指示向付款人提示即期汇票和单据。

ⓔ付款人付款。

ⓕ代收行交单。

ⓖ代收行办理转账并通知托收行款已收妥。

ⓗ托收行向委托人交款。

b. 远期付款交单。远期付款交单（D/P at ×× days after sight）是指委托人开立远期汇票，代收行在向付款人提示汇票时，付款人立即承兑汇票，代收行收回汇票并掌握货运单据，直至到期日，代收行再提示，付款人付款后，代收行才交出货运单据。其业务流程如图7-9所示。

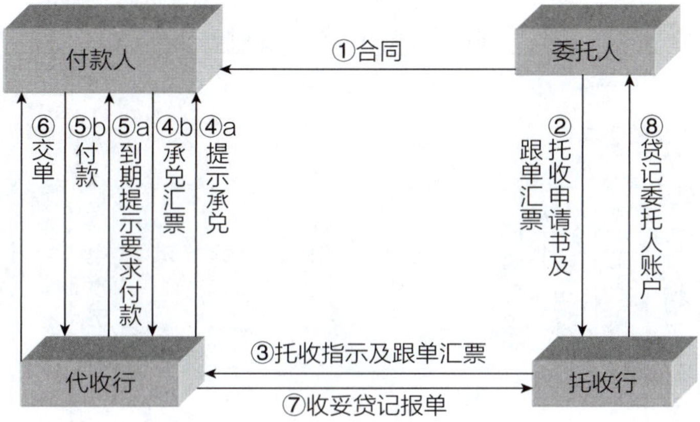

图7-9 远期付款交单业务流程

另外，有些国家或地区在法律中规定，将进口远期付款交单以承兑交单方式处理，从而增加了出口商的风险。因此，对使用远期付款交单应十分谨慎，可在托收指示中特别注明："付款后才能交单（deliver documents only after payment was effected）。"

课堂讨论

嘉兴A公司与美国B公司以远期付款交单形式签订一份买卖合同。美国B公司要求指定纽约D银行为代收行，A公司同意了对方的要求。A公司按合同规定准时装运货物，并通过上海C银行为托收行办理托收业务。货到美国后由于汇票还没有到期，B公司出具信托收据（T/R）把全套单据从代收行借出并顺利提货。待汇票期满提示B公司付款时，B公司已经宣布破产，导致A公司货款没能收回。

问：（1）在此案例中D银行是否应承担责任？为什么？

（2）A公司在办理托收环节是否存在过失？

（3）根据本案例分析出口方采用远期付款交单结算的风险。

案例思考

嘉兴一企业向日本一进口商出售某商品，其中付款条件为即期付款交单，对方答复可以接受，但付款须按以下条件："付款交单见票后90天（D/P at 90 days after sight）并通过A银行代收。"一般情况下，货物从我国运至日本最长不超过10天。

❓ 请问：该进口商为什么提出此项条件？

②承兑交单。承兑交单（documents against acceptance，D/A）是指被委托的代收行根据托收指示，在付款人承兑汇票后，将货运单据交给付款人，付款人在汇票到期时履行付款责任的一种托收方式。它适用于远期汇票的托收。这种方式因为出口商在进口商承兑汇票后就不能控制单据而风险较大，承兑的期限越长，风险越大。在实际出口业务中，应避免或者严格控制采用承兑交单方式，在不得不使用承兑交单方式时（如推销滞销产品或产品竞争力较差等情况），也应尽可能缩短承兑的期限。其业务流程如图7-10所示。

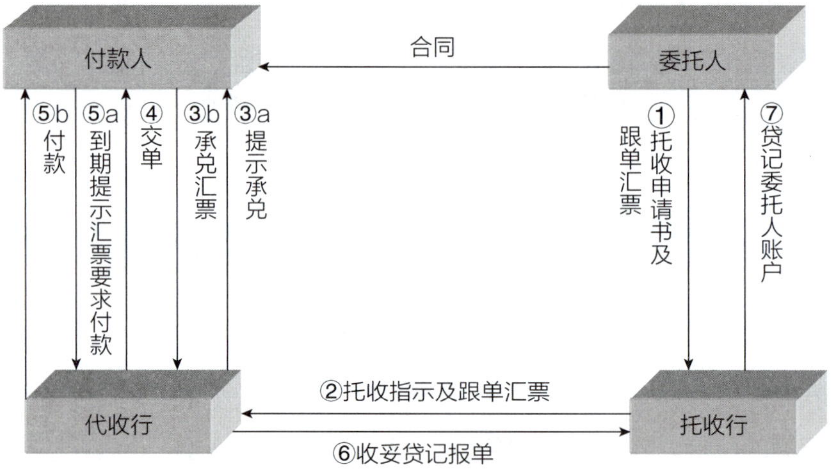

图7-10　承兑交单业务流程

3.4　托收项下的风险及其防范

3.4.1　托收项下的风险

托收仍是出口商先出运商品后收款，所以是相对有利于进口商，不利于出口商的一种结算方式。托收项下的风险主要指出口商面临的风险。

①进口商经营风险。来自进口商破产或倒闭，丧失支付能力的风险。

②市场风险。来自国际市场行市下跌，进口商借故不履约，拒不付款的风险；或进口商利用不赎单给卖方造成被动，借以压低合同价格的风险。

③进口国国家风险。进口国由于政治或经济的原因，加强外管，使进口商无法领到进口许可证或申请不到进口所需的外汇，造成货抵进口国无法进口，或不能付款带来风险。

④其他风险。例如，由以上情况所导致的货到目的地后发生的提货、存仓、保险费用和货物变质、短量的风险；转售货物可能发生的价格损失的风险；货物转运的费用负担以及因储存时间过长被当地政府拍卖的风险。

3.4.2　托收项下的风险防范

鉴于该方式对出口商风险大，为了保证收汇安全，应采取以下相应的防范措施。

(1)加强对进口商的资信调查

托收是出口商先出运商品后收款的结算方式，出口商能否顺利地收回货款完全依赖于进口商的资信状况，所以出口商必须事先详细地调查进口商的资信和经营状况，成交的合同金额不宜超过其经营能力和信用程度。

(2)选择适当的商品采用托收方式

采用托收的出口商品种类，应是那些市场价格相对平稳、商品品质稳定、交易金额不大的商品或是向国际市场推销（试销）的新产品。

(3)选择合理的交单条件

出口商应尽量地选择即期付款交单方式。如果一定要使用远期付款交单方式，应把握好付款期限，一般应掌握在不超过从出口地到进口地的运输时间，不宜过长。另外，出口商应尽可能地避免使用承兑交单方式。

(4)选择好价格条款

应争取以CIF签订合同。因为CIF项下由卖方投保，万一货物出事，买方拒付，出口商仍然掌握货运单据，控制货物的所有权，出口商可凭保险单向保险公司索赔，直接获得赔款，不至于造成重大损失。

(5)了解进口国的有关规定

出口商应随时注意了解进口国的有关贸易法令、外管条例等方面的内容，避免货到目的地不准进口或收不到外汇的损失。

(6)投保出口信用险

现在很多国家都开办了出口信用保险业务，即对买方不付款和买方因国家风险导致不能如期付款的损失进行保险。例如，我国出口商可以向中国出口信用保险公司投保“短期出口信用保险”，这项保险业务适用于以付款交单和承兑交单为结算方式且期限不超过180天的出口合同。投保该险后，如果进口商无力支付货款、不按期支付货款、违约拒收货物，或因进口国实行外汇和贸易管制、发生战争和骚乱而给出口商造成的损失，保险公司将予以赔偿。

案例思考

国内A公司出口一批毛衣到英国B公司，价值20万美元，付款方式为远期付款交单，委托国内C银行为托收行，英国D银行为代收行。单据寄出后不久，D银行来电称客户要求以房产做担保提货。C银行于是通知A公司，A公司由于平常国际贸易量较小，对此不是很了解，因此A公司参照双方以往的一贯做法，认为此单据应当无偿给B公司，再通过汇款的方式付款，A公司便要求C银行通知D银行无偿交单。尽管C银行再三提醒，但是A公司一再坚持，C银行只得通知D银行放单，但并未明确表示A公司坚持无偿放单。此后，C银行收到D银行来电，称买卖双方已经达成协议。

三个月后，B公司的境遇发生了很大变化，濒临破产，A公司连忙请C银行催收货款。D银行称，只有C银行寄回B公司承兑了的汇票才能付款。C银行回电称根本没收到汇票。D银行却坚持没有汇票不能付款。此时，A公司才明白付款交单与汇款的重大区别，请求C银行积极协助讨回货款，C银行通过多方面的途径了解到，由于当时并未明确通知D银行无偿放单，而B公司是以厂房做了抵押，凭D银行的担保才提货的，于是在电报中陈述上述事实，要求D银行付款，在多次交涉之后，D银行终于连本带息汇来货款。

请问：本案应吸取的教训是什么？

任务 4 信用证

在当前国际贸易中，信用证结算方式是广泛使用的一种结算方式，因为银行信用更加可靠稳健，使买卖双方增加了安全感，大大促进了国际贸易的发展。

4.1 信用证的含义

信用证（letter of credit，L/C）是开证行根据申请人的请求，向受益人开立的有一定金额的，在一定期限内凭规定单据在指定的地点支付的书面保证。信用证实质上是银行代表买方向卖方有条件地承担付款责任的凭证。

信用证

课堂讨论

某新加坡进口商与一韩国公司签订了一笔石油进口合同，FOB迪拜，用即期信用证付款。该新加坡进口商在装运港口监督装船时发现原油的颜色有问题，遂通知信用证开证行停止向韩国公司支付信用证项下的款项，银行不同意，该新加坡进口商马上决定向当地法院起诉，让法院裁定银行冻结付款，请问法院应如何处理？为什么？

4.2 信用证的当事人

信用证的基本当事人通常有以下几种。

（1）开证申请人

开证申请人（applicant），又称开证人（opener），申请开证的人，一般是买方。它要在规定的时间内开证，交开证押金并及时付款赎单。

（2）开证行

开证行（opening bank；issuing bank），指应申请人的要求开出信用证的银行，一般是进口地银行。

（3）通知行

通知行（advising bank；notifying bank），指受开证行委托，将信用证转递给受益人的银行，一般是出口地银行。它通常是开证行的代理行（correspondent bank）。卖方通常指定自己的开户行作为通知行。它负责鉴别来证的表面真实性，如果无法鉴别，则应告知受益人。

（4）受益人

受益人（beneficiary），指有权使用信用证的人，一般是卖方。它有按时交货、提交符合要求的单据、索取货款的权利义务，又有对持票人保证汇票被承兑和付款的责任。

（5）议付行

议付行（negotiating bank），指根据开证行的授权买入或贴现受益人提交的符合信用证规定的票据的银行。如遭拒付，它有权向受益人追索垫款。

（6）付款行

付款行（paying bank；drawee bank），指开证行的付款代理，代开证行验收单据，付款后，无权向受益人追索。

（7）偿付行

偿付行（reimbursement bank），也是开证行的付款代理，但它不负责审单，只是代替开证行偿还议付行垫款的第三国银行。当开证行收到单据发现不符而拒绝付款时，可向索偿行（议付行）追索。

（8）保兑行

保兑行（confirming bank），指应开证行请求在信用证上加具保兑的银行，它具有与开证行相同的责任和地位。它对受益人独立负责，在付款或议付后，不能向受益人追索。

（9）转让行

转让行（transferring bank），指应受益人的委托，将信用证转让给信用证的受让人即第二受益人的银行。它一般为通知行、议付行、付款行或保兑行。

4.3 信用证的形式及内容

4.3.1 信用证的形式

信用证的开证方式有信开（open by airmail）和电开（open by telecommunication）两种。信开是指开证行以航邮将信用证寄给通知行；电开即是由开证行将信用证加注密押后以电信方式通知受益人所在地的代理行，即通知行，请其转告受益人。

4.3.2 信用证的内容

（1）关于信用证本身

信用证本身包含了信用证的类型（form of credit），信用证号码（L/C number），开证日期（date of issue），信用证金额（L/C amount），有效期和到期地点（expiry date and place），开证银行，通知银行，开证申请人，受益人，单据提交期限（documents presentation period）。

（2）关于汇票

汇票包含了出票人，付款人，付款期限，出票条款（drawn clause）。

（3）关于单据

单据包含了商业发票（commercial invoice），提单（bill of lading），保险单（insurance policy），产地证明书（certificate of origin），其他单据（other documents）。

（4）关于货物

货物包含了品名、货号和规格（commodity name，article number and specification），数量和包装（quantity and packing）及单价（unit price）。

（5）关于运输

运输中涉及装货港（port of loading/shipment），卸货港或目的地（port of discharge or destination），装运期限（latest date of shipment），可否分批装运（partial shipment allowed/not allowed），可否转船运输（transshipment allowed/not allowed）等。

（6）其他

其他内容有特别条款（special condition），开证行对议付行的指示（instructions to negotiating bank），背批议付金额条款（endorsement clause），索汇方法（method of reimbursement）和寄单方法（method of dispatching documents），开证行付款保证（engagement/undertaking clause），惯例适用条款（subject to UCP clause），开证行签字（signature）。

知识链接

SWIFT是“全球银行金融电信协会（Society for Worldwide Interbank Financial Telecommunication）”的简称。该组织设有自动化的国际金融电信网，该组织的成员银行可以通过该电信网办理开立信用证以及外汇买卖、证券交易、托收等业务。凡是依据国际商会制定的电信信用证格式设计，利用SWIFT系统设计的特殊格式，通过SWIFT系统传递信用证的信息，即通过SWIFT开立或通知的信用证称为SWIFT信用证，也称“全银电协信用证”。目前通过SWIFT开立信用证的格式代码为M700和M701，修改信用证的格式代码为M707。目前我国银行使用SWIFT信用证在国际市场上已占很大比重。表7-1为MT700格式跟单信用证的主要内容。

表7-1　MT700格式跟单信用证的主要内容

Tag（代号）	Field Name（栏目名称）
*27	sequence of total（报文页次）
*40A	form of documentary credit（跟单信用证类别）
*20	documentary credit number（信用证编号）
*31C	date of issue（开证日期）
*31D	date and place of expiry（信用证的到期日及到期地点）
*50	applicant（开证申请人）
52A	issuing bank（开证行）
57A	advising through bank（通知行）
*59	beneficiary（受益人）
*32B	currency code，amount（信用证的币种与金额）
39A	percentage credit amount（信用证金额允许浮动的范围）
39B	maximum credit amount tolerance（最高信用证金额）
39C	additional amounts covered（可附加金额）
*41A	available with...by...（指定的有关银行及信用证的付款方式）
*42C	drafts at...（汇票付款日期）
42A	drawee——BIC（汇票付款人——银行代码，用于限制议付信用证）
42 D	drawee（汇票付款人，用于自由议付信用证）
42M	mixed payment details（混合付款指示）
42P	deferred payment details（延迟付款指示）
*43P	partial shipments（分批装运）
*43T	transshipment（转船）
*44A	loading on board / dispatch/taking in charge（装船/发运/接受监管地点）
*44B	for transportation to...（货物运往最终目的地）
*44C	latest date of shipment（最迟装运日）
44D	shipment period（装运期）
44E	port of discharge/airport of destination（卸货港/目的地机场）
*45A	description of goods and/or services（货物描述）
*46A	documents required（单据要求）
*47A	additional conditions（附加条款）
*71B	details of charges（费用负担）
*48	period for presentation（交单期限）
*49	confirmation instructions（保兑指示）
53A	reimbursing bank（偿付行）
78	instructions to paying/accepting/negotiating bank（银行间指示）
72	sender to receiver information（附言）

注：“*”表示必填项目

4.4 信用证的流程

采用信用证方式结算货款，要经过许多环节，办理各种手续，其基本业务程序如图7-11所示。

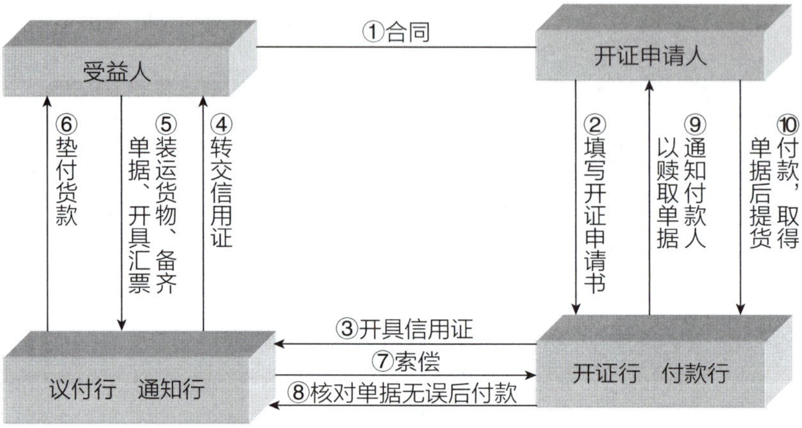

图7-11 信用证的流程

①交易双方在合同中约定，采用信用证方式支付货款，其中受益人为出口商，开证申请人为进口商。

②进口商向当地银行申请，填写开证申请书，并缴纳若干押金和手续费请求开证。

③开证行接受申请，并根据申请书内容开具信用证，寄交出口地通知行。

④通知行接到信用证审核无误后，将信用证转交出口商。

⑤出口商经审查信用证认可后，按信用证规定条件装运货物，并备齐各种货运单据，开具汇票，在信用证有效期内向议付行交单，请议付。

⑥议付行按信用证条款审核无误后，按汇票金额，扣除押汇利息，把货款垫付给出口商。

⑦议付行将汇票和货运单据寄交开证行（或其指定的付款行）索偿。

⑧开证行（或其指定的付款银行）核对单据无误后，付款给议付行。

⑨开证行（或其指定的付款银行）通知进口商付款赎取单据。

⑩进口商付款并取得货运单据后，即可提货。

4.5 信用证的特点

（1）开证行承担第一性付款责任

信用证是银行开立的有条件的承诺付款的书面文件。只要出口商在信用证规定的期限内提交符合规定的单据，开证银行就必须保证付款，而不论进口商拒付还是倒闭。因此，开证行付款承诺是一项独立的责任。

课堂讨论

嘉兴某出口企业收到一份国外开来的不可撤销即期议付信用证，正准备按信用证规定发货时，突接开证银行通知，声称开证申请人已经倒闭。对此，出口企业应如何处理？依据何在？

（2）信用证是一项独立的文件

信用证是根据买卖合同开立的，信用证一经开出，就成为独立于合同以外的文件。买卖合同是进出口商之间的契约，信用证则是开证行与出口商之间的契约，开证行及其他信用证当事人只能根据信用证办事，不受合同约束。

课堂讨论

日本某银行应当地客户的要求开立了一份不可撤销的自由议付信用证，出口地为上海，证中规定单证相符后，议付行可向日本银行的纽约分行索偿。上海一家银行议付了该笔单据，并在信用证有效期内将单据交开证行，同时向其纽约分行索汇，顺利收回款项。第二天开证行提出单据有不符点，要求退款。议付行经落实，确定不符点成立，但此时从受益人处得知，开证申请人已通过其他途径（未用提单）将货提走。你认为议付行可否以此为理由拒绝退款？

（3）信用证是纯单据业务

在信用证业务中，各有关方面处理的是单据，而不是与单据有关的货物或服务。结汇单据要严格符合“单证一致”和“单单一致”原则。

课堂讨论

买卖合同规定买方开立以卖方为受益人的全部金额的不可撤销信用证，但卖方需先期提供一份其金额为价金10%的备用信用证。卖方按照合同要求按时开立备用信用证，但买方未能如约开立令卖方满意的信用证，卖方因而拒绝交货。买方根据备用证向开证行要求付款。卖方以不交货是由于未收到满意的信用证为由要求开证行拒绝付款，并上诉法院要求颁布不准开证行付款的禁令。你认为开证行与法院应如何处理？并申述理由。

4.6 信用证的类型

（1）根据业务流程中使用的汇票种类，分为跟单信用证和光票信用证

跟单信用证（documentary credit）是开证行凭跟单汇票或仅凭单据付款的信用证，

业务中使用的信用证绝大部分是跟单信用证。

光票信用证（clean credit）是开证行仅凭不附单据的汇票付款的信用证。

（2）根据开证行的责任，分为不可撤销信用证和可撤销信用证

不可撤销信用证（irrevocable L/C）是指信用证开出后，在有效期内未经受益人及有关当事人同意，开证行不得单方面修改和撤销。

可撤销信用证（revocable L/C）是指信用证开出后，不必征得受益人或有关当事人同意，开证行有权随时撤销的信用证。但在受益人已得到议付、承兑或延期付款保证时，该信用证就不能被撤销或修改。目前该信用证在实际业务中已不存在，所有信用证一经开立都是不可撤销信用证。

（3）根据是否有另一家银行为信用证加保，分为保兑信用证和不保兑信用证

保兑信用证（confirmed L/C）是指开出的信用证，由另一家银行保证对符合信用证条款规定的单据履行付款义务。

不保兑信用证（unconfirmed L/C）是指开出的信用证没有经另一家银行保兑。

（4）根据信用证付款期限的长短，可以分为即期信用证和远期信用证

即期信用证（sight L/C）是指开证行或付款行收到符合规定的跟单汇票后，立即付款的信用证。在即期信用证中，有时加列电汇索偿条款（T/T reimbursement clause），即开证行授权议付行议付后，电告开证行或指定银行：提交的单据与信用证要求一致。开证行或指定银行接到通知后，即用电汇方式将货款拨交议付行。

远期信用证（usance L/C）是指开证行或付款行收到符合规定的单据后，不立即付款，而是待信用证到期时再付款的信用证。双方都要承担汇价风险，另外，出口商要承担利息损失。

远期信用证可分为下列几种。

①银行承兑远期信用证（acceptance L/C），是以开证行作为远期汇票付款人的信用证。

②延期付款信用证（deferred payment credit），是指受益人不用开具汇票，开证行保证货物装船后或收单后若干天付款的信用证。

③假远期信用证（usance L/C payable at sight），是一种特殊信用证，要求开立远期汇票，但规定付款行可即期付款或同意贴现，所有贴现和承兑费用由进口人负担。这种信用证表面上看是远期信用证，对出口人而言却可即期收款，因此称之为假远期信用证。

案例思考

某出口公司与新西兰商人成交一批货物，原合同规定买方开不可撤销即期信用证，但对方开来的却是一张60天的远期信用证。证中规定："折扣费用由买方承担，60天内付款，到期时在本信用证范围内支付。"

请问：此证是否为假远期信用证？该出口公司可否接受？

（5）根据信用是否转让，分为可转让信用证和不可转让信用证

可转让信用证（transferable L/C），指开证行授权可使用信用证的银行（通知行）在受益人的要求下，可将信用证的全部或一部分转让给第二受益人的信用证。唯有开证行在信用证注明“可转让”，信用证才可转让，且只能转让一次，即只能由第一受益人转让给第二受益人，第二受益人不得要求将信用证转让给其后的第三受益人，但允许第二受益人将信用证重新转让给第一受益人。信用证只能按原证条款转让，但信用证金额、单价、到期日、交单日及最迟装运日期的缩短，投保加成比例的增加，信用证申请人可以变动。

不可转让信用证（non-transferable L/C），指受益人不能将使用信用证的权利转让给他人，并未注明“可转让”者，即为不可转让信用证。

（6）循环信用证

循环信用证（revolving L/C），指信用证被全部或部分使用后，其金额又恢复到原金额时可再次使用，直至规定的次数或规定的总金额用完为止的信用证。循环可免去多次开证麻烦，节省开证费用，同时也简化了手续，利于合同的履行。这种信用证通常在分批均匀交货的情况下采用。

（7）对开信用证

对开信用证（reciprocal L/C）是指两张信用证的开证申请人互以对方为受益人而开立的信用证。第一个证的受益人就是第二个证（回头证）的开证申请人。两证金额大致相等，一般用于来料加工、补偿贸易和易货交易。信用证的生效办法之一是两张同时生效，即第一张证的生效以第二张证的开出为条件；之二是两张信用证分别生效，即第一张证开出后立即生效，第二张证以后再开；或者第一张证的受益人交单议付时，附一份担保，保证在一定期限内开出回头证。对开信用证的注意事项：一是在来料来件加工装配业务中，加工方要用延期付款信用证代替一般远期信用证，这样可以避免开证人凭银行承兑的汇票进行贴现而不开立回头购买成品的信用证。二是加工方付款期限要结合加工时间来确定，避免加工方在远期信用证到期时必须付款而对方尚未开来购买成品的即期信用证的情况发生。

（8）对背信用证

对背信用证（back to back L/C）又称转开信用证，是指受益人要求原证的通知行或其他银行以原证为基础，另开一张内容相似的新信用证。这种信用证通常是中间商转售他人货物从中图利，或两国不能直接办理进出口，通过第三者来沟通贸易而开立的。对背信用证的内容除开证人、受益人、金额、单价、装运期限、有效期限等可有变动外，其他与原证相同，如需修改，应得到原证开证人的同意。

（9）预支信用证

预支信用证（anticipatory L/C）是指开证行授权通知行，允许受益人在装运交单前预支货款的信用证。该证是进口商通过银行开立给出口商的一种以出口贸易融资为目的的信用证。预支信用证有全部预支和部分预支两种。在预支信用证项下，受益人有两种预支方

式：一是向开证行预支，装运前出口商开立以开证行为付款人的汇票，由议付行买下向开证行索偿；二是向议付行预支，由议付行垫付货款，待装运后议付时，借记开证行账户，扣除垫款本息，将余额支付给出口商。如货未装运，由开证行偿还议付行的垫款和利息，然后开证行再向开证申请人追索此款。为引人注目，预支货款的条款常用红字打出，所以也称“红条款信用证（red clause L/C）”。

预支信用证的使用原因是：一是货物供不应求，买方急于得手而想提前付款；二是卖方是买方在出口国的采购代理或跨国公司内部交易；三是买方向卖方预先提供装船资金，帮助其克服资金不足的困难，以此迫使出口商降低价格。

思政园地

信用证支付安全有效，但有时也会发生异化，主要表现为在信用证中加列“软条款”，即开证行在开立的信用证中加列某些条款，从而单方面解除了其保证付款的责任。

常见的“软条款”是开证行在信用证上规定客检证需由客户派员检验，根据进口地或进口商的标准，并经各种方式的认可时才能生效。客户提供检验证书，原本是为了防止出口商提供的商品质量不符合同的要求，但是有的开证人却使这些条款演变为进口商可以根据市场变化、自身资金的余缺、价格的起落随意拒收货物，强行压价，并使“单证相符”的主动权掌握在进口商手中，而违背了信用证业务的本意，即信用证各方所处理的是单证而非货物的初衷。

“软条款”表现形式多种多样，有时可能在单据上“做手脚”。例如，信用证规定运输条款要求“海陆联运”，但是在提单条款上却要求出具“海运提单”，两者相互矛盾。

为了避免“软条款”给外贸企业带来损失，企业在收到信用证后，一定要与合同仔细核对，如发现信用证条款与合同规定不符时，应立即要求申请人修改信用证。银行在审证中也一定要严格把关，逐一批注，提请公司洽商客户修改。

例如：我国某出口企业签订了一份信用证付款的订货合同，以1950万美元总价出口5万立方米的花岗岩砌石。在美国某银行开立的一份见票90天承兑付款的信用证中规定：为了让美国海关和开证申请人安排检验货物，开证行将仅凭开证申请人的收据无偿放单。开证行对该信用证项下汇票的承兑要等全部货物被美国海关放行和开证申请人接受货物并向其发出书面通知。直到开证行收到上述的书面通知之前，开证行对其无法从开证申请人处索回单据不负责任。如果开证行从开证申请人处收到美国海关或开证申请人拒绝接收货物的通知，开证行将立即将此情况通过交单银行通知收益人。

无论从收汇的安全性和及时性来说，这样存有“软条款”的信用证存在极大的不确定性和包含非常大的风险，属于国际结算业务中的欺诈行为，因而我国验证行要求更改该条款。在国际贸易中，进出口商都应秉持诚实守信的职业操守，不以欺诈手段获取利益，维护贸易环境的健康发展，为社会经济的繁荣和可持续发展做出贡献。

知识链接

表7-2为国际贸易支付方式的支付性质和收汇风险比较。

表7-2　国际贸易支付方式的支付性质和收汇风险比较

支付方式	支付性质	收汇风险
前T/T	先款后货	由小到大
L/C	先证后货，货到付余款	
前T/T+后T/T	预付定金、货到付余款	
D/P即期	先货，后付款交单	
D/A远期	先货，后承兑交单，再付款	
后T/T	先货后款	

任务 5 支付方式的选用

在对外贸易实际业务中，根据不同国家和地区、不同客户、不同交易的实际情况，如何正确和灵活地选用货款结算支付方式是一个关系交易成败的重要问题。一般情况下，一笔交易只使用一种交易方式。但是在特定情况下，也可以在一笔交易中把两种甚至两种以上不同的支付方式结合起来使用。

（1）信用证和汇付的结合使用

部分货款在货物装运后即采用信用证支付，余额货款在货物运抵目的地并经过商品检验确定其品质或数量后，采用汇付方式结算。这种方式多用于交货数量不易控制的初级产品贸易上。

（2）信用证与托收相结合

一笔交易的货款，部分用信用证方式支付，余额用托收方式结算，即“部分信用证，部分托收”。对进口商来说，可减少开证金额，少付押金，减轻了资金周转的压力；对出口商来说，有部分信用证付款的保证，且进口商必须付清全部货款后才能获得货运单据，因此，出口商安全收汇有保障。

（3）跟单托收与预付押金的结合使用

在进口商预付部分货款或以一定比率的押金为保证的前提下采用跟单托收的方式结算货款。出口商收到预付款或押金后发运货物，并从货款中扣除预付押金，其余金额通过银行托收。如果托收金额被拒付，出口商可将货物运回，并以预收押金抵偿运费、利息及其他损失。

（4）跟单托收与备用信用证或银行保函的结合使用

跟单托收与备用信用证或银行保函的结合使用，可以保证当跟单托收项下的货款被拒付时，出口商可以利用备用信用证或银行保函的有关条款，签发进口商拒付的声明书并开立汇票要求银行付款。

使用该方式时，备用信用证或银行保函的有效期必须晚于托收付款期限，以便被拒付后能有足够的时间办理追偿手续。

（5）汇付与备用信用证或银行保函的结合使用

这类方式常用于成套设备、大型机械和大型交通运输工具（飞机、船舶等）等货款的结算。这类产品，交易金额大，生产周期大，往往要求买方以汇付方式预付部分货款或定金，其余大部分货款则由买方按信用证规定或开加保函分期付款或迟期付款。

案例思考

我国某进出口公司收到国外信用证一份，规定：最后装船日2023年6月15日，信用证有效期2023年6月30日，交单期为提单日期后15天但必须在信用证的有效期之内。后因为货源充足，该公司将货物提前出运，开船日期为2023年5月29日。6月18日，该公司将准备好的全套单证送银行议付时，遭到银行的拒绝。

请问：（1）为什么银行会拒绝议付？（2）该进出口公司将面临怎样风险？

总结

通过本项目的学习，使学生熟悉国际贸易结算票据的基本知识，理解国际贸易中汇付、托收和信用证等结算方式的内容、当事人、特点及其类型等知识，这将有利于学生在国际贸易中选取合适的付款方式和结算工具，促进贸易的顺利开展。

知识演练

一、单项选择题

1. 属于顺汇方法的支付方式是（　　）。

   A. 汇款　　B. 托收　　C. 信用证　　D. 银行保函

2. 使用D/P、D/A和L/C三种结算方式，对于卖方而言，风险由大到小依次为（　　）。

   A. D/A、D/P和L/C　　B. L/C、D/P和D/A

   C. D/P、D/A和L/C　　D. D/A、L/C和D/P

3. 属于银行信用的国际贸易支付方式是（　　）。

   A. 汇付　　B. 托收　　C. 信用证　　D. 票汇

4. 信用证的受益人一般为（　　）。

A. 出口人　　B. 进口人　　C. 交单人　　D. 议付行

5. 信用证的开证申请人一般为（　　）。

A. 出口人　　B. 进口人　　C. 交单人　　D. 议付行

6. 保兑行对保兑信用证承担的付款责任是（　　）。

A. 第一性的　　B. 第二性的　　C. 第三性的　　D. 第四性的

7. 信用证的第一付款人是（　　）。

A. 进口商　　B. 开证行　　C. 出口商　　D. 通知行

8. 出票人是银行，受票人也是银行的汇票是（　　）。

A. 商业汇票　　B. 银行汇票　　C. 光票　　D. 跟单汇票

9. 不附任何商业单据的汇票是（　　）。

A. 跟单汇票　　B. 光票　　C. 即期汇票　　D. 远期汇票

10. 持票人将汇票提交付款人要求承兑的行为是（　　）。

A. 转让　　B. 出票　　C. 见票　　D. 提示

11. 下列几种结算方式中，对卖方而言风险最大的是（　　）。

A. 票汇　　B. 承兑交单　　C. 即期付款交单　　D. 远期付款交单

12. 在补偿贸易或易货贸易中经常使用的信用证是（　　）。

A. 循环信用证　　B. 对开信用证　　C. 对背信用证　　D. 红条款信用证

二、判断题

1. 汇票是出票人指定付款人支付给收款人的无条件支付承诺书。（　　）

2. 根据我国《票据法》，如果汇票上加注“货物到达后付款”，则构成支付的附加条件，该汇票无效。（　　）

3. 根据我国《票据法》，票据金额以中文大写和数码同时记载的，两者必须一致，若两者不一致，则以中文大写金额为准。（　　）

4. 在我国，持票人有权凭来人汇票要求付款人向其支付汇票所记载的全部金额。（　　）

5. 一张商业汇票的收款人是“pay to john stone or bear”，这张汇票可以经过背书转让。（　　）

6. 出票，即票据的签发，指由出票人写成汇票并在汇票上签字的行为。（　　）

7. 汇票可以从不同角度进行分类，若根据出票人身份，分为银行汇票与商业汇票。（　　）

8. 根据我国《票据法》，承兑附有条件的，视为拒付。（　　）

9. 付款人向持票人付款时，若手头没有现金，则可以用价值相当的货物替代金钱的支付。（　　）

10. 除非汇票上注明“without recourse”，否则汇票经背书后，汇票的收款权利转让给被背书人，被背书人若日后遭到拒付可向前手行使追索权。（　　）

11. 汇票的持票人向付款人做出提示时，可能遭到拒付，拒付又称为退票，是指已获得承兑的汇票未在到期时获得付款。 ( )

12. 追索是指汇票遭到拒付时，持票人要求其前手背书人、出票人、承兑人或其他的汇票债务人清偿汇票金额及有关费用的行为。 ( )

13. 本票的出票人在任何情况下都是主债务人。 ( )

14. 本票的出票人必须是单独的一个人，而不允许由两个或更多的出票人一起签发。 ( )

15. 银行本票可以是即期的，也可以是远期的。 ( )

三、案例分析题

1. 某公司向国外出口钢材一批，货物分两批装运，支付方式为即期信用证，每批分别由中国银行开立一份信用证。第一批货物装运后，卖方在有效期内向银行交单议付，议付行审单后，即向该出口商放款；随后，中国银行对议付行做了偿付。该公司收到第一批货物后，发现货物品质与合同不符，因而，要求开证行对第二份信用证项下的单据拒绝付款，但遭到开证行的拒绝。

问：开证行这样做是否合理？为什么？

2. 我国某进出口公司向中东某国出口丝绸一批，合同规定，出口数量为2100箱，价格为2500美元/箱，CIF中东某港，同年5～7月份分三批装运，即期信用证付款，买方应在装运月份开始前30天将信用证开抵卖方。合同签订后，买方按合同规定依时将信用证开抵卖方，其中汇票条款载有“汇票付款人为开证行/开证申请人”字样。该公司收到信用证后未留意该条款，即组织生产并装运，待制好结汇单据到付款银行结汇时，付款行以开证申请人不同意付款为由拒绝付款。

问：付款行的做法有无道理？为什么？该公司失误在哪里？

3. 我国某贸易公司向国外客户出口货物一批，合同规定的装运期为2023年6月，即期付款交单方式付款。合同订立后，该贸易公司及时装运出口，并备好全套结汇单据，开出以买方为付款人的60天远期汇票委托银行托收货款。单证寄抵代收行后，付款人办理了承兑手续，鉴于货物已抵目的港，且行情看好，但付款期限未到，为及时提货销售取得资金，买方经代收行同意，向代收行出具信托收据借取货运单据先行提货。不巧，在销售过程中，因保管不善，货物被火焚毁，付款人又因其他债务关系倒闭，无力付款。

问：在这种情况下，责任应由谁承担？为什么？

项目08 国际贸易合同履行

学习目标

知识目标

- 掌握出口合同的基本业务操作流程和注意事项。
- 掌握进口合同的基本业务操作流程和注意事项。

技能目标

- 能审核和修改信用证。
- 能办理运输、保险、报检和报关等相关步骤。
- 能填制进出口业务操作中的常用单据。

素质目标

- 提升实践与理论结合的自主意识。
- 培养良好的人文素养、精益求精的工匠精神。

思维导图

- 国际贸易合同履行
  - 出口合同履行
    - 备货与报检
    - 催证、审证和改证
    - 托运、报关、投保和装船
    - 制单结汇和出口退税
  - 进口合同履行
    - 开立信用证
    - 安排运输和办理保险
    - 审单和付款
    - 进口报关和验货

工作任务引入

小章与客户协商签订合同后，按照CIF方式进行交易，经过20多天的准备，公司备货完成，为做好货、证、船、款等重要环节的衔接，小章需进一步梳理进出口业务流程，保证合同顺利履行。

任务1 出口合同履行

在国际贸易中，国际货物买卖合同一旦依法有效成立，双方当事人必须各自履行合同规定的权利和义务。对出口贸易合同的签订和履行，有国际性的章程可循：例如，根据《公约》的规定，卖方必须按合同和《公约》规定，交付货物，移交一切与货物有关的单据并转移货物所有权。履行合同是一项极为严肃的工作，必须谨慎对待，因为任何一方违反了合同中的某一条款，违约方就要承担相应的法律责任。与此同时，合同的履行还是衡量企业资信状况的一个重要指标。如果依法订立了合同却不履约，势必带来信誉上的损失。此外，在履约过程中，还必须严格地贯彻我国的对外贸易方针政策，在平等互利的基础上，做到"重合同，守信用"，确保我国的对外贸易信誉。由此可见，严格履行合同具有十分重要的意义。

下面本文以按CIF术语成交、凭信用证方式付款的合同为例，将出口合同履行所涉及的各项业务分述如下。概括起来就是货（备货、报检）、证（催证、审证和改证）、船（托运、报关、投保和装船）、款（制单结汇和出口退税）四个环节。

1.1 备货与报检

出口商备货与检验

1.1.1 备货

所谓备货，是指卖方根据出口合同所规定的商品品质、规格、数量、重量、花色品种、包装等要求，按时、保质、保量准备好货物。其主要内容包括：及时向供货部门或生产企业进行逐一的交代、检查和督促，核实应交货物的品质、规格、数量和交运时间，并进行必要的包装以及刷制唛头（标记）等工作。在备货交运过程中，应注意以下几点。

①对所备货物的品质、规格、花色品种要严格核对，使所交运的货物完全符合合同和信用证的规定。对于那些不符合要求的货物必须重新加工或调换。

②备货数量可适当有余，以备不测，在短缺时可以补足，避免短交。

③所备货物的包装必须符合出口合同规定，包括内外包装的方式方法、用料、重量等。由于运输公司按重量或体积计算运费，出口企业应尽量选择重量轻的小体积包装，以节省运输费用。随着技术进步，自动仓储环境处理的货物越来越多，货物在运输和仓储过程中，通常由传送带根据条形码自动扫描分拣。因此，应注意根据仓储要求，严格按统一尺寸对货物进行包装或将货物放置标准尺寸的牢固托盘上，并预先正确印制和贴放条形码。

思政园地

智能化自动仓储：外贸企业高效备货的必经之路

在企业作业环节中，仓储是拉开差距、提高备货效率的关键。纯粹依靠人工作业有诸多弊端，例如，商品在拣选、清点、运输和装卸过程中易产生缺损等质量问题。随着科学技术的发展和工业化程度的提高，自动化仓储逐渐替代传统仓储模式，在现代物流行业中扮演着越来越重要的角色。

仓储自动化的概念兴起于20世纪50年代，是计算机控制技术与传统的高架仓库的有效结合。随着仓储自动化的不断应用、深化与发展，由立体仓库、高速分拣系统、出入库输送系统、物流机器人系统、信息识别系统、计算机监控系统等组成的智能化自动仓储应运而生。依托时下的物联网、云计算、人工智能、大数据等技术，仓储不再是一个个独立的模块，而是结合互联网，成为智能化、数字化和多维化的庞大综合体。

根据应用场景的不同，仓储自动化可以分为商业配送型和工业生产型。商业配送型主要为企业提供存储、分拣、配送服务，提高手动处理订单的效率，减少流通成本。工业生产型主要应用于原材料、半成品、成品以及零配件的自动传输，力求提高生产配套效率和车间物流管理能力。

运输包装的刷唛，要按买卖双方约定的式样，要求图形和文字清晰、醒目，位置适当，涂料不易脱落和防止错刷。唛头式样一般由卖方自行制定，并及时通知买方，或在合同上加以说明，以便及时刷唛和货到时提货无误。

货物备妥的时间应结合信用证规定的装运期限和船期安排，做到船货相衔接。

案例思考

在希普顿·安德逊公司诉威尔兄弟公司一案中，交易双方在履行买卖小麦的合同时，卖方交货重量比合同许可的限度4950吨多出55磅①，当时按合同价计算，价款总值为4万英镑以上，而55磅小麦仅值4先令，卖方并未对这4先令提出要求。尽管如此，买方仍以超重为由拒收整批货物，于是卖方便将该批货物赔本出售，然后以买方无理拒收货物为由，向买方提出损失赔偿要求，并诉诸法院。

❓请问：法官如何来处理该案件？

---

① 1磅=0.45千克=0.00045吨。

1.1.2 报检

在出口货物备齐后，买方要根据合同或信用证要求向中国出入境检验检疫局或其他机构申请检验检疫，领取出口商品检验检疫证书。报检的方法可根据商品的不同情况采取送样检验和邀请检验人员到产地或仓库检验。商品检验的主要内容有：商品的外观和内在质量，如包装、数量、重量、安全性能、卫生等检验。

申请报检的手续是：凡是法定检验检疫出口的货物，应填制“出境货物报检单”，随附合同、信用证、厂检单、发票和装箱单等文件，向商检部门办理报检手续，经检验检疫合格后，取得商检部门签发的“出境货物通关单”，才能向海关报关。

货物经检验合格，即由商检部门发给检验证书，卖方应在检验证书规定的有效期内将货物出运。如超过有效期装运出口，应重新向商检部门申请报检。经检验不合格的货物，一般不得出口。

出口商催证、审证、改证

1.2 催证、审证和改证

1.2.1 催证

催证是指买方不按合同规定及时开立信用证，卖方以书面或口头形式向买方催促开证的情况。在通常情况下，国外客户能按时开证，但如果国外行市发生变化或进口商资金发生短缺，往往会拖延开证或不开证，甚至故意不开证。这对国内商户极为不利。鉴于此，国内商户应催促对方迅速办理开证手续。

1.2.2 审证

信用证付款方式强调“单单相符、单证相符”的“严格符合”原则，如果受益人提供的文件不符合信用证的规定，不仅会产生额外的费用，而且还会遭到开证行的拒付，给安全、及时收汇带来很大的风险。

知识链接

信用证是依据出口合同开立的，信用证的内容理应与合同的条款相一致。但在实际业务中，由于种种原因，如国外客户或开证银行工作的疏忽和差错，或者某些国家对开立信用证有特别规定，或者国外客户对我国政策不了解，或者开证申请人或开证行的故意行为等，往往会出现开立的信用证条款与合同条款不符。所以事先对信用证条款进行审核，对于不符合出口合同规定或无法办到的信用证条款及时提请开证申请人（通常为进口商）进行修改，可以大大减少进口商收汇的风险。

审核信用证，是银行和外贸企业的共同责任，但审核内容各有侧重。银行着重审核开证银行的政治背景、资信能力、付款责任及索汇路线等方面的问题，外贸企业则着重审核信用证与买卖合同是否一致和信用证的一些要求我方能否接受等。审核信用证的要点如下。

（1）对开证银行的审查

重点审核开证银行的资信情况以及真伪情况。对于资信较差的银行，可采取适当的安全措施，例如，要求另一家银行保兑，加列电报索偿条款，分批装运、分批结汇等，以减少收汇的风险。此外，还需核查电开信用证的密押是否相符，信开信用证的签字或印鉴是否真实，信用证内容是否完整，偿付路线是否合理，偿付条款是否恰当，以确定信用证的真伪。

知识链接

警惕非常态信用证寄交

信用证一般是通过受益人所在国家或地区的通知/保兑行通知给受益人的。这种方式的信用证通知比较安全，因为根据《跟单信用证统一惯例》的有关规定，通知行应对所通知的信用证的真实性负责；但如果不是这样寄交的，遇到下列情况之一的应该首先通过银行调查核实。

①信用证是直接从海外寄给受益人的，那么受益人应该小心查明它的来历。

②信用证是从本地某个地址寄出，要求受益人把货运单据寄往海外，而受益人并不了解他们指定的哪家银行。

（2）检查信用证的金额是否符合合同规定

主要检查内容有：信用证金额是否正确，信用证中的单价、总值、币种及大小写是否一致，有无佣金，是否符合合同规定。例如，所开的金额已扣除佣金，就不能在信用证上再出现议付行内扣佣金的词句。

课堂讨论

请同学们结合溢短装条款思考一下，信用证金额是否可以和数量一样有伸缩幅度呢？

知识链接

根据《跟单信用证统一惯例》的规定，“约”或“大约”用于信用证金额或信用证规定的数量或单价时，应解释为允许有关金额或数量或单价有不超过10%的增减幅度。

（3）对货物描述的审核

①审核信用证中货物的名称、货号、规格、包装、合同号码、订单号码等内容是否与买卖合同完全一致。

②检查信用证的数量是否与合同规定相一致。根据《跟单信用证统一惯例》规定，除非信用证规定数量不得有增减，那么，在信用证未以包装单位件数或货物自身件数的方式规定货物数量时，货物数量允许有5%的增减幅度，只要总金额不超过信用证金额。

③检查价格条款是否符合合同规定。不同的价格条款涉及具体的费用如运费、保险费由谁承担。例如，合同中规定是：FOB Shanghai USD50/PC，那么运费和保险费由买方承担；如果信用证中的价格条款没有按合同的规定表示，而是写成：CIF New York USD50/PC，对此条款如不及时修改，那么受益人将承担有关的运费和保险费。

（4）检查信用证受益人和开证申请人的名称和地址是否完整和准确

受益人和开证申请人的名称和地址是出口单证中必不可少的，如果来证开错应及时修改，以免制单和交单发生困难，影响收汇。

案例思考

中东某商人从西欧购买一项商品，买卖双方约定采用信用证方式付款，并明确分两批交货和分两批开立信用证。第一张信用证开出后，已经顺利结汇。第二张信用证开出后，买方因第一批货物质量有问题，向卖方索赔的事项尚未了结，便通知银行停止使用其开出的第二张信用证，但银行仍凭卖方第二批正确的票据付了款。当银行通知买方对第二批货物付款赎单时，遭到买方拒绝，银行向法院起诉，结果银行胜诉。

❓请问：银行胜诉的原因是什么？

（5）有效期、交单期和装运期是否合理

①有效期。按《跟单信用证统一惯例》的规定，一切信用证均须规定一个到期日和一个交单付款、承兑的地点，或除了自由议付信用证外的一个交单议付的地点。规定的付款、承兑或议付的到期日，将被解释为交单到期日。据此，未注明到期日（即有效期）的信用证是无效的。

信用证的有效期还涉及到期地点的问题。一般有三种情况：在出口地到期，在进口地到期，在第三国到期。这三种情况中，第一种规定方法对出口人最有利，而二、三两种情况，到期地点均在国外，有关单据必须寄送国外，由于我们无法掌握单据到达国外银行所需的时间且容易延误或丢失，因而风险较大。为此，出口商应争取在出口地到期，若争取不到，则必须提前交单，以防逾期。

②交单期。信用证还应规定运输单据出单后向银行提交的期限，即“交单期”。信用证有规定的，应按信用证规定的交单期向银行交单；信用证没有规定的，向银行交单的日

期不得迟于提单日期后21天。

③装运期。装运期是指卖方将货物装上运往目的地（港）的运输工具或交付给承运人的日期。信用证中可以没有装运期，只有有效期。若信用证未规定装运期，卖方最迟应在信用证到期日前几天装运。如信用证中的装运期和有效期是同一天，即通常所称的“双到期”，在实际业务操作中，应将装运期提前一定的时间（一般在有效期前10天），以便有合理的时间来制单结汇。检查信用证规定的装运期应注意以下几点：能否在信用证规定的装运期内备妥有关货物并按期出运，实际装运期与交单期相距时间是否太短。如果来证收到时装运期太近，无法按期装运，应及时与客户联系修改。

案例思考

美国某商人按CFR纽约条件凭信用证付款方式向意大利某商人购买一批智利产的金鱼粉，买方通过美国银行开出一张不可撤销的信用证，其中规定：在议付单据中，提单必须是空白抬头并注明运费已付，品质证书必须证明含蛋白质不低于70%。但议付时，受益人却提供不可转让的提单，且无“运费已付”字样，品质证书仅注明蛋白质为67%，发票的商品名称是鱼粉，而不是金鱼粉。由于单证不符，遭开户行拒付。后受益人又补交了符合信用证要求的单据，并遭到开证银行再次拒受单据和拒付货款。

❓请问：如何分析该案例？

（6）运输条款是否可以接受

检查运输条款主要是根据港口、运输方式、运输工具、分批装运等相关问题是否符合合同规定来判断。

①装运地（港）和目的地（港）。信用证运输条款中的装运地（港）和目的地（港），应与合同相符，交货地点也必须与价格条款相一致。

②若来证指定运输方式、运输工具或运输路线以及要求承运人出具船龄或船籍证明，应及时与承运人联系。

③分批装运和转运问题。多数来证是允许转运或分批的（其中包括信用证中未注明可否转运或分批）。但也有信用证列明不许转运或不准分批的情况，此时出口商应及时了解在装运期内是否有直达船到目的地，能否提供直运提单及了解货源情况，是否可以在装运期内一次出运。对于分期装运，《跟单信用证统一惯例》规定，除非信用证另有规定，若一期未能按期完成，本期及以后各期均告失效。若要续运，必须修改信用证。

④信用证中指定唛头。如果货已备妥，唛头已刷好而信用证后到，且信用证指定的唛头与原唛头不一致，应要求修改唛头。否则，需按信用证重新刷制。

案例思考

有份CIF合同，出售矿砂5000公吨，合同装运条款规定："CIF汉堡，2023年2月份：由一船或数船装运。"买方于2月15日装运了3100公吨，余数又在3月1日被装上另一艘轮船。当卖方凭单据向买方要求付款时，买方以第二批货物延期装运为由，拒绝接受全部单据，并拒付全部货款，卖方提出异议，认为买方无权拒收全部货物。

❓请问：作为法官，你该如何处理？

（7）保险条款是否可以接受

检查保险金额、保险险别及其他保险条款是否符合合同规定。若来证要求的投保险别或投保金额超出了合同的规定，受益人应及时和保险公司联系，若保险公司同意且信用证上也表明由此产生的额外费用由开证申请人承担并允许在信用证项下支取，则可接受。

（8）其他条款

①银行费用条款。此项条款在《UCP600》中也做了明确的规定，即银行费用（一般包括议付费、通知费、保兑费、承兑费、修改费、邮费等）由发出指示的一方负担。如信用证项下是由开证申请人申请开立的信用证，同时又由开证行委托通知行通知议付，因此来证由受益人承担全部费用（all banking charges are for account of beneficiary），显然是不合理的。关于银行费用，可由出口商和进口商在谈判时加以明确，一般以双方共同承担为宜。

②检查信用证规定的单据条款是否合理。检查一些需要认证的单据特别是使馆认证等能否及时办理和提供，由其他机构或部门出具的有关文件如出口许可证、运费收据、检验证明等能否及时提供，要求提交的单据条款是否合理。例如，汇票的付款期限与合同规定不符；在信用证方式下，汇票的付款人为开证申请人；发票种类不当；提单收货人一栏填制要求不妥；提单抬头与背书要求有矛盾；对运输工具、方式或路线的限制无法接受；产地证明书出具机构有误；要求提交的检验证书与实际不符等。

③检查信用证中有无陷阱条款。下列信用证条款对于出口商来说是有收汇风险的。

a. 正本提单全部或部分直接寄交开证申请人的条款。如果接受此条款，将面临货、款两空的危险。

b. 信用证规定必须由开证申请人或其指定的人签署有关单据的条款，例如，商业发票需由买方签字等条款内容应慎重对待。信用证对银行的付款、承兑行为规定了若干前提条件，如货物清关后才付款等。

（9）检查信用证中有无矛盾之处

信用证的矛盾之处有：明明是空运，却要求提供海运提单；明明价格条款是FOB，保险应由买方办理，而信用证中却要求提供保险单；提单运费条款规定与成交条件有矛盾；要求提单的出单日期比装运期早，受益人无法做到等。

思政园地

失之毫厘，差之千里

“上次我们同尼加拉瓜客人成交了一份合同，对方通过银行开来L/C，目的港是南圣胡安（San Juan Delsur）。货物按期装运出口，单子也送到了中国银行议付，一切都很顺利。可是，单证科小安，在制单时，把‘Delsur’漏掉了，只打上了‘San Juan（圣胡安）’。我方中国银行和开证行，审单时都没有发现这个错误，我们也收到了货款。三个月之后，客人来电说没有收到货物，要我们赶快查清情况后告诉他们。我们通过有关部门一查，这才知道我们把目的港打错了，南圣胡安命名的港口，就有三四个。最后才弄清这批货已经卸到美属波多黎各的圣胡安了！”

“哎呀！从尼加拉瓜的南圣胡安港，到美属波多黎各的圣胡安，中间隔着浩瀚的加勒比海，这真是漏打一个字，相差十万八千里啊！”

“后来，我们费了很大劲，花了不少钱，把货转运到南圣胡安，并向客人表示歉意。客人因为金额不大，总共才两万美元，所以没有向我们索赔，但从此不跟我们做生意了！”

“虽然是个小差错，但带来损失却是很大的呀！”

“所以，打合同、打单证，一定要十分小心，九分九都不行啊！”

点评 信用证交易条件下，必须严格遵守单证相符，单单相符的原则，否则会影响出口企业的顺利收汇。虽然本案中由于银行审证的疏忽，货款顺利收到，但是出口方却没做到单货一致，所以还是违反了原贸易合同，最后出口方不得不费周折才把货物顺利交到买方手中，但由此也损失惨重，而且还失去了重要的客户资源。所以在外贸业务中，作为单证员，必须保持小心谨慎的心态，确保单据必须严格符合信用证的要求，这样也就不会造成上述的巨大损失。

1.2.3 改证

修改信用证（改证）是对已开立的信用证中的某些条款进行修改的行为。

信用证的修改可以由开证申请人提出，也可以由受益人提出。由于修改信用证的条款涉及各当事人的权利和义务，因而不可撤销的信用证在其有效期内的任何修改，都必须征得各有关当事人的同意。信用证修改的一般程序如下。

开证申请人提出→开证行→通知行→受益人。

由受益人提出修改，首先应征求开证申请人的同意，再按上述程序办理。

知识链接

出口商对信用证的修改应掌握的原则和注意的问题有以下几个。

①非改不可的坚决要改，可改可不改的根据实际情况酌情处理。例如，合同中规定可以“分批装运”信用证中规定“不许分批装运”，若实际业务中可以不分批装运，则不需修改该条款。

②不可撤销信用证的修改必须经有关当事人全部同意后，方能有效。开证行发出修改通知后不能撤回。

③保兑行有权对修改不保兑，但它必须不延误地将该情况通知开证行及受益人。

④受益人应对开证申请人提出的修改发出接受或拒绝的通知。根据《跟单信用证统一惯例》的规定，受益人对不可撤销的信用证的修改表示拒绝的方法有两种：一是向通知行提交一份拒绝修改的声明书；二是在交单时表示拒绝修改，同时提交仅符合未经修改的原证条款的单据。

⑤在同一信用证上，如果有多处需要修改的，原则上应一次提出。一份修改通知书包括两项或多项内容，要么全部接受，要么全部拒绝，不能只接受一部分而拒绝另一部分。

⑥受益人提出修改信用证，应用电报或电传通知开证人或开证行，同时规定一个修改书到达的时限。

⑦收到信用证修改后，应及时检查修改内容是否符合要求，并分情况表示接受或重新提出修改。

⑧对于修改内容要么全部接受，要么全部拒绝，部分接受修改中的内容是无效的。

⑨有关信用证的修改必须通过原信用证通知行才是真实有效，通过客人直接寄送的修改申请书或修改书复印件不是有效的修改。

⑩明确修改费用由谁承担，一般按照责任归属来确定修改费用由谁承担。

1.3 托运、报关、投保和装船

1.3.1 托运

在实际业务中，出口企业往往在备齐货物并审核信用证无误后，即开始着手办理租船或订舱、报关和投保等事宜。

办理货物发运手续前，出口企业应了解和掌握装运港的情况，如港口是否拥挤等，密切注意国际运输的动向。在整个发运过程中，要与外运公司经常取得联系，密切配合，发现问题，共同研究解决，保证如期装船。外运公司定期编制的船期表上载有船名、航线、国籍、抵港日期、截止收单期（简称截单期）、受载日期、停挂港口等内容，是船、货衔接的依据，可以作为参考。如果出口货物具有自身的特点（如易腐、易燃、易爆），需要租用特种舱位或船舶，应在托运单上加以表明，以便使货物安全装运。

1.3.2 报关

报关是指出口货物出运前，由发货人或其代理在规定的期限内向海关交验有关单证，办理出口货物申报手续的法律行为。按照我国《海关法》规定，凡是进出国境的货物，必须通过设有海关的港口、车站、国际航空站进出，接受海关的监管，经过海关查验、放行后，货物才可提取或者装运出口。

目前，我国的出口企业在办理报关时，可以自行办理报关手续，也可以通过专业的报关经纪行或国际货运代理公司来办理。首先必须填写出口货物报关单，必要时，还须提供出口合同副本、发票、装箱单或重量单、商品检验证书及其他有关证件，向海关申报出口。办理出口货物报关一般需经过以下程序。

（1）申报

出口企业按照实际出口的货物，根据“外销出仓通知单”填写“出口货物报关单”，一式三份，其中两份连同出口许可证、出口合同副本、发票、装货单、装箱单、出口收汇核销单、商品检验证及其他有关证件，一并向装运口岸海关申报出口。

（2）查验

海关对各种申报单据进行核实，必要时要拆箱（包）查验货物种类、品质、数量、包装等项目。查验时货物所有人或其他代理人必须在场，以便及时处理发现的问题。经核查确定，出口货物符合国家有关法令，海关在有关货运单据上签署放行。

（3）纳税

纳税指出口货物的发货人或其代理人在规定的期限内向海关缴纳税款。按照我国《海关法》的规定，发货人应在海关填发“税款缴纳证”次日起的15日内缴纳税款；逾期缴纳的由海关征收滞纳金。超过3个月未缴纳的，海关可以责令担保人缴纳税款，或者将货物变价抵缴；必要时通知银行在担保人或者发货人存款内扣缴。

（4）放行

放行指海关经审核单证并查验货物未发现问题，在应纳税货物完成出口纳税或提供担保后，由海关在有关报关单证和查验货物记录上签章，并在装货单加盖放行印章，准予货物出境。海关放行后，出口企业或其代理即可提取和发运货物。

1.3.3 投保

按CIF条件成交的出口合同，应由出口企业为货物办理保险。在货物装船前，须及时向保险公司办理投保手续，投保时要防止漏保和错保，以免遭受不必要的损失。投保的一般程序是：首先由出口企业填写投保单，根据信用证规定，逐项如实地标明货物名称、数量、险别、保额、起讫地点、保险期限、投保人名称等，然后交由保险公司签发正式保险单。货物投保后，在运输途中遇到不测风险，投保人即可按照保险单规定的权利和义务向保险公司提出索赔。该保险单既是索赔的主要依据，也是向银行议付货款必不可少的单据。

课堂讨论

在CIF条件下，如果是出口企业为货物办理保险，那么保险保的是出口商的利益还是进口商的利益？

1.3.4 装船

按CFR、CIF、CPT、CIP等条件成交时，卖方应及时办理租船订舱工作。如出口货物数量较大需要整船载运的，则要对外办理租船手续；对出口货物数量不大不需要整船装运的，则可安排洽订班轮或租订部分舱位运输。通常情况下，由卖方委托外运公司办理托运手续，填写“托运单”或“订舱委托书”递送外运公司作为订舱依据。船方根据托运单内容，结合航线、船期和舱位情况，如果认为可以承运，即在“托运单”上签章，留存一份，退回托运人一份。至此，订舱手续即告完成，运输合同关系成立。卖方应在合同或信用证约定的装运期内，及时安排交易货物的装运工作，必要时还须办理国际货运保险。

1.4 制单结汇和出口退税

制单结汇

1.4.1 制单结汇

出口企业在货物装运后，应立即按照信用证的要求，正确缮制各种单据，并在信用证规定的有效期和交单期内，将单据及有关证件送交银行，通过银行收取外汇，并将所得外汇出售给银行换取人民币的过程即为出口结汇。我国银行出口结汇的做法主要有以下几种。

（1）收妥结汇

收妥结汇，即先收后结，指议付行收到外贸企业提交的单据后，经审核无误，将单据寄往国外付款行索汇，待收到国外银行将价款转入议付行账户的贷记通知书时，即按当日外汇牌价，折成人民币付给外贸公司。

（2）定期结汇

定期结汇，指议付行根据向国外银行索偿的邮程远近，预先确定一个固定的结汇期限，到期后主动将票款金额折成人民币付给外贸公司。

（3）买单结汇

买单结汇，即“出口押汇”，指议付行在审单无误的情况下，按信用证条款受益人的汇票和单据，从票面金额中扣除从议付日到估计收到票款之日的利息，将净额按议付日外汇牌价折成人民币，付给外贸公司。议付行向受益人垫付资金，买入跟单汇票后，即成为汇票持有人，可凭票向付款行索取票款。银行同意做出口押汇，是为了给出口公司提供资金融通，有利于出口公司的资金周转。

知识链接

货物发出后，单证不符又无法补救时，出口商可以采取担保议付和电提方式收款，或通过托收方式收款。

①担保议付：即“表提”。即在征得进口商同意的情况下，出口商向开证行出具担保书，要求议付行凭担保议付具有不符点的单据，议付行向开证行寄单时，在随附单据的表盖上注明单证不符点和“凭保议付”字样。

②电提：由议付行先用电信方式向开证行列明不符点，待开证行确认后，再将单据寄去。“电提”的目的是在尽可能短的时间内了解开证行对单、证不符的态度。

1.4.2　出口退税

出口产品退（免）税，简称出口退税，其基本含义是指对出口产品退还其在国内生产和流通环节实际缴纳的产品税、增值税和特别消费税。出口产品退税制度，是一个国家税收的重要组成部分。出口退税主要是通过退还出口产品的国内已纳税款来平衡国内产品的税收负担，使本国产品以不含税成本进入国际市场，与国外产品在同等条件下进行竞争，从而增强竞争能力，扩大出口创汇。

出口退税

思享汇

请以4～6人为一组，分别扮演外贸业务员、工厂工作人员、船公司工作人员、海关工作人员和税务机关工作人员，演练出口合同履行流程，并拍摄视频。

任务 2　进口合同履行

在我国的进口业务中，一般按FOB价格条件成交的情况较多，如果是采用即期信用证支付方式成交，履行这类进口合同的一般程序是：开立信用证→安排运输和办理保险→审单和付款→进口报关和验货。这些环节的工作，是由进出口公司、运输部门、商检部门、银行、保险公司以及用货部门等各有关方面分工负责、紧密配合而共同完成的。现将履行进口合同的主要环节分别介绍和说明如下。

2.1 开立信用证

进口商申请开立信用证

2.1.1 申请开证时应注意的问题

（1）开证时间

如果合同规定了开证日期，就必须在规定限期内开立信用证；如果合同有装运期的起止日期，那么最迟必须让卖方在装运期开始前的最后一天收到信用证；如果合同只规定最后装运期，那么买方应在合理的时间内开证，一般在合同规定的交货期前半个月或一个月开给卖方。总之，要让卖方在收到信用证以后能在合同规定的装运期内装运货物。

（2）开证时必须以签订的买卖合同为依据

合同中规定要在信用证上明确的条款都必须列明，不能使用“参阅第××号合同”或“第××号合同项下货物”等条款，也不能将有关合同作为信用证附件附在信用证后。

2.1.2 申请开立信用证的程序

进口商在合同规定的时间向中国银行或其他经营外汇业务的银行办理申请开立信用证手续如下。

（1）递交有关合同的副本及附件

进口商在向银行申请开证时，要向银行递交进口合同的副本以及所需附件，如进口许可证等。

（2）填写开证申请书

进口商按贸易合同规定向当地银行申请开立信用证，填制开证申请书（irrevocable documentary credit application）。开证申请书是银行开具信用证的依据，是开证申请人与开证银行之间的有关开立信用证的权利与义务的契约。开证申请书是依据合同开立的，但信用证一经开出就成为独立于合同以外的自足的文件，因而在开立信用证时应审慎核查贸易合同的主要条款并将其列入开证申请书中。

（3）缴付保证金

在我国的进口业务中，开证行根据不同企业和交易的情况，要求开证申请人缴付一定比例的人民币保证金，金额一般为信用证金额的百分之几到百分之几十不等，通常根据进口商的资信情况而定，然后银行才会开证。

（4）支付开证手续费

进口商在申请开证时，必须按规定支付一定金额的开证手续费。

2.2 安排运输和办理保险

2.2.1 安排运输

国外装船后，卖方应及时向买方发出装船通知，以便买方及时办理保险和做好接货等工作。在FOB术语下的派船接货活动主要包括以下过程。

①进口方必须在合同规定的装运期前向船公司提出租船订舱的申请，并告诉船公司预计的装船期和装运港。在办好租船订舱手续后，进口方向出口方提供船名、船期等信息，以便出口方就备货及装船方面的情况与船方保持联系。

知识链接

根据《2010通则》对FOB术语的解释，进口方必须在合同规定的装运期内订妥船只，并派船接货。如果由于进口方租船订舱不及时或所订船只不适航、不适载等问题造成出口方在装货方面的损失，均由进口方承担。因此，进口方按合同规定租船订舱非常重要。

②为了保证进口方所派船只与出口方的备货活动衔接，在FOB合同中通常会规定，出口方须在装运期前、备好货后向进口方发出货物备妥通知，以便进口方通知船公司在最短时间内前往装运港装货。

③如果进口方在出口国设有办事处或代办处，进口方还会要求在合同中规定，由进口方派人到装运港验货、监装。这时，进口方可通过其代理在装运港履行监督的职责，以维护自身权益。

④在装运过程中，进口方需要与船公司和出口方随时保持联系，以掌握装船的进度。当货物完成装货时，进口方可以及时向保险公司投保。因为有时会发生出口方在货物上船以后，没有及时发装运通知而造成货物漏保或迟保的现象。

2.2.2 办理保险

FOB或CFR交货条件下的进口合同，保险由买方办理。进口商（买方）在向保险公司办理进口运输货物保险时，有两种做法：一种是逐笔投保方式，另一种是预约保险方式。

逐笔投保方式是收货人在接到国外出口商发来的装船通知后，直接向保险公司填写投保单，办理投保手续。保险公司出具保险单，投保人缴付保险费后，保险单随即生效。

预约保险方式是进口商或收货人同保险公司签订预约保险合同，其中对各种货物应投保的险别做了具体规定，故投保手续比较简单。按照预约保险合同的规定，所有预约保险合同项下的按FOB及CFR条件进口货物保险，都由该保险公司承保。因此，每批进口货物在收到国外装船通知后，直接将装船通知寄到保险公司或填制国际运输预约保险启运通知书，将船名、提单号、开船日期、商品名称、数量、装运港、目的港等各项内容通知保险公司，即作为已办妥保险手续，保险公司则对该批货物负自动承保责任，一旦发生承保范围内的损失，由保险公司负责赔偿。

课堂讨论

德国某公司与我国某公司签订一份CFR合同，由德国公司向我国公司出口化工原料。合同规定：德国公司在2023年4月交货。德国公司按合同规定时间交货后，载货船于当天起航驶往目的港青岛。2023年5月10日，德国公司向我国公司发出传真，通知货已装船。我国公司于当天向保险公司投保。但货到目的港后，经我国公司检验发现，货物于5月8日在海上运输途中已经发生损失。请问：上述期间发生的损失由哪一方承担？

2.3 审单和付款

在信用证支付方式下，进口方在确认出口方已完成发货义务后，将凭出口方提交的符合信用证规定的单据进行付款。

在我国，一般情况下出口方提供的全套单据会通过信用证的开证行转让给进口方，由进口方负责对单据进行全面的审核。进口方在审核单据时一定要将单据与信用证逐字逐句地进行核对。

进口付汇操作

2.3.1 审核的单据

出口方在完成出口义务之后缮制并提交的单据就是进口方需要审核的单据。审单的内容主要包括：单据是否齐全，单据的名称、份数、内容等与信用证是否一致，各单据之间是否矛盾，各种单据签发的日期之间是否存在矛盾（比如装运期早于货物检验日期等）等。

2.3.2 审单的时间限制

根据《UCP600》的规定，开证行和进口方进行的审单活动不得超过《UCP600》所规定的时间。如果超过了时间限制，则认为开证行已接受了所有单据，开证行必须无条件付款。因此，我国的进口企业在得到单据后一定要抓紧时间审单，以免超过审单期限而陷入被动境地。

2.3.3 审单的结果

在信用证支付方式下，进口方审单是一项非常重要的工作。进口方审单的目的是要保证“单单相符、单证相符”。只有做到这点，才能基本保证出口方提交的货物符合合同和信用证的需要，符合进口方的进货要求。

2.4　进口报关和验货

2.4.1　进口报关

报关报检报告

进口货物到港后，应及时向海关填送“进口货物报关单”，并提交合同副本、正本提单、发票及其他有关单据，办理报关手续。我国海关按照《中华人民共和国进出口税则（2024）》的规定，对进口货物计征进口税。货物在进口环节由海关征收（包括代征）的税种有：关税、增值税、消费税、进口调节税等。若是属于许可证管理的进口商品，还应递交有关进口许可证。若进口货物为“来料加工”或“进料加工”则无须提交进口许可证，但要办理免税手续，海关根据提交的各类单据对照进口货物，查验无误后放行。报关手续一般由外贸进出口公司委托国际货运代理公司代为办理。海关放行后，则根据委托人的要求，将货转运至收货人。一切费用均由国际货运代理公司向外贸公司结算，再由外贸公司与用户办理最终结算手续。有时也可经外贸公司提出证明，由用户自提货物。

2.4.2　验收和拨交货物

（1）验收货物

进口货物运达港口卸货时，港务局要进行卸货核对。如发现短缺，应及时填制“短卸报告”交由船方签认，并根据短缺情况向船方提出保留索赔权的书面声明。卸货时如发现残损，货物应存放于海关指定仓库，待保险公司同商检部门检验后作出处理。对于法定检验的进口货物，必须向卸货地或到达地的商检部门报检，未经检验合格的货物不准投产、销售和使用。如进口货物经商检部门检验，发现有残损短缺，应凭商检部门出具的证书对外索赔。对于合同规定的卸货港检验的货物，或已发现残损短缺有异状的货物，或合同规定的索赔期将届满的货物等，都需要在港口进行检验。

一旦发生索赔，有关的单证，如国外发票、装箱单、重量明细单、品质证明书、使用说书、产品图纸等技术资料、理货残损单、溢短单、商务记录等都可以作为重要的参考依据。

课堂讨论

嘉兴A公司与韩国B公司签订了一份CIF合同，进口电子零部件。合同订立后，B公司按时发货。A公司收到货物后，经检验发现，货物外包装破裂，货物严重受损。B公司出具离岸证明，证明货物损失发生在运输途中。对于该批货物的运输风险双方均未投保。请问：上述风险损失由谁承担？

（2）办理拨交手续

在办完上述手续后，如订货或用货单位在卸货港所在地，则就近转交货物；如订货或用货单位不在卸货地区，则委托货运代理将货物转运内地并转交给订货或用货单位。关于进口关税和运往内地的费用，由货运代理向进出口公司结算后，进出口公司再向订货部门结算。

总结

在出口业务流程中，出口商在合同订立后开始备货，备货完成后对货物进行检验，同时若以信用证为结算方式，应该积极联系进口商开证，做好审证和改证工作；随后联系货代公司完成托运、报关、投保和装船的工作。

在进口业务流程中，若以信用证为结算方式，进口商应向银行申请开立信用证并及时寄交出口商，无误后等待出口商完成发货流程，然后审单、付款、进口报关及验货。需要注意的是，在FOB贸易术语下成交的合同，进口商还需要及时完成安排运输和办理保险的操作。

知识演练

一、单项选择题

1. 在我国出口业务中，普遍使用（　　）作为主要的交易条件。

A. FOB+信用证　　B. CRR+托收　　C. CIF+托收　　D. CIF+信用证

2. 出口合同的履行中一般不包括下列哪个环节（　　）。

A. 备货　　B. 开证、改证　　C. 报关、装船　　D. 制单、结汇

3. 出口合同履行中的“三平衡”是指下列哪方面的综合平衡（　　）。

A. 货证船　　B. 货证款　　C. 船证款　　D. 货证船款

4. 在出口业务中，对信用证的审核单位是（　　）。

A. 银行　　B. 出口商　　C. 出口商和银行　　D. 保险公司

5. 出口商对信用证的审核内容不包括（　　）。

A. 受益人　　B. 信用证金额　　C. 索汇路线　　D. 运输单据

6. 卖方可以在以下哪种情况下催促买方开立信用证（　　）。

A. 买方未按规定时间开证　　B. 货价出现变化

C. 合同刚刚签订　　D. 卖方想迟延发货

7. 出口企业在收到信用证后，应对照合同和（　　）对信用证内容进行审核。

A.《联合国国际货物销售公约》　　B.《跟单信用证统一惯例》

C.《2010年国际贸易术语解释通则》　　D.《中华人民共和国民法典：合同编》

8. 卖方审证后有不能接受之处应向（　　）提出进行修改。

A. 开证行　　B. 开证申请人　　C. 通知行　　D. 付款行

9. 议付行审核出口企业的单据无误后，将单据寄交国外付款行索取货款的结汇做法称为（　　）。

A. 定期结汇　　B. 买单结汇　　C. 押汇　　D. 收妥结汇

10. 进口方有权拒绝付款赎单的理由为（　　）。

A. 货物与合同不符　　B. 信用证与合同不符

C. 单据与信用证不符　　D. 单据与合同不符

11. 商业发票的抬头人一般是（　　）。

A. 受益人　　B. 开证申请人　　C. 开证银行　　D. 卖方

12. 出口报关的时间应是（　　）。

A. 备货前　　B. 装船前　　C. 装船后　　D. 货到目的港后

13. 出口商在货物装船取得提单后未能及时到银行议付，该提单将成为（　　）。

A. 顺签提单　　B. 待运提单　　C. 过期提单　　D. 预借提单

14. 信用证修改通知书的内容在两者以上者，受益人（　　）。

A. 要么全部接受，要么全部拒绝　　B. 可选择接受

C. 必须全部接受　　D. 只能部分接受

二、判断题

1. 在出口业务中，卖方履行合同的基本义务是向买方提交符合合同规定的货物。（　　）
2. 出口备货环节包括准备好应交的货物和包装、刷唛等工作。（　　）
3. 信用证有效期就是信用证的装运期。（　　）
4. 如果信用证没有特别规定，出口商也应在保单上加空白背书。（　　）
5. 如果信用证没有规定，商业发票可以不签字。（　　）
6. 装货单和产地证明书都是商业发票的补充单据。（　　）
7. 出口货物检验后应在有效期内出运，如超过期限，应重新报检。（　　）
8. 进口企业在付款赎单前如发现单证不一，有权拒绝赎单。（　　）
9. 进口商的查验一般在海关监管区域的仓库、场所进行。（　　）
10. 不清洁提单的不良批注是从大副收据上转注过来的。（　　）

三、案例分析题

1. 我国某进出口公司于国外某客商订立一份轻纺制品的出口合同，合同规定以不可撤销即期信用证为付款方式。买方在合同规定的开证时间内将信用证开抵通知银行，并经通知银行转交给该出口公司。该出口公司审核后发现，信用证上有关货物装运期限和不允许转运的规定与双方签订的合同不一致。为争取时间，尽快将信用证修改完毕，以便办理货物的装运，该进出口公司立即电告开证银行修改信用证，并要求开证银行修改完信用证后，直接将信用证修改通知书寄交该进出口公司。

问:（1）该进出口公司的做法可能会产生什么后果?（2）正确的信用证修改渠道是怎样的?

2. 我国某进出口公司与欧洲某客户达成一笔圣诞节应季礼品的出口交易。合同中规

定，以CIF为交货条件，交货期为2023年12月1日以前，但合同中未对买方的开证时间予以规定。卖方于2023年11月上旬开始向买方催开信用证，经多次催证，买方于2023年11月25日将信用证开抵卖方，由于收到L/C的时间较晚，使卖方于12月5日才将货物装运完毕，当卖方向银行提交单据时，遭到银行以单证不符为由拒付。

问：（1）银行的拒付是否有理？为什么？（2）此案例中，卖方有哪些失误？

3. 我国某进出口公司凭即期不可撤销信用证出口马达一批，合同规定的装运期为2023年8月份。签约后，对方及时开来信用证，该进出口公司则根据信用证的要求及时将货物装运出口。但在制作单据时，制单员将商业发票上的商品名称依信用证的规定缮制为："Machinery and Mill Works，MOTORS."而海运提单上仅填该商品的通称"MOTORS"。

问：付款行可否以此为由拒付货款？为什么？

项目09 国际贸易善后

学习目标

知识目标

- 掌握索赔的含义及合同的索赔条款。
- 掌握不可抗力条款。
- 掌握仲裁的含义及仲裁程序。

技能目标

- 能够处理国际贸易纠纷。
- 有索赔和理赔的能力。

素质目标

- 践行社会主义核心价值观。
- 培养从业人员的诚信品质和法律意识。

思维导图

- 国际贸易善后
  - 争议与索赔
    - 争议
    - 索赔和理赔
    - 索赔条款
  - 不可抗力
    - 不可抗力概述
    - 不可抗力的范围
    - 不可抗力的必要条件
    - 不可抗力的处理
    - 不可抗力条款
    - 援引不可抗力条款的注意事项
  - 仲裁
    - 仲裁概述
    - 仲裁协议
    - 仲裁条款

工作任务引入

为了保障公司利益，更好地处理合同履行过程中出现的各种纠纷，小章需掌握合同中的索赔、不可抗力、仲裁等条款。

任务1 争议与索赔

1.1 争议

争议（disputes）是指交易的一方认为另一方未能全部或部分履行合同规定的责任而引起的业务纠纷。在国际贸易业务中，这种纠纷屡见不鲜，究其原因主要有以下几个。

贸易争议

卖方不交货，或未按合同规定的时间、品质、数量、包装条款交货，或单证不符等。

买方不开或缓开信用证，不付款或不按时付款赎单，无理拒收货物，在FOB条件下不按时派船接货等。

合同条款的规定欠明确，买卖双方国家的法律或对国际贸易惯例的解释不一致。

在履行合同过程中遇到了买卖双方不能预见或无法控制的情况，如某种不可抗力，双方有不一致的解释等。

由上述原因引起的争议，集中起来讲就是：是否构成违约，双方对违约的事实有分歧，对违约的责任及其后果的认识相悖。一般来说，受损的一方有权向违约方要求损害赔偿并有权宣告合同无效，但如果违约的情况尚未达到根本违反合同的程度，则受损方只能要求损害赔偿而不能宣告合同无效。

课堂讨论

浙江A企业出售5000公吨砂石给德国B公司，合同规定“CIF汉堡，2023年7月由一船或数船装运”。A企业于7月10日装运3000公吨，8月2日装运2000公吨。当A企业凭单据要求德国B公司付款时，德国B公司以第二批货物延期装运为由，拒绝接受全部单据，并拒付全部货款，A企业提出异议，认为买方无权拒收全部货物。请问德国B公司做法是否合理？为什么？

1.2 索赔和理赔

索赔（claim）是指国际贸易业务的一方当事人违反合同的规定，直接或间接地给另一方造成损害，受损方为维护自身利益，向违约方提出损害赔偿要求的行为。损害赔偿是最常用的违约补救措施。涉及国际货物买卖的索赔一般有三种情况，即货物买卖索赔、运输索赔、保险索赔。理赔（settlement of claim）是指违约方对受损方所提赔偿要求的受理与处理。可见，索赔和理赔是同一问题的两个方面，对受损方而言是索赔；对违约方而言是理赔。索赔时可行使的权利如表9-1所示。

争议解决

表9-1　索赔时可行使的权利

<table>
<tr><th>买方违约行为</th><th>卖方权利</th><th>卖方违约行为</th><th>买方权利</th></tr>
<tr><td rowspan="6">无理拒绝付款赎单</td><td rowspan="6">①有权要求卖方付款
②有权对违约行为造成的直接或自然损失要求赔偿
③对掌握物权的货物可行使留置权，对在途货物可行使停运权，对易腐易死货物可行使再售权</td><td>不提供货物</td><td>有权按违约造成的直接或自然损失进行索赔</td></tr>
<tr><td>延迟装运货物</td><td>有权按延迟装运造成的损失索赔</td></tr>
<tr><td>先期违约</td><td>有权提起诉讼要求赔偿</td></tr>
<tr><td>提供错误单据</td><td>有权拒收单据</td></tr>
<tr><td>违约交付特定的货物</td><td>有权拒收货物</td></tr>
<tr><td>错发错运等</td><td>有权要求交付代替货物，减价，维修货物，规定一段合理的额外时间让对方履约或宣告合同无效</td></tr>
</table>

1.3　索赔条款

索赔条款是指双方当事人在国际货物买卖合同中约定，当发生违约情况时，一方应承担什么责任，一方可享有什么权利以弥补损失。合同中的索赔条款主要有两种规定方式，一是异议与索赔条款；二是罚金或违约金条款。

1.3.1　异议与索赔条款

（1）索赔期限

索赔期限是指受损方有权向违约方提出索赔的期限。按照国际惯例，索赔必须在索赔期限内提出，逾期则被认为是受损方放弃要求对方赔偿损失的权利，即丧失索赔权。违约方也有权依据对方逾期未提出赔偿损失请求的事实拒绝其过后提出的任何请求。索赔期限有法定和约定之分，法定索赔期限是指根据有关法律规定，受损方有权向违约方要求损害赔偿的期限，一般时间较长；约定索赔期限是指买卖双方在合同中明确规定的索赔期限，其时间长短须视买卖货物的性质、运输、检验的繁简等情况而定，其法律效力超过法定索赔期限。

根据《公约》的规定，买方向卖方提出索赔的最迟期限是买方实际收到货物起两年。

关于索赔期限的起算时间有如下四种规定方法。

①货物到达目的港后××天起算。

②货物到达目的港卸离海轮后××天起算。

③货物到达营业处所或用户处所后××天起算。

④货物经检验后××天起算。

课堂讨论

嘉兴某服装公司向外国一公司进口服装生产设备，合同规定：出口商保证机器正常运行，如有损坏请在“货到现场14天内”经商检部门检验并提出索赔。实际上货物运抵工厂并装配需要15天时间，即使损坏也无法在规定期限提出索赔。请分析该合同条款有无不妥之处。

（2）索赔依据

索赔依据分为法律依据和事实依据。法律依据指受害方在提出索赔的时间、举证、要求补救的方法或要求赔偿的金额都必须符合责任方国家法律的规定或国际公约的规定，或者符合国际惯例；事实依据指当事人在提出索赔请求时须提供对方违约的证据，此证据须是确凿有效，一般双方在合同中明确规定。

例如

若交货时间不符，以船公司签发的提单作为证明；交货品质不符，以合同规定的商品检验机构出具的检验证书作为证明；不付货款，以银行出具的买方拒付证书作为证明。

（3）索赔金额

根据国际惯例，确定损害赔偿金额的基本原则如下。

①赔偿金额应与因违约而遭受的包括利润在内的损失金额相等。

②赔偿金额应以违约方在订立合同时能预料的合理损失为限。

③由于受损方未采取合理措施而导致有可能减轻而未减轻的损失，应从赔偿金额中扣除，常用赔偿金额计算方法如表9-2所示。

表9-2 常用赔偿金额计算方法

违约情况	索赔金额
合同宣告无效，货物无时价	合同价格与替代货物的交易价格或转卖价格的差额
合同宣告无效，货物有时价	合同价格与宣告合同无效时的时价之间的差额
卖方延迟交货，货物市价下跌	合同规定交货时间价格与实际交货时间价格差额
卖方交付品质、包装与合同不符	实际交付的货物价格与合同约定的货物价格差额
买方延迟派船接货	卖方因此增加的仓储、利息、保险费等
买方收货后宣告合同无效	接受日的时价与合同价格之间的差额

1.3.2 罚金或违约金条款

罚金（penalty）条款又称违约金（liquidated damage）条款，适用于卖方延期交货或买方延期接货、拖延开立信用证、拖欠货款等情况，并预先在合同中规定罚金的数额或罚金的百分率。

例如

卖方不能如期交货，在卖方同意由付款行从议付的货款中或从买方直接支付的货款中扣除罚金的条件下，买方可同意延期交货。延期交货的罚金不得超过延期交货部分金额的5%。罚金按每7天收取延期交货部分金额的0.5%，不足7天按7天计算。如卖方未按合同规定的装运期交货超过10周时，买方有权撤销合同，并要求卖方支付上述延期交货罚金。

我国相关法律规定，若一方违约给对方造成的损失大于约定的违约金，另一方可以请求法院或仲裁机构予以增加；反之，如约定的违约金高于实际损失，当事人可请求予以减少。但若违约金不是过分高于实际损失，不能请求减少，这体现了违约金的补偿性和惩罚性。

课堂讨论

是否支付罚金之后可以不再履行合同？为什么？

知识链接

索赔条款与罚金条款的异同

相同点：发生违约事实，都需支付一定的赔偿金额。

不同点：索赔条款要求既有违约事实存在，还需违约直接造成损失才可以提出；而罚金条款只要违约事实存在，即使违约结果并未发生任何实际损害，守约方都可以要求支付罚金，而且罚金数额与损失大小没有直接关系，法院或仲裁机构也不要求损失举证，追索程序相对简便。

1.3.3 索赔条款具体实例及注意事项

（1）质量/数量索赔

如交货质量不符，买方必须于货物到达目的地（港）后30天内提出索赔；如交货数量不符，则必须于货物到达目的地（港）后15天内提出索赔。对于由保险公司、船公司和其他运输机构或邮政部门负责的货物不符情况，卖方不承担责任。

（2）注意事项

①明确索赔对象。如果是合同当事人的责任造成的损失向责任方提出索赔；如果是承包范围内的货物损失向保险公司索赔；如果是承运人的责任造成货物损失向承运人索赔。

②索赔期限的确定要适当。

案例思考

嘉兴某食品公司以CIF方式向鹿特丹出口食品1000箱，即期信用证付款，货物装运后，凭已装船清洁提单和已投保一切险及战争险的保险单向银行收妥货款，货到目的地（港）后经进口商复验发现下列情况：①该批货物共10个批号，抽查20箱，发现其中2个批号内含沙门氏细菌超过进口国的标准；②收货人只实收998箱，短少2箱；③有15箱货物外表情况良好，但箱内货物共短少60公斤。

❓请问：进口商应分别向谁索赔？并说明理由。

任务 2 不可抗力

2.1 不可抗力概述

不可抗力

不可抗力（force majeure）又称人力不可抗拒，指在货物买卖合同签订以后，不是由于订约者任何一方当事人的过失、故意或疏忽，而是由于发生了当事人在订立合同时既不能预见，又无法事先采取预防措施，对其发生和后果不能避免且不能克服的意外事件，以致不能履行合同的全部或部分条款或不能如期履行合同。遭受不可抗力的一方可以据此免除履行合同的责任或延期履行合同，对方无权要求赔偿。

不可抗力既是合同中的一项条款，也是一项法律原则。对此，在国际贸易中，不同的法律法规等各有自己的规定。在英美法系中有“合同落空”原则的规定，其意思是说合同签订以后，不是由于当事人双方自身过失，而是由于事后发生了双方意想不到的根本性的不同情况，致使订约目的受到挫折，据此而未履行的合同义务，当事人得以免除责任。在大陆法系中有“情势变迁”或“契约失效”原则的规定，其意思也是指不属于当事人的原因但发生了意想不到的变化，致使合同不可能再履行或对原来的法律效力需作相应的变更。不过，法院对于以此原则为理由请求免除履约责任的要求是很严格的。

2.2 不可抗力的范围

不可抗力的事故范围较广，通常可分为两种情况：一种是由于“自然力量”引起的，如水灾、火灾、冰灾、暴风雨、大雪、地震等；另一种是由于“社会力量”引起的，如战争、罢工、政府禁令等。

但是，由于不可抗力是一项免责条款，买卖双方（通常主要是卖方）都可以援引它来解释自身所承担的合同义务，这种援引在多数情况下是扩大不可抗力的范围，以减少自己的合同责任。有的卖方除把各种自然灾害列入外，还把生产制作过程中的意外事故、战争预兆、罢工、怠工、货物集运中的事故、原材料匮乏、能源危机、原配件供应不及时等生产过程中的事故，以及航、陆运机构的怠慢，未按已预定日期出航等，统统归入不可抗力的范围。因此，在交易中应认真分析，区别不同情况，对于不可抗力的认定必须谨慎，并与诸如商品价格波动、汇率变化等正常的贸易风险严格区别开来，防止盲目接受。

课堂讨论

外商向中国出口化工原材料一批，价格为CIF天津，合同中订有不可抗力条款。后由于外商国家爆发战争导致石油价格暴涨，外商成本增加30%，于是以不可抗力为由向中方要求提高出口价，否则拒绝交货，请问中方应如何处理？

2.3 不可抗力的必要条件

不可抗力事件必须是在合同签订以后发生的，不是由于任何一方当事人故意、疏忽或过失造成的，同时还必须同时具备下述条件。

（1）不可预见性

合同当事人对于不可抗力事件的发生根本无法预见。如果能预见，或应该能够预见，则不构成不可抗力。

例如

某船运输一批货物从一海港到另一海港，船长出海前未听广播天气预报即开船，结果遇上风暴使货物受损。本案中的风暴对于船长来说就不是不可抗力，因为作为海上运输的船长出海前应了解一下当天的天气预报，而天气预报已对该风暴做了预告，船长能够预见，却由于疏忽未注意，应当承担货损的责任。

（2）不可避免性

即使出现了不可预见的灾害，如果造成的后果是可以避免的，那么也不构成不可抗力，只有无法采取任何措施加以避免，才具有不可抗力的特征。

例如

船在海上遇到风暴，附近就有避风港但不进去致使货物受损也需承担责任。

（3）不可克服性

不可克服性指当事人对该事件的后果无法加以克服，即毫无办法加以阻止，这是不可抗力的延伸。

课堂讨论

中国某公司与法国客户签订一份进口合同，欲引进一台精密仪器，合同规定2023年9月交货。9月15日，法国政府宣布该仪器为高科技产品，禁止出口。该禁令自公布之后起15日生效。法国客户来电以不可抗力为由要求解除合同。请问要求是否合理，该公司应如何妥善处理。

2.4 不可抗力的处理

《联合国国际货物销售合同公约》规定，一方当事人享受的免责权利只在履约障碍存在期间有效，如果合同未经双方同意宣告无效，则合同关系继续存在，一旦履行障碍消除，双方当事人仍需继续履行合同义务。所以不可抗力事件引起的后果有两种。

①解除合同。如果不可抗力的发生影响到履行合同的基础，使得合同的履行成为不可能，如特定标的物的灭失，或事件的影响比较严重，非短期内所能复原，则可解除合同。

②延期履行合同。如果不可抗力只是部分地或暂时性地阻碍了合同的履行，则发生事件的一方只能采用变更合同的方法，延期履行合同，以减少另一方的损失。

什么情况下可以解除合同，什么情况下可以变更合同，应视发生事故的原因、性质、规模和对履行合同造成的影响程度，或由买卖双方在合同中加以具体规定。因不可抗力不能履行合同的，根据不可抗力的影响，违约方可部分或全部免除责任。但有以下例外。

a. 金钱债务的延迟履行不得因不可抗力而免除。

b. 延迟履行期间发生的不可抗力不具有免责效力。

课堂讨论

我国A纺织品公司和美国B公司达成棉布出口合同。合同签订后，因国内棉布需求量剧增，以致我国国内棉纱价格暴涨。A公司为不亏本，转向印度进口棉纱，但在进口过程中遇到海啸，棉纱全部损毁。A公司得到此消息后，立即通知B公司。但B公司未作回复，A公司逾期无法交货。请问：A公司是否可以主张不可抗力免责？

按照国际惯例，当发生不可抗力事件致使合同不能得到全部或部分履行，有关当事人可根据不可抗力的影响程度，解除合同或变更合同免除其相应的责任，影响合同履行时，当事人必须及时通知对方，对方也应于接到通知后及时答复，如有异议也应及时提出。尽管如此，买卖双方为明确责任起见，一般在不可抗力条款中还规定一方发生事故后通知对方的期限和方式。此外，当一方援引不可抗力条款要求免责时，都必须向对方提交一定机构出具的证明文件，作为发生不可抗力的证据。在国外，一般由当地的商会或合法的公证机构出具。在我国，是由中国国际贸易促进委员会（简称“贸促会”）或其设在口岸的贸促分会出具。

2.5 不可抗力条款

不可抗力条款（force majeure clause）是一种免责条款。为了避免一方当事人任意扩大和缩小对不可抗力事故范围的解释，或在不可抗力事故发生后在履约方面提出不合理要求，不可抗力条款在货物买卖合同中是非常重要的。国际货物买卖合同中不可抗力条款的内容虽然不尽相同，但归纳起来，一般包括不可抗力的范围、对不可抗力的处理原则和方法、不可抗力发生后通知对方的期限和方法，以及出具证明文件的机构等。我国买卖合同中的不可抗力条款主要有以下三种规定方法。

（1）概括式规定

在合同中不具体规定哪些事故属于不可抗力，而只是笼统地规定，“由于不可抗力的原因”，至于具体内容和范围并未具体说明。这种方法含义模糊，解释伸缩性大，难以作为解释问题的依据，不宜采用。

（2）列举式规定

在合同中详细列明不可抗力的范围，对合同中未列明的不能作为不可抗力事件加以援引。这种方法虽然对不可抗力事件的范围做出了具体明确的规定，但由于不可抗力事件很多，难以一览无余，且可能出现遗漏情况，一旦发生条款未列入的事件则比较被动，可能发生争执。因此列举式规定也不是最好的方法。

（3）综合式规定

合同中列明可能发生的不可抗力事故的同时，又加上“以及双方同意的其他不可抗力的原因”等类似文句，这样就为双方当事人共同确定未列明的意外事件是否构成不可抗力提供了依据，既明确具体又有一定的灵活性，比较科学实用，在我国进出口合同中，多采用这一种。

例如

由于战争、地震、水灾、火灾、暴风雪或其他不可抗力的原因，致使卖方不能全部或部分装运或延迟装运合同货物，卖方对于不能装运或延迟装运本合同货物不负有责任。但卖方须用电传通知买方，并在15天内以航空挂号信件向买方提交由中国国际贸易促进委员会出具的证明此类事件的证明书。

2.6　援引不可抗力条款的注意事项

（1）及时通知对方

不可抗力发生后，不能履约的一方当事人必须将不可抗力事件及对履行合同义务能力的影响，及时通知另一方。如果不能履约的事故方未能及时通知对方，或者虽然通知对方但对方未能收到有关通知，则应由事故方承担赔偿责任。

例如

订约后，卖方所在国政府宣布禁止有关合同货物出口，卖方应立即将禁止出口的事实通知买方，并商定解决办法，如因未及时通知买方，致使买方遭受损失，则卖方将对此负赔偿责任。

（2）出具必要的证明文件

遭受不可抗力的当事人一般应于15天内函寄事故详情及相关机构的证明文件作为免责的证据。这种证明文件通常有：当地工商组织（例如商会）出具的证明，对方国家驻不可抗力事故发生地的领事馆出具的证明，报道有关不可抗力事件的报纸，及其他具有证明效力的证明文件。在我国，一般由中国国际贸易促进委员会即中国国际商会出具；在国外，大都由当地商会或经登记的公证人出具。

（3）及时答复对方

有关当事人在接到有关不可抗力的通知后，应及时表示同意与否，否则将视为默认同意。以发出通知一方所提条件为准，如果被通知人未按所提条件履约，则属于违约。

思政园地

不可抗力条款的争议案

2023年8月，浙江南方粮油进口公司与德国M公司成交油炸花生米300公吨，交货期为同年10～12月。由于南方公司缺货，当年只交了100公吨，其余200公吨经双方协商延长至下一年度交货。2023年，我国部分花生产地发生自然灾害，而且工厂停止生产产品，南方公司以“不可抗力”为由，要求免除交货责任。

M公司回电，认为自然灾害并不能成为卖方解除免交货物责任的“不可抗力”理由，并称该商品市场价格已上涨，200公吨未交货已使其损失4万美元，因而要求南方公司无偿供应其他品种同类食品抵偿其损失。南方公司对此项要求不同意。

在协商不成的情况下，M公司根据仲裁条款向中国仲裁机构提出仲裁。仲裁申请书中强调，南方公司所称“不可抗力”的理由不能成立，如果不愿以商品抵偿损失，M公司就坚持索赔4万美元。在仲裁机构的调解下，双方经过多次协商，南方公司赔偿德方公司1万美元结案。

分析此案件，讨论是否自然灾害都可以认为是不可抗力

本案双方争议的主要问题是“不可抗力”。“不可抗力”通常是指：在合同签订以后，不是由于任何一方当事人的过失，而是由于发生了当事人所不能预见、也无法事先采取预防措施而避免的意外事故，以致不能履约或不能如期履约，遭受意外事故的一方可以免除其相应的责任。《联合国国际货物销售合同公约》在免责一节中，也做了类似规定：“如果能证明此种不履行义务，是由于某种非他所能控制的障碍，而且对于这种障碍没有理由预期它在订立合同时能考虑到或能避免、克服它及它的后果。”

各国法律和实践虽然对“不可抗力”做严格解释，但一般都允许当事人在合同中对不可抗力的范围做出规定。关于不可抗力事故的范围，根据国际贸易的惯例，一般包括两种情况：一种是由于“自然力量”引起的自然灾害，如水灾、火灾、飓风、暴风雨、地震等；另一种是由于“社会力量”引起的，如战争、罢工、政府禁令等。

本案例所涉及的是自然灾害问题。南方公司提出，由于自然灾害致使其不能取得货源如期履约，因此提出免除其不履约的责任。根据各国法律和国际贸易管理解释，由于自然灾害致使农副产品全部毁灭或减产，使合同全部或部分不能履行，有关当事人根据不可抗力条款的规定提出证明是可以免除责任的。但应当指出，这种自然灾害成为阻碍履行合同的不可抗力，其影响程度必须是根本性的或全局性的，致使无法取得货源。然而有一种情况是例外的，即当遭受某种自然灾害，但由于科学技术的发展使人们有可能克服时，这一灾害仍不能构成“不可抗力”。因此，当事人如以不可抗力来免除自己的责任，不仅需对事实提出证明，而且还需对无法克服和无法预防所出现的自然灾害提出证明。

南方公司所销售的商品确因我国当时遭受自然灾害受到一定的影响，但尚未影响到

根本取不到货源。当时交不上货，主要原因是由于供货工厂停止生产这种产品，南方公司也就无法提供上述两项证明，仅凭口头说明是不能引用“不可抗力”条款来免除不交货责任的。

案例思考

嘉兴某服装厂与意大利客户签订出口合同，买方开来信用证规定2023年10月装运，不料9月初，该工厂仓库失火，产品全部烧毁无法交货。

❓请问：该案例应如何处理？卖方可否援引不可抗力条款要求免交货物？

任务 3 仲裁

在国际贸易中，解决纠纷的方式主要有四种。

①双方协商。

②请第三方调解。

③仲裁。

④诉讼。

采用协商和调解的方式解决纠纷，利于保护商业机密和企业声誉，气氛比较和善友好，若难以达成协议就只能通过法律途径解决，或提交仲裁，或向法院起诉。因司法诉讼费用高，耗时久，且跨国诉讼执行判决较为困难，还易造成双方关系紧张，因此仲裁成为普遍采用的解决纠纷的方式。

3.1 仲裁概述

仲裁又称公断，指国际贸易中的买卖双方当事人发生争议通过协商不能解决，达成协议自愿将有关争议交给双方所同意的仲裁机构进行裁决。该裁决具有终局性，对双方都有约束力，双方都必须遵照执行。

仲裁的特点有以下几个。

①仲裁以双方自愿为基础。

②仲裁机构是社会性民间机构，不是国家机关，不具有强制性，具有一定灵活性。

③仲裁程序简单，解决问题时间短，费用低。

④仲裁的裁决是终局的，对双方都有约束力，败诉方不得上诉，必须执行裁决，否则胜诉方可以要求法院强制执行。

3.2 仲裁协议

仲裁协议是指当事人在合同中订明双方自愿将他们之间已经发生或者将来有可能发生的争议提交仲裁解决的意思表示。

仲裁协议主要有三方面的作用。

①明确双方当事人解决纠纷的途径，只能采用仲裁的方式。

②排除法院对争议案件的管辖权。

③保证仲裁机构对争议案件的管辖权。

仲裁协议必须是书面的，主要有以下两种形式。

（1）仲裁条款

仲裁条款（arbitration clause），是在争议发生之前，双方当事人在合同中订立的，表示一旦发生争议应提交仲裁，通常是合同中的一则条款。

（2）提交仲裁协议

提交仲裁协议（arbitration agreement or submission agreement），是在争议发生之后，双方当事人订立的，表示同意把已经发生的争议提交仲裁，这种协议独立于合同，往往通过双方函电往来达成。

以上两种形式具有同等法律效力。

3.3 仲裁条款

合同中的仲裁条款一般包括仲裁地点、仲裁机构、仲裁程序、仲裁裁决的效力、仲裁费用的负担等。

（1）仲裁地点

仲裁地点与仲裁使用的程序和合同争议所适用的实体法密切相关，我国进出口贸易合同中的仲裁地点一般采用下列三种规定方法：力争规定在中国仲裁，可以规定在被诉方所在国仲裁，规定在双方同意的第三国仲裁。

（2）仲裁机构

国际上进行仲裁的机构有两种：一种是常设仲裁机构，另一种是临时仲裁机构。

①常设仲裁机构。它指国际性的或区域性的负责组织和管理有关仲裁事务的仲裁机构，著名的有：国际商会仲裁院（International Chamber of Commerce Court of Arbitration）、英国伦敦仲裁院、瑞士苏黎世商会仲裁院、日本国际商事仲裁协会、美国仲裁协会、瑞典斯德哥尔摩商会仲裁院和中国国际经济贸易仲裁委员会等。还包括附设在特定行业内的专业性仲裁机构，例如伦敦羊毛协会、伦敦黄麻协会、伦敦油籽协会和伦敦谷物商业协会等行业内

设立的仲裁机构。

②临时仲裁机构。它是为解决特定的争执而由双方当事人指定仲裁员自行组成的一种仲裁庭，争议处理完毕即自动解散。

一般来说，在哪个国家仲裁，往往就要适用哪个国家的仲裁程序法规。如果当事人对适用的实体法未做约定的话，则仲裁庭将根据仲裁所在国的冲突规则确定应适用的实体法。如果约定在常设仲裁机构仲裁，应写明仲裁机构的全称，如果约定临时仲裁庭仲裁，则应订明组成仲裁庭的人数及如何指定，采用什么程序审理等。

知识链接

主要仲裁机构

国际商会仲裁院：国际商会常设仲裁机构，设立于1923年，总部在巴黎。该仲裁院为目前世界上提供国际经贸仲裁服务较多、具有重大影响的国际经济仲裁机构。

解决投资争议的国际中心（The International Center for Settlement of Investment Disputes，ICSID）：该机构专门为解决国家契约即国家与外国私人投资者签订的“特许协议”或“经济开发协议”所产生的争议问题而设。该中心为专门性国际组织，具有国际法人地位。ICSID仲裁为完全自治的管辖体制，缔约国对本国国民和另一缔约国根据公约已同意交付仲裁的协议，不得给予外交保护或提出国际要求。

瑞典斯德哥尔摩商会仲裁院（The Arbitration Institute of the Stockholm Chamber of Commerce）：为斯德哥尔摩商会内部机构，但在职能上独立，成立于1917年。瑞典中立国的地位，为其公平性提供了很好的保障，瑞典斯德哥尔摩商会仲裁院享有很好的国际声誉。我国当事人在选择第三国仲裁机构时，可优先考虑该仲裁院。

美国仲裁协会（American Arbitration Association）：为美国主要的国际商事仲裁机构，于1926年设立，总部在纽约，为独立的非营利性民间组织。该协会受理的案件多数为美国当事人与外国当事人之间的争议。

中国香港国际仲裁中心（The Hong Kong International Arbitration Center，HKIAC）：1985年设立，该中心为受限制担保并按香港公司法的规定设立的民间非营利性公司，受理我国香港地区内仲裁案件和国际商事仲裁案件。

英国伦敦国际仲裁院（The London Court of International Arbitration，LCIA）：成立于1892年，为英国最有国际影响的国际商事仲裁机构，由伦敦市政府、伦敦商会和女王特许仲裁协会共同组成的联合委员会管理。

中国国际经济贸易仲裁委员会（Chinese International Economic and Trade Arbitration Commission，CIETAC）：成立于1956年4月，前身为“对外贸易仲裁会”及“对外经济贸易仲裁委员会”，总部设在北京，上海及深圳设有分会。2000年，该委员会启用了一个新名称：中国国际商会仲裁院。CIETAC于2000年9月5日通过了新仲裁规则，并于同年10月1日正式实施。

（3）仲裁程序

仲裁程序主要规定进行仲裁的手续、步骤和做法，是进行仲裁的行动准则，包括如何提出申请、如何指定仲裁员组成仲裁庭、如何进行审理、如何做出裁决，以及如何收取仲裁费用等。在仲裁条款中，必须明确规定采用哪一个国家的哪一仲裁机构的仲裁规则。

（4）仲裁裁决的效力

仲裁裁决的效力是终局的，对双方当事人均具有约束力，任何一方不得向法院起诉，也不得向其他任何机构提出要求变更裁决。

（5）仲裁费用的负担

仲裁费通常由败诉方承担，也有规定由仲裁庭酌情决定。我国仲裁规则规定，败诉方承担的费用不得超过胜诉方所得胜诉金额的10%。

例如

凡与本合同有关的或因执行本合同所发生的一切争议，应由双方通过友好协商解决。如果协商不能解决，则应由中国国际经济贸易仲裁委员会根据其仲裁规则进行仲裁。仲裁在上海进行，仲裁裁决是终局的，对双方都有约束力。仲裁费用由败诉方负担。仲裁也可在双方同意的第三国进行。

总结

买卖双方交易的商品一般都要进行检验，买卖双方任何一方有违约情况，受害方都有权提出索赔。合同签订后，若发生不可抗拒事件，致使合同不能履行或不能如期履行，可按合同中关于不可抗力条款的规定免除合同当事人的责任。买卖双方履约过程中产生的争议，如果难以协商解决，可选择采用仲裁方式解决。因此，买卖双方商定合同时，要在合同中订立不可抗力、索赔和仲裁等条款。

知识演练

一、单项选择题

1. 发生（　　），违约方可援引不可抗力条款要求免责。

A. 战争　　B. 世界市场价格上涨

C. 生产制作过程中的过失　　D. 货币贬值

2. 在出口国检验，进口国复验这种检验条款的规定方法（　　）。

A. 对卖方有利　　B. 对买方有利

C. 比较公平合理，它照顾了买卖双方的利益　　D. 对保险公司有利

3. 既有自愿性的一面，又有强制性一面的争议解决方式是（　　）。

A. 协商　　B. 调解　　C. 仲裁　　D. 诉讼

4. 在我国的进出口合同中，关于仲裁地点的规定，我们应力争（　　）。

A. 在中国仲裁　　B. 在被告国仲裁

C. 在双方同意的第三国仲裁　　D. 在对买方有利的国家仲裁

5. “离岸重量、到岸品质”是指（　　）。

A. 装运港检验　　B. 目的港检验

C. 出口国检验、进口国复验　　D. 装运港检验重量、目的港检验品质

6. 我国一进出口公司与德商签订一笔进口机器零件的合同，合同签订以后，德商的两间工厂都投入了生产。在生产过程中，其中一间工厂由于意外事故招致火灾，完全丧失了生产能力，德商（　　）。

A. 因遇不可抗力事故，可要求解除合同

B. 因遇不可抗力事故，可要求延期履行合同

C. 因遇不可抗力事故，可要求延期履行合同，但我国公司有索赔的权力

D. 不属于不可抗力事故，我国公司应要求德商按期履行合同

7. 根据《公约》的规定，买方向卖方提出索赔的最迟期限是（　　）。

A. 货物在装运港装运完毕即提单签发日期后两年

B. 货物到达目的港卸离海轮后两年

C. 经出口商品检验机构检验得出检验结果后两年

D. 买方实际收到货物起两年

8. 仲裁裁决的效力是（　　）。

A. 终局的，对争议双方具有约束力　　B. 非终局的，对争议双方不具有约束力

C. 有时是终局的，有时是非终局的　　D. 一般还需要法院最后判定

9. 我国某公司与新加坡一家公司以CIF新加坡的条件出口一批产品，订约时，我国公司已知道该批货物要转销美国。该货物到新加坡后，立即转运美国。其后新加坡的买主凭美国商检机构签发的在美国检验的证明书，向我国公司提出索赔。美国的检验证书（　　）。

A. 有效

B. 无效，应要求新加坡商检机构出具证明

C. 无效，应由合理第三国商检机构出具证明

D. 无法判断

10. 以下（　　）不是检验证书的作用。

A. 作为证明卖方所交货物的品质、重量（数量）、包装以及卫生条件等是否符合合同规定及索赔、理赔的依据

B. 确定检验标准和检验方法的依据

C. 作为卖方向银行议付货款的单据之一

D. 作为海关验关放行的凭证

二、多项选择题

1. 我国商检部门的基本任务是（　　）。

A. 实施法定检验　　B. 实施监督管理

C. 办理公证鉴定业务　　D. 进行对外索赔

2. 合同中不可抗力条款应包括（　　）。

A. 不可抗力事故范围

B. 不可抗力事故的处理

C. 不可抗力事故发生后通知对方的期限、方式

D. 证明文件及出证机构

3. 不可抗力引起的后果主要是（　　）。

A. 支付违约金　　B. 解除合同　　C. 延期履行合同　　D. 订立新合同

4. 下列属于不可抗力事故的是（　　）。

A. 水灾　　B. 地震　　C. 政府禁令　　D. 罢工

5. 判定为不可抗力事故的原则是（　　）。

A. 意外事故的发生是偶然性的，是当事人无法预见或控制克服的

B. 意外事故必须发生在合同签订之后

C. 由于合同双方当事人自身的过失或疏忽而导致的

D. 不是因为合同双方当事人自身的过失或疏忽导致的

6. 国际贸易中，解决交易双方所发生的争议方式很多，包括（　　）。

A. 协商　　B. 调解　　C. 仲裁　　D. 诉讼

7. 在国际贸易中，仲裁机构有两种，分别是（　　）。

A. 国际性仲裁机构　　B. 地方性仲裁机构

C. 临时性仲裁机构　　D. 常设性仲裁机构

8. 合同的商品检验一般规定买方在接受货物之前，享有对所购买的货物进行检验的权利。但在一定条件下，买方对货物的检验权丧失。这些条件是（　　）。

A. 买卖双方另有约定　　B. 买方没有利用合理的机会检验货物

C. 合同规定以卖方的检验为准　　D. 卖方已经检验了货物

9. 商检证书的作用有（　　）。

A. 证明卖方所交货物符合合同规定的依据　　B. 是海关放行的依据

C. 卖方办理货款结算的依据

D. 是办理索赔和理赔的依据

10. 罚金条款一般适用于（　　）。

A. 卖方延期交货　　B. 买方延迟开立信用证

C. 买方延期接运货物　　　　D. 一般商品买卖

三、判断题

1. 某公司的进口设备到货后，发现与合同规定不符，但卖方及时对设备进行了修理，使设备达到了原定标准。在此情况下，买方就不能提出任何损害赔偿要求。（　）

2. 在国际贸易合同中，罚金和索赔是同一概念。（　）

3. 仲裁协议必须由合同当事人在争议发生之前达成，否则不能提请仲裁。（　）

4. 援引不可抗力条款的法律后果是撤销合同或推迟合同的履行。（　）

5. 仲裁裁决一旦做出，即具有法律效力，有关当事人应自觉执行。若败诉方拒绝执行裁决，仲裁机构不能强制其执行。（　）

6. 国际经济贸易仲裁的申请人和被诉人各自所指定的仲裁员并不代表其当事人一方的利益。（　）

7. 一方违反合同，另一方所能得到的损失赔偿金额最多不超过违约方在订立合同时所能预见到的损失金额。（　）

8. 我国一进出口公司从西欧某商进口在当地通常可以买到的某化工产品，在约定交货前，该商所属生产上述产品的工厂之一因爆炸被毁，该商要求援引不可抗力免责条款解除交货责任。对此，我国公司应予同意。（　）

四、案例分析题

1. 我国外贸企业与外商订有三份大米合同，商品名称分别为“太湖大米”“江苏大米”“中国大米”，七、八月份交货。交货前南方发生洪涝灾害。

问：就以上情况分别说明我国外贸企业如何向外商提出免责要求。

2. 我国某公司与外商订立一项出口合同，在合同中明确规定了仲裁条款，约定在履约过程中如发生争议在中国仲裁。后来，双方对商品的品质发生争议，对方在其所在地法院起诉该公司，法院发来传票，传我国该公司出庭应诉。

问：你认为该如何处理？

3. 我国一进出口公司以CIF槟城港向马来西亚客商出口一批土特产。订约时已知该批货物要转销美国，该货物到达槟城港后，立即转运美国，其后买主在合同规定的索赔期限内凭美国商检机构签发的检验证书向该公司提出索赔。

问：该公司能否依据美国检验证书进行处理？为什么？

项目10 国际贸易方式

学习目标

知识目标

- 了解并掌握经销与代理的特点及其之间的区别。
- 掌握招标与投标的性质和特点。
- 理解拍卖与寄售的特点。
- 掌握补偿贸易的特点。
- 掌握跨境电商的分类。
- 了解加工贸易的特点和形式。
- 了解市场采购贸易方式的基本概念。

技能目标

- 能运用国际贸易方式基本知识分析案例及提出解决办法。
- 能够了解各种国际贸易方式。

素质目标

- 培养动手实践能力。
- 提升团队协作沟通能力、守法意识和诚实守信的观念。

思维导图

- 国际贸易方式
  - 传统国际贸易
    - 经销与代理
    - 招标与投标
    - 寄售与拍卖
    - 对销贸易
  - 国际贸易新业态新模式
    - 跨境电子商务
    - 加工贸易关税维修
    - 市场采购贸易方式
    - 外贸综合服务企业

工作任务引入

通过在企业工作了一段时间后，小章已经掌握了国际贸易的基本流程，不过现今社会国际贸易方式多种多样，为了与时俱进，小章需进一步掌握其他国际贸易方式。

任务 1 传统国际贸易

1.1 经销与代理

经销与代理是为了建立和稳定买卖双方之间长期的贸易关系所采用的常用的贸易方式，这种贸易方式有利于建立有序的销售网络，提高主要客户的经营积极性，逐步扩大和占领目标市场。

传统国际贸易

1.1.1 经销

经销是国际上通行的贸易方式，也是我国外贸实践中，使用较多而且行之有效的贸易方式。

（1）经销的含义及其种类

经销（distribution）是指进口商（即经销商distributor）依据其与国外出口商（即供货商supplier）达成的协定，承担责任在规定的期限和地区内购销指定商品的一种做法。

按照经销商权限的不同，经销方式有两种。

①独家经销（sole distribution），也称包销（exclusive sale），指经销商在协议规定的期限和地域内，对指定的商品享有独家专营权的经销方式。指定商品除了独家经销商可以销售外，在指定区域内任何其他人包括出口商也不得销售此种商品，即独家经销商享有排他性的经营权。

独家经销的缺陷有如下几个。

a. 如市场情况发生变化，或独家经销商资信不佳和经营能力有限，就可能出现“包而不销”的情况，从而给出口商带来不利的影响。

b. 独家经销商有可能凭借其独家经营的地位，操纵和垄断市场，甚至对出口商供应的商品故意挑剔或进行压价。

c. 出口商一般只能同独家经销商打交道，而不能同其他客户普遍联系成交，因而缺乏机动灵活性。

②一般经销（general distribution），也称定销，指经销商不享有独家专营权，供货商可在同一时间、同一地区内，确定几个商家经销同类商品。经销商虽享有经销权，在购货上也能够得到一些优惠，但没有专营权。

（2）经销的特点

在经销模式下，二者是买卖关系，在这种关系下，供货人按照协议规定向经销人供应指定的商品，经销人以自己的名义买进商品，自行销售，自负盈亏。即使经销人在协议规定的区域内转售此类商品时，也是以自己的名义进行，接受转售商品的客户与国外供货商不构成合同关系。不同的是，包销商享有对包销商品的专营权，而一般经销商没有。

（3）经销协议

经销协议是经销商和供货商规定双方权利和义务、确立双方法律关系的契约。

经销协议一般包括如下内容：经销商品的范围；经销的区域；经销数量和金额；作价方法；经销期限和终止；经销商的其他义务，如广告宣传、市场调研和维护供货人权益等。除此之外，还应规定不可抗力及仲裁等一般交易条件，其规定方法与一般买卖合同大致相同。另外，经销协议也有定销和包销两种，具体要求也要视具体情况而定。

案例思考

我国A公司与美国B公司签订一份“独家经销协议”，A公司把该公司经营的皮革制品在美国的独家经营权授予B公司，期限为一年。一年来，由于B公司销售不力，致使A公司蒙受很大损失。

❓请问：A公司蒙受损失的原因是什么？

1.1.2 代理

（1）代理的含义和种类

代理（agency）是指代理人按照委托人的授权，以委托人的名义与第三人订立合同或实施其他法律行为，由委托人直接负责由此而产生的权利与义务的贸易方式。

国际贸易中的代理按委托人授权的大小分为总代理、独家代理和一般代理。总代理（general Agent）是委托人在指定地区的全权代表，他有权代表委托人从事一般商务活动和某些非商务性事务，是享有权利最大的代理人。独家代理（sole agent）是在指定地区和期限内单独代表委托人从事代理协议中规定的有关业务的代理人。一般代理

（agent），又称佣金代理（commission agent），是指不享有独家经营权的代理，即在同一地区和期限内可以有几个代理人同时代表委托人从事有关业务。其中，独家代理这种方式在我国的外贸实践中使用最多。

（2）代理的特点

在国际贸易中的代理方式中，双方当事人是委托人与代理人的关系，这与经销方式中经销商与供货商之间的买卖关系有着本质的区别。代理人是接受委托人的指定，并根据其指示行事的；代理人有积极推销指定商品的义务，但没有必须购买指定商品的责任；代理人只居间介绍，所获得的酬劳是佣金，并非赚取差价，他对经营上的盈亏不负任何责任。而包销商、经销商则自筹资金、自担风险和自负盈亏。

（3）销售代理协议

销售代理协议（selling agent agreement）是明确规定委托人和代理人之间权利与义务的法律文件。销售代理协议主要包括如下内容。

①订约双方名称、地址及订约的时间、地点。

②定义条款，即对代理人经营的商品种类、地区范围以及商标等内容予以明确限定。

③代理的委任、受任及法律关系。

④委托人的权利与义务主要有：关于接受和拒绝订货的权利；关于维护代理人权益的义务；关于向代理人提供广告资料，包括样品、样本、目录等推销产品所需资料的义务；关于向委托人对当地客户的违约行为进行诉讼所付费用予以补偿的义务；关于保证向代理人支付佣金的义务等。

⑤代理人的权利与义务主要有：关于代理人的权利范围；关于代理人积极促进产品销售的义务；关于代理人保护委托人财产、权利的义务；关于代理人的推销组织方式；关于代理人对客户资信情况进行调查的义务；关于代理人提供售后服务的义务；关于代理人向委托人汇报市场情况的义务；关于保密问题等。

⑥佣金的支付主要有：佣金率、佣金的计算基础、佣金支付的时间和方法等。

⑦协议的期限和终止。

⑧不可抗力和仲裁。

（4）签订代理协议应注意的问题

我国企业在实际业务中对代理的运用与某些国家有关代理的规定和商业惯例并不完全一致，因此，在同这些国家的商人签订代理协议时，必须注意他们的有关法律规定和商业习惯，以及国际上有关代理商方面的公认准则。

课堂讨论

在经销与代理两种方式中，当事人双方的关系有什么区别？

案例思考

日本A公司与中国B公司签订了一份独家代理协议，指定B公司为A公司在中国的独家代理。不久，A公司推出指定产品的改进产品，并指定中国C公司做该改进产品的独家代理，由此给B公司带来了损失。于是B公司和日本A公司进行交涉，要求将改进后的产品也由B公司代理，并且赔偿相关的损失。

❓请问：B公司的要求是否合理？日本A公司的做法是否正确？

1.2 招标与投标

招标（invitation to tender）和投标（submission to tender）是国际市场采用的传统的贸易方式之一，在国际进行的招标和投标，可分别称为国际招标和国际投标。

（1）招标与投标的含义

招标与投标是一种有组织的并按一定条件进行交易的方式。它是指不经过磋商程序而只是招标人（通常是购货人或业主）提出一定条件邀请投标人（通常是购供人或承包商）发盘竞争，最后由招标人选择对其最有利的发盘，并与提供该发盘的投标人签约成交的一种方式。招标与投标是一种贸易方式的两个方面，就购货人或业主而言是招标，就供货人或承包商而言就是投标。

一些国家在进行资源勘探，开发矿藏或承建工程项目，采购物资设备时，常采用招标方式。有些国家和有些国际组织规定，凡利用其提供的资金采购或兴建工程时，必须采用公开招标方式，以促使其更有效地使用贷款。

（2）招标与投标的特征

招标与投标同进出口贸易的一般做法不同，采用这种方式，双方当事人不必经过交易磋商，也不存在讨价还价的余地，而是由各投票人应邀同时采取一次递价的办法。投票人能否中标，主要取决于投标时的递价是否有竞争力，因此，采用这种方式，投标人之间的竞争十分激烈，而招标人则处于较主动地位。

招标与投标业务是一种竞卖方式，一般来说，卖方竞争对于买方是有利的，使他对于供给来源能有较多的比较和选择，在竞争激烈的情况下，买方还可以较为优惠的价格购进所需物资，这也是招标投标方式在大宗物资的采购中广泛运用的原因之一。

总的来说，招标与投标具有下列特征。

①招标与投标的公开性。招标机构要通过招标公告广泛通告有兴趣、有能力投标的供货商或承包商。另外，招标机构还要向投标人说明交易规则和条件以及招标的最后结果。

②招标与投标的公平性。招标与投标是本着公平竞争的原则进行的。在招标公告发出后，任何有能力的卖方都可以参加投标。招标机构在最后取舍投标人时，要完全按照预定

的招标规则进行。

③招标的组织性。招标的组织性体现在招标有固定的组织机构，有固定的招标场所，有固定的招标时间，有固定的招标规则和条件。

④投标的一次性。在招标投标中，投标人只能应邀作一次性投标，没有讨价还价的权利。标书在投递之后，一般不能撤回或修改，贸易的主动权掌握在招标人手里。

（3）招标的主要方式

①国际竞争性招标（international competitive bidding，ICB）是指招标人邀请几个乃至几十个投标人参加投标，通过多数投标人竞争，选择其中对招标人最有利的投标人成交易，它属于竞卖的方式。国际性竞争投标，有以下两种做法。

a. 公开投标（open bidding）。公开投标是一种无限竞争性招标，采用这种做法时，招标人要在国内外主要报刊、网络上刊登招标广告，凡对该项招标内容有兴趣的人均有机会购买招标资料进行投标。政府采购物资或利用国际金融组织贷款采购物资，大部分采用竞争性的公开招标办法。

b. 选择性招标（selected bidding）。选择性招标又称邀请招标，它是有限竞争性招标。采用这种做法时，招标人不在报刊、网络上刊登广告，而是根据自己具体的业务关系和情报资料由招标人对承包商进行邀请，进行资格预审后，再由他们进行投标。

②国际有限招标（limited international bidding）是一种有限竞争招标。较之国际竞争性招标，它有其局限性，即投标人选有一定的限制，不是任何有兴趣的承包商都有机会。

限制条件和内容各有差异，国际有限招标包括以下两种方式。

a. 一般限制性招标：这种招标虽然也是在世界范围内，但对投标人选有一定的限制，其具体做法与国际竞争性招标颇为近似，只是在制标时更强调投标人的资信。采用一般限制性招标方式也必须在国内外主要报刊、网络上刊登广告，只是必须注明是有限招标和对投标人选的限制范围。

b. 特邀招标：特邀招标即特别邀请性招标，采用这种方式时，一般不在报刊上刊登广告，而是根据招标人自己积累的经验和资料或由咨询公司提供的承包商名单，如果是世界银行或某一外国机构资助的项目，招标人要征得资助机构的同意后对某些承包商发出邀请。经过对应邀人进行资格预审后，再行通知其提出报价，递交投标书。这种招标方式的优点是经过选择的承包商在经验、技术和信誉方面都比较可靠，基本上能保证招标的质量和进度。这种方式的缺点在于发包人所了解的承包商的数量有限，在邀请时很有可能漏掉一些在技术上和报价上有竞争能力的后起之秀。为弥补此项不足，招标人可以编辑相关专业承包商的名录，摘要其特点，并及时了解和掌握新承包商的动态和原有承包商实力发展变化的信息，不断对名录进行调整、更新和补充，以减少遗漏。

③议标也称谈判招标（negotiated bidding），又称为委托信任标。它属于一种非竞争性招标。严格地讲，这不算一种招标方式，只是一种“谈判合同”。最初，议标的习惯做法是由发包人物色一家承包商直接进行合同谈判。一般为一些工程项目造价过低，不值

得组织招标；或由于其专业为某一家或几家垄断，或工期紧迫不宜采取竞争性招标；招标的内容是关于专业咨询、设计和指导性服务、专用设备的安装维修；属于政府协议工程等情况下，才采用议标方式。

随着承包活动的广泛开展、议标的含义和做法也不断地发展和改变。目前，在国际承包实践中，发包单位已不再仅仅是同一家承包商议标，而是同时与多家承包商进行谈判，最后无任何约束地将合同授给其中一家，无须优先授合同予报价最低者。

议标带给承包商的好处较多。首先，承包商不用出具投标保函，议标承包商无须在一定期限内对其报价负责。其次，议标毕竟竞争性小，竞争对手不多，因而缔约的可能性大。议标对发包单位也有好处：发包单位可以不受任何约束，可以按其要求选择合作对象，尤其是当发包单位同时与多家承包商议标时，可以充分利用议标的承包商的弱点，以此压彼；利用其担心其他对手抢标，成交心切的心理迫使承包商降价或降低其他要求条件，从而达到理想的成交条件。

（4）招标、投标业务的基本程序

国际招标需要经过招标执行机构的建立、发布招标公告、资格预审、开标和评标、签订合同五个基本步骤。

①招标执行机构的建立。在国际招标这种形式下，必须有专门的机构和人员对全部活动过程加以组织和管理，以保证国际招标最终达到其经济性和有效性的目的。国际招标执行机构主要有：招标机构、咨询机构、资格审查机构和评标机构等。

②发布招标公告。招标公告实际是招标机构向所有潜在的承包商发出的一种广泛的通知。在公告中不但需要说明即将采购的商品或举办的工程，还需要简要说明投标方法。

招标公告的发布可以凭借报纸、广播、网络等形式。按照国际惯例，应至少在招标国普遍发行的报纸上刊登广告。在公告中还要有对投标条件的规定，如采购的数量、质量、交货期和投标截止日期的规定等。

③资格预审。所谓资格预审是指在招标开始之前或初期对投标人进行各方面的审查。预审合格者才能参加投标。

资格审查的内容主要有：看投标单位的信誉是否良好；从事国内外同类物资的生产或建设工程的经验是否丰富，质量是否能达到要求；技术力量是否能满足招标要求等。预审的目的是使招标单位对投标人能否有资格参加该项采购的投标做全面审查。

④开标和评标。当招标公告规定的截止日期到了以后，招标机构即可将所有投标书集中，开标并评标。

开标是指把所有投标人的报价启封揭晓。开标可分为公开开标和秘密开标两种形式：公开开标是在招标委员会规定的时间、地点，通知所有的投标人都参加的开标形式；秘密开标则不通知投标人参加开标过程，只将开标的结果通知候选人。

评标是有关机构就投标书的合同条件，技术条件及法律条件进行评审、比较，选出最佳投标人的过程。

评标的主要内容有：研究对比投标报价；评审投标是否有任何违反有关规定；审查投

标书中的计算是否有严重错误，或对标书内容是否严重误解等。参加评标的人员原则上要保持评标工作的“准确性”“公开性”和“保密性”。评标后进行决标。决标是指经过评标，做出决定，最后选定中标人的行为。

⑤签订合同。评标的结果是选定一个最佳条件的投标人作为中标人。由招标机构与中标人签订合同。

1.3 寄售与拍卖

1.3.1 寄售

寄售（consignment）是一种委托代售的贸易方式。它是指委托人（货主）先将货物运往寄售地，委托国外的代售人，根据寄售协议的条件代替货主进行销售的一种贸易方式。货物出售之后，所得货款，由代售人扣除佣金和其他费用，通过银行汇交给寄售人。

（1）寄售的性质

寄售业务是按寄售人和代售人签订的寄售协议进行的。寄售协议中的双方当事人是委托和受托的关系。寄售协议属于信托合同性质。寄售业务的代售人介于委托人与实际买主之间，代售人有权以自己的名义与当地购货人签订购销合同，合同双方当事人之间的关系是本人与本人的关系。如果当地购货人不履行合同，代售人有权以自己的名义起诉。

（2）寄售的特点

在国际贸易中采用寄售方式，与通常的卖断方式相比，具有如下特点。

①寄售人先将货物运至目的地市场（寄售），然后经代售人在寄售地向当地买主销售。因此，它是凭实物进行买卖的现货交易。

②寄售人与代售人之间是委托代售关系而非买卖关系，代售人只能根据寄售人的指示处置货物。货物的所有权，在寄售地出售之前仍属于寄售人。

③寄售货物在售出之前，包括运输途中和到达寄售地后的一切费用和风险，均由寄售人承担。寄售货物装运出口后，在到达寄售地前也可以采用出售路货的办法先行销售。即当货物尚在运输途中，就可由代售人寻找买主出售。

（3）寄售协议的主要内容

寄售协议是委托人与代售人为了明确双方的权利、义务和有关寄售的条件而签订的协议。寄售协议的内容一般包括如下几项。

①寄售货物的名称、品质规格、数量、包装、销售的指定地区，委托销售期限。

②委托寄售货物的所有权。在协议中一般规定寄售货物直到售与买主以前，其所有权仍属于委托人。

③价格条款。价格条款主要是规定寄售货物的作价办法，通常有以下三种作价方法。

a. 规定最低售价：它包括委托人在寄售协议中明确规定一个价格。授权代售人只能按照限价或最低价之上出售货物。

b. 不限价：指寄售人授权代售人随行就市出售货物，在价格上不作限制，但其最低限度应当等于当地市价。

c. 销售前征得寄售人意见：这种做法方式较灵活，使用比较普遍。

④佣金条款。协议中应明确佣金的计算和支付方式。有的规定为售货金额的一定百分比；有的规定为双方洽定的结算价和实际售价之间的差价。

⑤费用。原则上寄售的各项费用应由寄售人承担，但有些费用，如在寄售地陈列样品，广告宣传，销售或存储等费用，也可通过协议由代售人负担。

⑥支付。协议应明确规定货款结算方式。包括代售人垫支的费用、税金和佣金报酬的支付方式，包括以何种货币支付和代售人在出售货物多少天将货款交付给委托人等。

⑦收回寄售商品的程序。在协议中应规定，收回未能出售的寄售货物的费用由谁负担。

⑧寄售双方的义务。代售人的义务：代售人负责办理寄售商品的进口许可证，报关纳税及寄售货物的存储保管、运输、保险、广告、销售与售后服务等事项并垫付有关费用和税金；代售人还须向寄售人报告货物的销售情况和客户的反映，通报行情及竞争对手的同类产品的价格水平。有的协议还规定代售人向委托人提供银行担保，保障委托人的利益。委托人的义务：委托人要保证按质、按量、按期提供寄售商品，并提供广告宣传资料和有关证明；委托人按协议规定如期偿付代售人垫付的各项费用和税金。如果委托人不执行寄售协议，代售人可以对委托人的货物行使留置权或将寄售货物作为担保和抵押。

（4）开展寄售业务应注意的问题

在开展寄售业务时，仅就寄售人而言应注意以下问题。

①在调查研究的基础上选好寄售地点，要了解国外销售市场各方面的情况。

②审慎选择合适的代售人。为了确保寄售达到预期效果，应选择资信好，有经验，有经营推销能力的客户为代售人。

③选择适宜的商品为寄售商品。寄售商品应该是在寄售地有销路而又难以凭样成交的商品，或者是一些名优产品和新小商品等。

④适当掌握寄售商品的数量。寄售数量的多少，应根据销售情况和市场容量大小而定。

⑤要注意收汇安全。为了保证收汇安全，除选择外汇管制较松且外汇较宽裕的国家和地区外，还应要求代售人提供银行保函。

⑥订好寄售协议。寄售协议关系双方当事人的权利和义务，直接关系协议的执行。所以，寄售协议中各条款要具体、明确。

案例思考

某公司新研制出一种产品，为打开产品的销路，公司决定将产品运往俄罗斯，采用寄售方式出售商品。在代售方出售商品后，公司收到对方的结算清单，其中包括商品在寄售前所花费有关费用的收据。

❓请问：寄售方式下，商品寄售前的有关费用应由谁承担？为什么？

1.3.2 拍卖

拍卖（auction）是一种较为古老的交易方式，至今仍被广泛采用。拍卖为现场实物交易，是由专营拍卖业务的拍卖行接受货主的委托，在一定的时间和地点，按照一定的规则，以公开叫价竞购的方式，把货物卖给出价最高的买主的一种现货交易方式。

（1）拍卖的特点

①拍卖是在一定的机构内有组织地进行的。拍卖一般都是在拍卖中心，按规定的时间和规则，由拍卖行统一组织进行。

②拍卖具有自己独特的法律和规章。许多国家的货物买卖法律中对拍卖业务都有专门的规定，各个拍卖行一般也有自己的章程和惯例，这些都使得拍卖方式具有自己的特色。

③拍卖的货物须由买主事先看货，一经成交，卖主不负品质和索赔责任。

④拍卖的商品一般都是非标准规格化的商品。

（2）拍卖的工作程序

①准备阶段。由拍卖人将商品挑选并分类、分级、分批，印成拍卖商品的目录，供买主选择。

②买主验着拍卖品阶段。由于用于拍卖的商品不易标准化，或不能长期保存，如茶叶、烟草、木材、羊毛、皮张、艺术品、古玩等，所以拍卖前要让买主验看拍卖品。

③正式拍卖和成交交货。即把拍卖的货物，按预定的顺序、地点和时间逐批叫价拍卖。一旦成交，拍卖行的工作人员即交给买方一份成交确认稿，表明交易正式达成；买方付款后，即可提货。

（3）拍卖方式

拍卖的具体方式，也称叫价方法，主要有以下三种。

①增价拍卖。即拍卖人先喊出最低价格，然后由买主竞相叫价直至成交。

②减价拍卖，又称荷兰式拍卖。这种拍卖方法，是由拍卖人先叫出最高价，然后在无人购买的情况下再逐渐降低叫价，直到有人购买为止。

③密封递价拍卖，又称投标式拍卖。即买主在规定的时间内，向拍卖机构以密封标单形式递价，由拍卖人选择出价最高的买主表示接受，以达成交易。这种方法已失去公开竞买性质，竞买人能否买到货物，除价格因素外，还取决于其他因素。

1.3.3 展卖

展卖（fairs and sales）是利用展览会和博览会及其他交易会的形式，对商品实行展销结合，以展促销的一种贸易方式。

（1）展卖的特点

①有利于宣传出口国家的科技成就和介绍出口商品，以扩大影响，促成交易。

②有利于建立和发展客户关系，广交朋友，扩大销售地区和范围，实现市场多元化。

③有利于收集市场信息，开展市场调查研究，以便更有利地掌握市场动态。

④有利于听取国外客户意见，并通过货比货发现问题，找出差距，不断提高出口商品质量，增强竞争能力。

（2）展卖的类型

①国际博览会。国际博览会又叫国际集市，是指由一国或多国联合组办，在一定地点定期举办的，邀请各国商人参加交易的贸易形式。

国际博览会不仅为买卖双方提供了交易的便利，而且越来越多地作为产品介绍、广告宣传，以及介绍新工艺，进行技术交流的重要方式。

国际博览会有综合性和专业性博览会两种形式。综合性博览会是指各种商品均可以参加展览并洽谈交易的博览会。世界上著名的博览会多为综合型，其中以米兰、莱比锡、巴黎的国际博览会历史较为悠久。专业型国际博览会仅限于某类专业性产品参加展览和洽谈交易，其规模较小，会期也较短。科隆博览会就是世界较著名的专业性国际博览会。每年举行两次，一次展销纺织品，一次展销五金制品。

②中国出口商品交易会。中国进出口商品交易会，又称广州商品交易会（广交会），本书前面已经介绍过，此处不再赘述。

③在国外举办展卖会。我国在国外举办展卖会主要有两种形式：一种是自行举办展卖会；另一种做法是支持外商举办或与外商联合举办展卖会。是否举办要依据展卖条件和意图而定。

（3）开展展卖应注意的问题

①选择适当的展卖商品。适于展卖的商品一般是那些品种规格复杂，用户对造型、设计、花色、图案要求严格，性能多变的产品，如机器设备、电子产品、手工艺品、儿童玩具以及一些日用消费品等。

②选择合适的展卖地点。在选择展卖地点时，一般应选择交易较为集中，市场潜力比较大，有发展前途的集散地或交易中心地区。

③选择适当的展卖时机。一般来说，选择展卖的时间应与该产品的销售季节相一致。每次展出的时间不宜过长，以免耗费过大，影响效果。

④做好宣传组织工作。在展销期间要广泛运用各种宣传媒介，吸引更多的客户。

⑤选择好合作客户。在与外商联合举办展卖会的情况下，合作客户的选择关系展卖业务的成败。一般要选择有经营能力，在当地市场有一定影响，并熟悉当地市场情况和有业务联系的中间商作为合作伙伴。

案例思考

我国浙江省某实业有限公司拟向南亚某国出口一批轻工产品。由于该批货物在其仓库搁置很久，属于积压物资，因此双方当事人通过多次协商，决定以寄售方式在国外销售。

货物经由该公司运到目的地后，由于同类商品在当地市场竞争激烈，虽经代销商多方努力，货物销售情况仍然非常不理想，最后只得再装运回国内。

❓请问：该案带给我们什么经验教训？

1.4 对销贸易

1.4.1 对销贸易的含义和特点

对销贸易（counter trade），也称为“抵偿贸易”“对等贸易”，也有人把它笼统地称为“易货”。一般认为这是一种以货物或劳务（包括工业产权和专有技术等无形财产）作为偿付贷款手段的贸易方式。它是指交易双方互为进口人或出口人，把进口和出口有机地结合起来，双方都以自己的出口来全部抵偿或部分抵偿对方的进口。

这种贸易方式的特点是：进出口直接挂钩，贸易双方有进有出，贸易品种相当，对等交换，进出口平衡，不使用外汇进行结算。有人把对销贸易理解为包括易货、记账贸易、互购、产品回购、转手贸易等货物买卖范畴，以进出结合、出口抵补进口为共同特征的各种贸易方式的总称。

对销贸易在全世界被广泛采用并得到迅速发展是在第二次世界大战以后，这是因为战后贸易保护主义盛行，某些国家国际收支恶化，进口苦于无外汇，出口又少渠道，所以不得不求助于进口与出口相结合的对销贸易。其历史可追溯到20世纪30年代至40年代盛行于欧洲的易货贸易、清算协定贸易。20世纪60年代末和70年代初，在世界经济危机、货币金融危机和石油危机的影响下，对销贸易有所发展，并相继出现了许多新形式和新做法。20世纪80年代后，对销贸易又有了进一步发展，参加的国家越来越多，交易规模也越来越大。

1.4.2 对销贸易的作用

对销贸易是通过以进带出的做法，来弥补贸易逆差和克服外汇不足的困难，促进贸易发展的一种贸易方式。这种贸易方式，对交易的双方都有好处，它在双方的贸易当中起到了一定的推动作用。主要表现在以下几点。

（1）有利于节省外汇

通过对销贸易可以使参与国在不动用外汇的情况下，进口他们在发展国民经济中所需的各种货物和技术，而且在某种条件下，还可以以贸易的方式取得国外的信贷。

（2）促进出口的扩大

通过对销贸易，以进带出，有利于开发国际销售渠道，使得一些本来不容易出口的产品顺利进入国际市场，从而促进了出口的扩大。

（3）获得了稳定的外汇收入

在国际对销贸易中，通过双方建立在比较长期、稳定基础上的贸易关系，促进了双方对外贸易量的扩大和对外经济的发展，从而有利于双方对外经济关系的发展和出口创汇的稳定增长。

（4）有利于提高本国出口竞争力

随着双方国际贸易的发展，特别是随着先进的技术和设备的引入和投产，有利于贸易对象国之间生产水平的提高和技术设备的改造，进而促进了产品国际竞争力的增强。

1.4.3 对销贸易的种类

国际对销贸易的种类很多，主要包括：易货贸易、补偿贸易、互购贸易和转手贸易等。

（1）易货贸易

易货贸易（barter trade），即物物交换。是指用实物的进口或出口去换取另一国实物的出口或进口，而不用货币作为支付的一种传统的贸易方式。一般不涉及第三者，多用于边境贸易。

易货贸易在国际贸易实践中主要表现为下列两种形式。

①直接易货。直接易货又称为一般易货。从严格的法律意义上讲，易货就是指以货换货。即交易双方根据各自的可能和需要，交换价值相等或相近的商品，具体做法为：双方相互约定交换的时间和地点，规定交货的品种、规格和数量，在货物发运后，将提货单据寄往对方，经对方验收无误，交易即告完成。

②综合易货，又称“一揽子”易货。综合易货是指交易双方交换的货物通过外汇结算货款，双方都承担购买对方等值商品的义务，且进口商品和出口商品的交换作为一笔交易体现在一个合同中。采用这种交易方式时，可以用一种出口商品交换对方的另一种进口商品，货款逐笔平衡；也可以由双方订立易货协议或合同，规定在一定期限内用几种出口商品交换另外几种进口商品，按软硬搭配原则构成一笔交易，进出口可以同时进行，也可以有先有后，但间隔的时间不能过长。这是目前国际贸易中较常见的一种对销贸易。

易货贸易的作用和缺陷分别有以下几点。

①易货贸易的作用。首先，具有调剂余缺和经济互补的功能，有助于对外支付手段匮乏的国家或企业间开展贸易，从而能促进国际贸易的发展；其次，有利于以进带出，扩大出口商品的销售，易于实现进出口贸易的平衡。

②易货贸易的缺陷。由于易货贸易方式本身的局限，因而也有诸多不足：适用范围窄，谈判费时费事，不易成交，不如“逐笔售定”方式灵活；易货的进行极易受双方国家经济互补性状况的制约。即两国的经济发展水平、产业结构差异越大，其互补性也就越强，可供交换的产品选择余地越大。

开展易货贸易应注意以下几点问题。

①应尽量避免冲击正常的出口创汇贸易。对于能通过单边形式出口，且销路较好的商品，一般不宜采用易货贸易方式。否则，将减少我方外汇收入。

②应加强对易货贸易的组织管理。由于易货贸易具有较强的政策性和应用上的局限性，进行统一指导必不可少。

③易货中最大的风险就是已交付货物的一方可能收不到另一方应交付的货物。因而，交易双方都强调交换等值且同时进行。这在实际业务中难以做到。

课堂讨论

分析中国和美国易货贸易的可能性。

（2）补偿贸易

补偿贸易（compensation trade）是20世纪60年代末发展起来的一种国际贸易方式。其基本含义是：交易中的一方（设备出口方）提供机器设备、生产技术、原材料或劳务，在约定的期限内，由另一方（进口方）用出口方提供的设备、原材料所生产出来的产品，或以双方商定的其他商品分期偿付出口方提供的设备、技术等的价款和利息。它是一种以商品信贷为基础的贸易方式，也是一种不使用外汇而以商品抵偿商品的利用外资的一种方式。

补偿贸易的形式不同，按照用来偿付的标的的不同，大体上可分为四类。

①直接补偿。即双方在协议中规定，允许进口方用其引进的技术设备所生产出来的产品，直接偿付进口之价款。这种办法也称为产品返销（product buyback）或产品回购。产品回购是先出口方必须承诺的义务；而设备进口方生产的产品也必须保证质量，符合要求。这是补偿贸易最基本的做法，也是我国采用的主要形式。在国外，把这种做法称之为对销贸易中的回购。

②间接补偿。是指当所交易的设备本身不生产物质产品或生产的直接产品非对方所需要或在国际市场上难以销售时，进口方偿还设备的价款可由双方商定的其他产品或劳务进行补偿。这种形式也叫作抵偿贸易，或称为互购、反向购买。

③劳务补偿。这种做法常见于同来料加工或来件装配相结合的中小型补偿贸易中，一般由对方为我方代购技术和设备，货款先由对方垫付，我方按对方要求加工生产后，从应收的工缴费中分期扣还所欠款项。

④综合补偿。这是上述三种补偿方法的综合运用，即对引进技术设备的价款，部分用产品，部分用劳务或货币偿还。这种偿付货款的办法更为灵活和方便，是补偿贸易的变通形式。但必须指出，如全部用劳务补偿，则不属于易货范畴。

补偿贸易有以下特点。

①补偿贸易的进行以信贷为必不可少的前提条件。在实际业务中，信贷可以表现为各种形式，但大量出现的是商品信贷，即设备的赊销。这是补偿贸易与传统易货贸易的区别之一。

②设备供应方必须同时承担回购设备进口方的产品或劳务的义务。这是构成补偿贸易的一个先决条件。

③贸易与生产相联系。由于补偿贸易可用产品偿还进口设备价款，因而设备的进口和产品的出口密切关联，进出口贸易与生产相关联。

④补偿贸易双方既有买卖关系，又有合作关系。开展补偿贸易的双方只有在贸易、技术转让与服务、生产各方面都密切配合，才能达到双方的交易目的。从这个意义上说，它

又是一种新型的国际经济合作形式。

补偿贸易有以下作用。

对设备进口方的作用：①补偿贸易是一种较好的利用外资的形式，一些外汇短缺的发展中国家可以利用补偿贸易引进国外的设备和技术，促进经济的发展。②有利于吸收外国先进的技术和管理经验，设备出口方往往有责任负责设备的安装、调试及培训进口方的人员，因而进口方可借机学习国外的技术和先进的管理经验。③可借助对方的销售渠道，开拓市场扩大出口。

对设备供应方的作用：①扩大设备、技术出口。借助补偿贸易的形式，向外汇短缺的国家出口设备、提供技术，扩大销售渠道。②有利于获得稳定、价廉的回头产品或原材料。出口方一方面通过承诺回购商品义务加强自己的竞争地位、争取贸易伙伴，同时还可在回购中获取较稳定的原材料来源，且其价格比国际市场的同类产品要低。③风险小、利润大。因为以回购产品的方式取得货款一般较有保障，同时，还可能利用高价出口设备、低价回购商品获取较大的利润。

当然，补偿贸易方式也有不足。若对进口方来说引进的设备往往不够先进，且价格也未必便宜；对出口方来说，若承诺回购的商品与其经销的同类产品有冲突，就会影响其整体利益。

为了成功地开展补偿贸易，在实践中要注意做好以下工作。

①慎重地选择好项目。项目选择是补偿贸易的起点，决定一个项目既要从国内必须和现有条件出发，又要有利于扩大出口。

②切实做好可行性研究。可行性研究效果的好坏是补偿贸易能否成功的关键，因此要对项目进行全面系统的可行性研究，即一方面要对国内的实际生产水平、原材料来源、生产管理、市场需求等情况了如指掌；另一方面要对外商提供的设备价格、性能及其生产的产品的价格、市场容量，以及运输条件、销售环节等情况进行较为细致的调查研究。

③选准合作对象。在补偿贸易中同贸易部门合作的对象有两个，即外商和国内的生产厂家，这两方面必须合作，贸易才能成功。另外，还要求国外客户资信可靠、技术力量雄厚，国内厂家经营管理水平较高和技术上有优势。

④要以出口为导向。要求通过补偿贸易引进的项目，不仅有助于我国产业结构的调整、产品档次和质量的提高，而且更要注意项目的外向性。即引进项目所生产的产品要在国际市场上具有较强的竞争性，能从总体上提高我国出口创汇的能力。

案例思考

某国A公司与我国B公司双方签订协议，B公司以补偿贸易方式向A公司出口一条纺织机械生产线，A公司须在投入生产后补偿给B公司30吨毛线制品。但是当生产线开工后，国际市场毛线制品价格直线上升，在这种情况下，A公司拒绝补偿B公司30吨毛线，只愿意支付生产线的市场价格。

❓请问：如何分析该案例？

（3）互购贸易

互购贸易（counter purchase）又称“平行贸易”（parallel trade）或互惠贸易（reciprocal trade）。所谓互购，就是交易双方互相购买对方的产品，是一种“以进带出”或“以出带进”的进出口相结合的贸易方式。互购贸易的具体做法是，一般由贸易双方根据一份议定书签订两份既独立又相互联系的合同。一份合同负责出口商品的销售，并要求先进口方全部用现汇支付货款，条件是先出口方承诺在一定时期内购买回头货；另一份合同具体规定先出口方的购买义务条款，通常规定先出口方在什么时期内购买先进口方的一定金额商品，但一般不具体规定商品的品质和价格。两份合同可一起洽谈，但分别执行。

互购贸易有特点，也有利弊。互购贸易的特点在于，两笔交易虽有联系，但却是分别进行，均用现汇支付。一般是通过信用证即期付款或付款交单来进行，有时也可采用远期信用证付款方式。因此，先出口一方除非接受远期信用证方式，否则不存在垫付资金问题；相反，还可在收到出口货款到支付回购货款的这段时间内，利用对方资金，而且在后续的回购产品谈判中处于有利的地位。对先进口方来说，利用互购贸易则有利于带动本国商品的出口，即享有“以进带出”的好处。其缺点是先付一笔资金，且还面临着先出口方回购商品的承诺得不到很好履行的风险。

（4）转手贸易

转手贸易（switch），又称三角贸易或转账贸易。这种贸易方式要涉及三个以上的当事人，内容复杂，是战后以来原经济互助委员会的国家和许多国家签订双边贸易协定和支付（清算）协定的产物。

在国际贸易中，转手贸易主要有以下两种方式。

①简单的转手贸易。是指拥有顺差的一方根据记账贸易将回购的货物运到国际市场，为便于销售，往往以低于市场的价格转售货物，从而换取硬通货。这实际上是一种简单的转口贸易。

②复杂的转手贸易。即记账贸易下拥有顺差的一方，把顺差当作权益，以高于市场的价格从第三者手中购进本来需用自由外汇才能换得他所需的设备或其他产品。同时，由该第三者利用已换取的顺差权益，从记账贸易下的逆差国家购买约定的货物，并在其他市场转售，从而取得硬通货。

在实际业务中，由于转手贸易的程序复杂、环节多、难度较大，而且对发展中国家多有不利，因此，得不到多数发展中国家的欢迎。也正因为如此，使得转手贸易的开展一般只能由专门从事转手贸易的转手商进行。

案例思考

我国多次以补偿贸易方式从日本进口渔轮，直接用鱼品偿付渔轮进口价款。某省外贸公司曾进口一艘渔轮，其具体做法是先出口鱼品积存外汇，在达到一定金额后，即用以购买新渔轮。该公司把这种做法报请主管机关给予补偿贸易的优惠待遇，遭到拒绝。

❓请问：（1）该外贸公司的做法是否符合补偿贸易方式成立的条件？为什么？（2）该公司如果按补偿贸易方式去做此笔业务，应如何去做？

任务2 国际贸易新业态新模式

国际贸易新业态新模式

2.1 跨境电子商务

2.1.1 跨境电子商务的基本概念

跨境电子商务（cross-border electronic commerce）是指分属不同关境的交易主体，通过电子商务平台达成交易、进行支付结算，并通过跨境物流送达商品、完成交易的一种国际商业活动。

2.1.2 跨境电子商务的分类

（1）按照交易对象的不同，可以分为B2B、B2C、C2C、B2G四类

B2B（business to business），即企业与企业之间的跨境电子商务，主要应用于企业之间的采购与进出口贸易等。传统的电商形式中最常见的是B2B模式，核心在于交易双方都是商家。B2B可以分为三种模式：第一种是垂直模式，主要是整合某一专业领域的上下游产业链；比如兰亭集势、大龙网等。第二种是综合模式，网站属于一个开发性的中间平台；比如阿里巴巴、中国制造网等。第三种是自建平台，企业自己建立平台直接销售自有或者采购的货品；比如Shopify、WooCommerce等都是很好的自建平台。

B2C（business to customer），即企业与消费者个人之间的跨境电子商务，主要应用于企业直接销售或消费者全球购活动。随着大量第三方在线平台的建立，使跨境电商的交易门槛大幅降低，越来越多的零售商甚至消费者直接参与到网上购买和销售过程，从而缩短了供应链，减少了中间环节，优势更加明显，B2C模式的使用显著增加；甚至出现了不同国家消费者之间少量商品互通的C2C模式和工场直接到消费者的M2C模式。

C2C（customer to customer），即消费者之间的跨境电子商务，主要应用于消费

者之间的个人拍卖等行为。简言之：C2C是个人与个人之间的电子商务。C2C模式的特点是大众化交易，早期的E-bay属于C2C平台，而一度非常流行的海淘代购模式也是典型的C2C。

B2G（boot to gecko），B2G是新近出现的电子商务模式，即“商家到政府”（是术语B2B或business to government的变化形式），是企业与政府之间的跨境电子商务，主要应用于政府采购，但目前进行跨境采购要受到各国诸多法规的限制。

（2）按照货物流通方向的不同，可以分为进口跨境电商和出口跨境电商

进口跨境电商，海外卖家将商品直销给国内的买家，一般是国内消费者访问境外商家的购物网站选择商品，然后下单，由境外卖家发通过国际物流送给国内消费者。

出口跨境电商，国内卖家将商品直销给境外的买家，一般是国外买家访问国内商家的网店，然后下单购买，并完成支付，由国内的商家发国际物流至国外买家。

2.2 加工贸易保税维修

2.2.1 加工贸易的概念

加工贸易（processing trade）是以加工为特征，以商品为载体的劳务工作，即一国企业利用自己的设备和生产能力，对来自国外的原材料、零部件或元件进行加工、制造或装配，然后再将产品销往国外的贸易方式。开展这一业务，对充分利用我国劳动力资源的优势，提高企业的技术与管理水平有很大的积极作用。目前我国常用的加工贸易方式主要有对外加工装配贸易和进料加工贸易两种。

2.2.2 对外加工装配贸易

对外加工装配是国际上普遍采用的一种贸易方式，更是发展中国家利用外资和扩大对外贸易的行之有效的途径之一。对外加工装配贸易在我国也早已使用，但广泛开展是在党的十一届三中全会以后。

（1）对外加工装配贸易的含义、特点及作用

①对外加工装配贸易的含义。对外加工装配是来料加工和来件装配的总称。来料加工（processing with customer’s materials）贸易，是指外商提供原材料、辅料和包装物料等，由国内的承接方按外商提供的要求加工成成品提交给对方，并按双方约定的标准收取工缴费（加工费）的一种贸易方式。来件装配（assembling with customer’s parts）贸易是指由外商提供零部件、包装物料等，由国内的承接方按其工艺设计需求装配为成品提交给对方，并按双方约定的标准收取工缴费（加工费）的一种贸易方式。

②对外加工装配贸易的特点。对外加工装配业务是一种委托加工的交易方式，既直接同产品的加工装配相结合，又同外资相联系，它与其他进出口贸易方式相比较，具有如下特点。

对外加工装配业务不同于通常的商品进出口贸易。通常的商品进口或出口业务，进口和出口体现出两笔交易，而加工装配贸易是一项有进有出，进口和出口紧密结合的交易。即承接方将进口的料、件，按需求经过加工装配便成为合格成品而出口，加工装配的过程，就是使用技术和投入劳务的过程。因此，加工装配业务实质上是劳务出口的一种形式，加工费可看作是劳务出口的货币表现。

同时，加工装配业务中所需的料件是由国外委托方提供的，承接方对所加工或装配的料件等，均只有使用权，而没有所有权。所以不存在所有权的转移问题，当然也就无须承担因市场价格涨落所带来的经营风险。

对外加工装配贸易不同于补偿贸易。补偿贸易形式虽然也不需要筹集大笔资金，机器设备或技术由外商提供，不需现汇支付，仅是加工生产的产品或其他商品以返销或回购的方式作抵偿，但事实上已发生了买卖关系，机器设备的所有权在成交之初已经转移，后期作价抵偿仍受国际市场价格波动的影响，设备进口方要担负生产经营的风险。而对外加工装配贸易，只承接外商来料、来件，不构成商品买卖行为，不承担产成品的销售风险，只按规定收取一笔工缴费。

对外加工装配贸易不同于国际租赁贸易。国际租赁贸易中虽然商品所有权不曾转移，也不属商品买卖关系，承租之初也不承诺回购商品的义务，但租赁者并不承担商品经营的责任，也不承诺回购商品的义务，只限于收取一定的租赁费。相反，承租者必须自主经营、自负盈亏，自担商品经营的风险。而对外加工装配贸易的承租方，并不承担商品经营的风险，只要加工装配合格，按期交货，即可按事先约定的标准收取工缴费。

③对外加工装配贸易的作用。开展对外加工装配业务，无论是对国内承接方还是对外商，都有积极作用。对承接方来说，可以克服国内生产能力有余而原材料不足的矛盾；可以充分利用国内劳动力资源，增加就业机会；有利于扩大出口，增加外汇收入。对外商即委托方来说，可降低其产品的成本，从而增强其产品在国际市场上的竞争力；有利于外商所在国的产业结构调整，这主要是指一些工业发达国家，通过委托加工方式，将一些劳动密集型产品的生产转移到发展中国家。当然，对外加工装配贸易也并非完美无缺，也存在着不少缺陷，诸如业务范围较窄、规模效益有限以及承接方往往处于被动地位等。

2.2.3 进料加工贸易

进料加工（processing with imported materials）在我国也称“以进养出”，是指国内有外贸经营权的单位用外汇进口部分或全部原料、材料、辅料、元器件、配套件和包装物料加工成品或成品后再返销出口的业务。

（1）进料加工贸易的意义

①可以有效利用国外资源，以弥补本国资源的不足。在本国原材料或半成品短缺的情况下，从事进料加工贸易可扩大一国国内生产，促进产品出口。通过进口国外优质的原材料和半成品进行加工，还可提高产品质量，促进加工企业产品的升级换代，增强其产品的国际竞争力。

②可以促进企业经营管理水平的提高。进料加工贸易把产品生产的前期收购和后期出

口销售的各环节联系在一起，把流通环节和生产环节的各种管理和风险集中于一身，对企业的经营管理水平要求更高，这就迫使企业目光要对准国际市场，加强经营管理，改革企业经营管理机制，适应国际惯例，生产出适销对路的产品。

③可以充分利用本国的厂房、设备、人力资源。开展进料加工贸易可以使本国某一部分闲置的厂房、设备、人力资源等得到合理利用，特别是一国在经济下行时，人员和固定资产闲置较多，发展进料加工和来料加工贸易可提高设备利用率，扩大就业，促进经济发展。

④可以扩大外贸出口，为国家增加外汇收入。作为一种贸易方式，进料加工贸易具有其他交易方式所不具备的优越条件，是一国发展对外贸易中不可缺少的手段之一，因此也是一国重要的外汇收入来源之一。在我国的一些沿海省市，进料加工和来料加工出口占当年出口的比例可达30%～60%，可见进料加工贸易对发展我国外贸出口的重要性。

⑤可以利用客商的贸易渠道，以进口业务招揽出口业务，从而扩大外贸出口领域，有利于发展我国的外贸事业。

⑥可以产生较大的社会综合效益。由于从事进料加工企业的生产扩大，带动了一批相关企业的生产，这对社会经济发展具有积极作用，会产生较大的社会经济效益。

（2）进料加工与来料加工的区别

“来料加工”与从国外进口原材料加工成成品再出口的“进料加工”方式有相似之处。它们都是利用国内劳动力和技术设备，属于“两头在外”的加工贸易方式。但是，加工贸易与进料加工又有明显的区别，主要表现在以下几点。

①原材料、零部件和产品的所有权不同。来料加工是由外商免费提供原材料、零部件、元器件，生产加工的产品完全归外商所有，由外商支配；而在进料加工中，经营单位对原辅料和生产加工出来的成品拥有所有权。

②两者的贸易性质不同。在来料加工业务中，外商与经营单位是委托与被委托关系，经营单位接受外商委托并要按外商的要求进行生产加工，收取工缴费，纯属加工贸易性质；而在进料加工业务中，经营单位是自主经营，与销售料件的外商和购买成品的外商均是买卖关系，经营单位从中赚取销售成品与进口原材料之间的差价，使外汇增值，属于一般国际贸易性质。

③产品的销售方式不同。在来料加工业务中，生产加工出来的产品由外商负责运出我国境外后自行销售，销售的好坏与我国毫无关系；而在进料加工业务中，经营单位在产品生产加工出来后要自己负责对外推销，产品销售情况的好坏与自己密切相关。

知识链接

在开展加工贸易业务时，必须有全局观点，注意处理好与正常出口的关系，避免出现恶性竞争的局面。

要加强经济核算，注意经济效益。在决定加工费水平时，不仅要考虑本单位是否核算，同时要参照国际市场加工费水准进行核算，讲求效益，力求使我国企业的加工费标准极具有竞争性，又能为国家多创外汇。

2.2.4 保税维修

（1）保税维修的含义

保税维修是指企业以保税方式，将来自境外或者境内综保区外（以下简称“境内区外”）的存在部件损坏、功能失效、质量缺陷等问题的货物运至综合保税区（综保区）内进行检测、维修，维修完成后根据其来源复运至境外或者境内区外的一种维修方式。

采取保税维修的企业缴纳进口关税以及进口环节海关在代征税、保证金方面给予一定的优惠政策倾斜，有效缩短了审批时间，使得程序更为便利，从而大大降低了企业的各方面成本。

（2）开展保税维修的资质条件

①开展保税维修业务的企业信用等级最低不得低于一般信用级别。综保区管委会将相关方案和企业名单报省级商务、直属海关等部门备案。

②对于待维修、已维修的货物，维修过程中使用的料件、替换下来的旧件或者坏件、产生的维修边角料等，企业需要准备专门的场所和设备进行管理。

③企业还应当按照海关监管部门的要求，建立可以对维修使用、损耗等信息全面记录的管理制度以及计算机管理系统，并与海关之间实现计算机联网，按照监管要求与海关进行数据互换。

（3）保税维修的范围

①2020年第16号公告附件《综合保税区维修产品目录（第一批）》列明的55类产品。

②2021年第45号公告附件《综合保税区维修产品增列目录》列明的15类产品。

③2024年第7号公告附件《第三批综合保税区维修产品增列目录》列明的27类产品。

2.3 市场采购贸易方式

2.3.1 市场采购贸易方式的基本概念

市场采购贸易方式，是指由符合条件的经营者在经国家商务主管部门认定的市场集聚区内采购的、单票报关单商品货值15万美元（含15万美元）以下、在海关指定口岸办理出口商品通关手续的贸易方式。

建立“市场采购”新型贸易方式是浙江省义乌市国际贸易综合改革试点的一项核心任务，义乌市先行先试，试点后将在全国范围内推广。作为一种为专业市场量身定制的新型贸易方式，其相应的配套政策与监管措施与一般贸易、加工贸易等现有贸易方式有很大的不同，给外贸实务操作带来了新的特点。

2.3.2　市场贸易出口的流程

（1）资格备案

从事市场采购贸易的对外贸易经营者，应向市场集聚区所在地商务主管部门办理市场采购贸易经营者备案登记，并按海关相关规定在海关办理进出口货物收发货人备案。

（2）商品备案

对外贸易经营者应当对其代理出口商品的真实性、合法性负责。经市场采购商品识别系统确认的商品信息，应当通过综合市场管理系统联网，与海关共享。海关对综合市场管理系统确认的商品，按照市场收购交易方式实施监管。

（3）提出检验检疫申请

对从市场采购的出口商品，需要在采购地检验检疫的，对外贸易经营者应当建立合格供应商、商品质量检验验收、商品可追溯等管理制度，提供经营场所、仓储场所等相关信息，并在出口报关前到采购地海关办理检验检疫手续。

（4）申报出口

企业在市场综合管理系统中取得备案登记，输入市场交易和商品群信息后，系统生成申报数据，经市场购买商品识别系统确认后，将申报信息发送到“单一窗口”。

2.3.3　市场采购贸易的优点

市场采购贸易具有以下优点。

①解决小批量产品的出口问题。市场采购贸易方式的诞生，让小批量出口更标准化，推动外贸主体的本地化，有利于打造高质量追溯体系与管理，激发市场潜力，促进外贸发展。

②快速通关节省时间成本，如果每份报关仅包含十种以上货物，可实行简化报关，实现24小时电子清关、通关简化、智能卡口查验放行，出口货物清关便利性会更好。

③免征增值税，取消出口退税，通过市场采购贸易出口的货物直接免除征增值税。无法获得或者是无增值税票的，也可通过市场采购贸易出口。市场采购贸易方式由于不需要增值税票，可以取消出口退税，因此这个模式是不需要办理出口退税也能办理外汇核销的。

④外贸风险更低，采用市场采购的方式进行出口贸易，货物可以在购买时直接出口清关，而不需要将货物运输到港口海关进行额外处理，运输成本更低。清关提前，减少了不确定性，外贸风险更低。

2.3.4　开展市场采购贸易的意义

市场采购贸易的出现，大大缩减了外贸企业在出口申报环节上的时间，降低了企业的人力和时间成本。准入门槛低，没有出口贸易权的企业和个人都能通过市场采购进行贸易。免征免退，按照大类申报，收汇结汇灵活，可以是企业账户，也可以是私人账户。这样可以有效提高企业和个人商家的积极性，促使更多商家参与外贸活动。中小微企业在政策和实在利润的吸引下，将会不断加入外贸行业，得到发展的同时更能促进我国的生产和就业。促使外贸形态的转型和升级，开拓新的国际贸易道路。

我国长期以来对外贸发展都有着一定的优惠政策，外贸企业在海外出售的商品相比国内的价格要低上不少。而市场采购贸易再次降低了企业的出口成本，价格优势将进一步提高。市场采购贸易可以让我国更多、更丰富的商品输送到海外，从而激发海外市场的需求，扩大我国外贸在海外的影响力。

2.4 外贸综合服务企业

外贸综合服务企业是一种集多种业务于一体的企业形式，其中包括信保、物流、融资、收汇以及结算等。这些企业面对的客户大部分为国内中小型生产企业。外贸综合服务企业通过产业组织形式的改善，外贸服务标准化、规模化整改等，实现对外贸成本的有效控制，同时提升市场竞争力。

2.4.1 基础服务

（1）客户签约

业务部门通过多种渠道宣传推广平台，意向客户联系平台后由业务人员上门对接，达成合作意向后，客户提供平台所需资质资料（如营业执照、税务登记证等），业务人员代客户提交信息资料，经风控部门审批后签约（代理服务协议）。

（2）客户下单

客户下单前将订单对应的出口商品和生产工厂信息提供给平台，由风控部门审核，审核通过后由客户自行或平台业务人员代操下单，下单内容与自营业务中报关（预录入）信息基本相同，订单下达后由风控部门审核。

（3）装箱出运与报关出口

物流部门在客户下单审核通过后，按客户要求安排国内物流并委托货代公司报关出运，取得装箱单、提单、监装过程照片等物流单据；客户自行安排物流与报关的也须取回上述物流单据，且报关数据由平台直接发送委托报关机构。

（4）收汇认领与核销

客户订单必须通过平台收汇，平台收汇后由客户认领分配到订单，结汇汇率按照预先约定的结汇规则执行，鉴于外管的总量核销政策，一般平台对客户执行同样的核销政策，即客户出口额与收汇额一致。

（5）工厂开票结算

订单出口后，通过客户取得与海外买家签订的外销合同、与生产工厂签订的采购合同，平台出具专用增值税发票开票模板（品名、单位和数量等均与报关口径一致），给工厂开发票。平台在已收汇且收到工厂有效发票后支付货款。

（6）退税申报与完成

在报关出口、收汇和开票认证完成且集齐全部退税单据（购销合同、物流单据、报关单及 场站单据等）后，由财务部申请退税。

2.4.2 金融服务

金融服务基本都是基于贸易背景的垫资服务，如信用证收款项下融资（打包贷款、买断/非买断信用证融资）、赊销订单融资、库存质押融资乃至信用融资（如一达通的“流水贷”）等。金融服务流程相比于基础服务而言更“自营化”，流程上与基础服务基本相同，只是部分环节更为规范和严格，如客户下单时需要平台与海外买家直接签订外销合同，订单支付条件需要平台审核，装箱报关出运须由平台安排等。还款来源为订单收汇金额，另外大部分平台还会提供远期（锁汇）结汇服务。

2.4.3 特色服务

多数平台公司均会利用股东背景和资源优势提供自己的特色服务，比如，浙江中非经贸港利用平台优势努力打造非洲基建项目的集合投标平台，集合众多中小企业之力参与国际招投标，为客户带来增量业务。

总结

国际贸易方式是国际间商品流通的做法或形式。除了常见的逐笔售定的单边进出口方式外，还有经销、代理、招标投标、拍卖、寄售、对销贸易、跨境电商、加工贸易和市场采购贸易等。

随着数字经济时代的到来，我国外贸发展衍生出诸如跨境电子商务、加工贸易保税维修、市场采购和外贸综合服务企业等新业态新模式，这些也是国际贸易发展的重要趋势。加快发展外贸新业态新模式，有利于推动贸易高质量发展，培育参与国际经济合作和竞争新优势，对于服务构建新发展格局具有重要作用。

知识演练

一、单项选择题

1. 在补偿贸易业务中，购进技术设备的一方用该技术设备投产后生产出来的产品偿还技术设备的价款或购买技术设备所用贷款的本息，这种方式称作（　　）。

A. 部分补偿　　B.间接补偿　　C. 综合补偿　　D.直接补偿

2. 下列对比包销、代理的描述中，正确的是（　　）。

A. 包销商、独家代理商均享有指定商品的专营权

B. 包销商、代理商均得到货物实体

C. 包销商、代理商均得到货物的所有权

D. 包销商、代理商经营的目的均为获取佣金

3. 在来料加工业务中，料件与成品的所有权（　　）。

A. 成品属于供料方，料件属于加工方

B. 料件属于供料方，成品属于加工方

C. 属于供料方

D. 均属于加工方

4. 在独家代理和包销两种贸易方式中（　　）。

A. 前者是买卖关系，后者是代理关系

B. 前者是代理关系，后者是买卖关系

C. 都是代理关系

D. 都是买卖关系

5. 包销协议实质是上是一份（　　）。

A. 买卖合同　B. 代理合同　C. 寄售合同　D. 拍卖合同

6. 在寄售协议下，货物的所有权在寄售地出售前属于（　　）。

A. 代理人　B. 寄售人　C. 代销人　D. 包销人

7. 拍卖的特点是（　　）。

A. 卖主之间的竞争　B. 买主和卖主之间的竞争

C. 买主之间的竞争　D. 拍卖行与拍卖行之间的竞争

8. 投标人发出的标书是一项（　　）。

A. 不可撤销的发盘　B. 可撤销的发盘

C. 可随时修改的发盘　D. 有条件的发盘

9. 有些国家的政府或海关在处理库存物资或没收货物时往往采用（　　）。

A. 增价拍卖　B. 减价拍卖

C. 密封式递价拍卖　D. 一般拍卖

10. 在国际贸易中，我们经常采取一种有别于通常的代理销售的贸易方式，它是指委托人（货主）先将货物运往拟销售地点，委托国外一个代销人（受托人），按照协议规定的条件，由代销人代替货主进行销售，在货物售出后，由代销人向货主结算货款，这种贸易方式我们称之为（　　）。

A. 包销　B. 代理　C. 寄售　D. 拍卖

二、多项选择题

1. 包销协议一般应包含以下内容（　　）。

A. 包销期限　B. 佣金　C. 专营权　D. 包销地区

2. 代理协议一般应包含以下内容（　　）。

A. 代理权限　B. 专营权

C. 最低代销额　D. 佣金

3. 下列对拍卖业务的描述恰当的有（　　）。

A. 拍卖是一种公开竞买的现货交易

B. 参与拍卖的买主，一般须向拍卖机构缴存一定数额的保证金

C. 拍卖有自己独特的法律和规章

D. 拍卖是在一定的机构内有组织地进行的

4. 下列对招标业务的描述正确的有（　　）。

A. 招标业务双方当事人之间为买卖关系

B. 招标、投标属于竞卖性质

C. 招标业务中一般没有还盘环节

D. 在招标过程中，投标人一般处于被动地位

5. 以下关于寄售贸易方式的说法中正确的是（　　）。

A. 寄售人可根据自己的意愿销售在途货物

B. 是典型的凭实物进行买卖的现货交易

C. 寄售人和代销人之间是委托代售关系

D. 寄售货物在售出之前的一切费用和风险，均由寄售人承担

6. 按国际惯例，出现（　　）情况，投标人可拒绝全部投标。

A. 投标人未发出标书

B. 最低标价大大超过国际市场价格水平

C. 所有投标书内容与招标要求不符

D. 在国际竞争性招标时投标人人数太少

7. 以下关于进料加工的说法中正确的是（　　）。

A. 在我国被称为“以进养出”

B. 包括进口原材料和出口成品两笔业务

C. 目的是赚取以外汇表示的附加值

D. 原材料的供应者和成品的购买者没有必要联系

8. 来料加工与进料加工业务的主要区别在于（　　）。

A. 前者是一笔交易，后者是两笔交易

B. 前者属于对销贸易，后者属于加工贸易

C. 前者获取加工费，后者赚取利润

D. 前者的创汇率一般低于后者

9. 根据协议，获得某地区商品专营权的是（　　）。

A. 寄售商　　B. 包销商

C. 独家代理商　　D. 拍卖商

10. 补偿贸易的方式很多，按照补偿的内容划分，主要有（　　）。

A. 以直接产品补偿　　B. 以其他产品补偿

C. 以劳务补偿　　D. 以外汇补偿

三、判断题

1. 包销与独家代理的根本区别在于：前者是买卖关系，后者是委托代理关系。（　）

2. 招标业务中，招标人既可以根据对本身最优惠的条件选定中标人，也可以宣布招标失败，而拒绝全部投标。（　）

3. 在独家代理方式下，只要在指定地区和期限内做成的指定商品的交易，无论是由代理商做成，还是由出口企业自己做成，代理商均有权获得佣金。（　）

4. 寄售与代理的一个共同之处，就是每一业务的双方当事人之间均为委托关系。（　）

5. 拍卖业务中，都是由拍卖人宣布最低起点价，再由竞买人竞相加价，直至无人加价时，拍卖人落槌成交。（　）

6. 拍卖贸易方式属于一种现货买卖，一旦拍卖成交，无论在何种情况下，拍卖人和货主都对商品的品质不承担异议和索赔的责任。（　）

7. 拍卖是在规定时间和场所，按照一定的章程和规则，以公开叫价的方式，把货物卖给出价最高的买主。所以，拍卖是一种公开竞卖的贸易方式。（　）

8. 进料加工和来料加工均为一进一出的两笔交易。（　）

9. 投标人递出的投标书为实盘，递标后不得更改。（　）

10. 招标人在评标中，认为不能选定中标人，可以宣布招标失败而拒绝全部投标。（　）

11. 关于包销商品的作价方法，在规定的包销期限内一次作价比分批作价普遍。（　）

12. 普通代理方式中的委托人可以直接跟代理地区的实际买主成交，而无须向普通代理商支付佣金。（　）

13. 展卖是一种对商品实行展销分离的贸易方式。（　）

14. 招标和投标是两种不同的贸易方式。（　）

15. 投标人中标后而不与招标人签约，则保证金应予退回。（　）

四、案例分析题

1. 某公司在拍卖行经竞买获得精美瓷器一批。在商品拍卖时，拍卖条件中规定：“买方对货物的过目与不过目，卖方对商品的品质概不负责。”该公司在将这批瓷器通过公司所属商行销售时，发现有部分瓷器出现网纹，严重影响这部分商品的销售。卖方因此向拍卖行提出索赔，却遭到拍卖行的拒绝。

问：拍卖行的拒绝是否有道理？为什么？

2. 我国某公司和外商洽谈一笔补偿贸易，外商提出可以信贷方式向我提供一套设备，并表示愿意为该公司代销产品。

问：根据补偿贸易的要求，你认为这些条件该公司能接受吗？为什么？

3．某机构拟通过招标、投标方式选定工程队，为该机构建造办公大楼。该机构在发出的招标书中规定，投标人在投标时，要提供合同金额10%的履约保证金。经筛选，A工程队中标，取得为该机构办公大楼的承建权。取得承建权后，A工程队却因种种原因不履行合约，并向该机构提出，退回全部保证金的要求，遭到拒绝。

问：该机构的拒绝退款是否有理？为什么？

参考文献

[1] 鲁丹萍. 国际贸易实务[M]. 3版. 北京：高等教育出版社，2021.

[2] 邹建华，王燕萍. 国际贸易实务[M]. 2版. 北京：高等教育出版社，2019.

[3] 白云涛，封绪荣. 国际贸易实务[M]. 北京：高等教育出版社，2021.

[4] 王峰，赵登峰. 国际贸易理论与实务[M]. 3版. 北京：高等教育出版社，2020.

[5] 陈岩. 国际贸易理论与实务[M]. 5版. 北京：清华大学出版社，2021.

[6] 吴国新，毛小明. 国际贸易实务[M]. 4版. 北京：清华大学出版社，2021.

[7] 杨智华. 进出口贸易实务（英文版）（慕课版）[M]. 北京：清华大学出版社，2020.

[8] 黄海东，孙玉红. 国际货物运输保险[M]. 4版. 北京：清华大学出版社，2021.

[9] 梁瑞. 国际货物运输与保险[M]. 北京：清华大学出版社，2020.

[10] 姚涛，乌英格. 国际贸易理论与实务[M]. 3版. 北京：教育科学出版社，2021.